철학의 역사

: 소크라테스부터 피터 싱어까지

A Little History of Philosophy by Nigel Warburton

A LITTLE HISTORY of PHILOSOPHY

삶과 죽음을 이야기하다

소크라테스부터
피터 싱어까지

철학의 역사

나이절 워버턴 지음 | 정미화 옮김

소소의책

연대표로 보는 철학의 역사

BC 500	• 페르시아 전쟁 (BC 492~BC 479) • 펠레폰네소스 전쟁 (BC 431~BC 404)	• 소크라테스(BC 470?~BC 399) : 질문하는 데 몰두한 철학의 수호성인 • 플라톤(BC 427?~BC 347) : 이데아론과 이상국가
BC 400		• 아리스토텔레스(BC 384~BC 322) : 진정한 행복 모색 • 피론(BC 365?~BC 270?) : 극단적인 회의론자 • 에피쿠로스(BC 341~BC 270) : 에피쿠로스학파의 시조
	• 알렉산더 대왕의 동방 원정 (BC 334~BC 323)	<u>스토아학파</u> ┌ 키프로스의 제논(BC 334~BC 262) : 스토아학파의 창시자, 마음의 통제 ├ 키케로(BC 106~BC 43) : '노화를 어떻게 받아들일 것인가' ├ 세네카(BC 1~AD 65) : '인생이 너무 짧다고 불평하지 말라' └ 에픽테토스(55~135) : '우리의 생각은 우리에게 달려 있다'
BC 300		
AD 1		
	• 로마 제국의 동서 분열(395)	• 아우구스티누스(354~430) : 교부철학
400		
		• 보에티우스(475~525) : 로마 최후의 철학자 • 안셀무스(1033?~1109) : 존재론적 증명
	• 제1차 십자군 원정(1096)	
1200		• 아퀴나스(1225~1274) : 스콜라철학
1300	• 르네상스 시대(14~16세기)	
1400		
		• 마키아벨리(1469~1527) : 현실주의와 인간의 본성
1500	• 루터의 종교개혁(1517)	
		• 토마스 홉스(1588~1679) : 유물론
1600		<u>합리론</u> ┌ 데카르트(1596~1650) : 존재론적 증명 ├ 스피노자(1632~1677) : 신이 곧 세계라는 믿음 └ 라이프니츠(1646~1716) : 충족이유율
	• 청교도 혁명(1649)	• 파스칼(1623~1662) : 기독교의 신 옹호 • 리드(1710~1796) : 상식학파의 창시자 • 루소(1712~1778) : 일반의지
		<u>경험론</u> ┌ 로크(1632~1704) : 인격의 동일성 논의 ├ 버클리(1685~1753) : 비유물론 옹호 └ 흄(1711~1776) : 설계논증 비판
	• 명예혁명(1688)	• 볼테르(1694~1778) : 이신론, 표현의 자유 중시

1700		
		관념론
		┌ 칸트(1724~1804) : 도덕철학, 사유의 한계를 탐구한 형이상학
		└ 헤겔(1770~1831) : 변증법, 역사 연구
		공리주의
	• 산업혁명(1760~1840)	┌ 벤담(1748~1832) : 행복 계산법
		└ 밀(1806~1873) : 해악의 원칙, 페미니즘
	• 프랑스 혁명(1789~1799)	• 쇼펜하우어(1788~1860) : 비관론적 성향, 의지로서의 세계
1800		
		• 다윈(1809~1882) : 진화론 확립, 『종의 기원』
		실존주의
		┌ 키르케고르(1813~1855) : 종교적 믿음에 대한 사색
		└ 니체(1844~1900) : '신의 죽음', 감정과 비이성적인 힘
		• 마르크스(1818~1883) : 자본주의 체제 비판, 경제적 관계 주목
		실용주의
		┌ 제임스(1842~1910) : 사고의 '현금 가치', 타인의 마음의 문제
		├ 퍼스(1839~1914) : 기호학
		└ 로티(1931~2007) : 한 가지 견해가 항상 옳다는 발상 거부
		• 프로이트(1856~1939) : 정신분석학, '무의식'의 발견
		분석철학
		┌ 러셀(1872~1970) : '언어적 전회' 운동
		└ 비트겐슈타인(1889~1951) : '언어 게임'
1900		
	• 제1차 세계대전(1914~1918)	• 에이어(1910~1989) : 논리실증주의
		실존주의
		┌ 사르트르(1905~1980) : '실존은 본질에 앞선다'
		├ 보부아르(1908~1986) : 페미니즘
		└ 카뮈(1913~1960) : 인간의 부조리 설명
		• 아렌트(1906~1975) : 악의 평범성
	• 제2차 세계대전(1939~1945)	**과학철학**
		┌ 포퍼(1902~1994) : 귀납의 문제
		└ 쿤(1922~1996) : 패러다임의 전환
		• 풋(1920~2010), 톰슨(1929~) : 사고실험 고안(트롤리 딜레마)
		정의론
		┌ 롤스(1921~2002) : 자유의 원리, 차등의 원리
		└ 노직(1938~2002) : 분배적 정의보다 개인의 권리 중시
		• 튜링(1912~1954) : 컴퓨터와 인간 사고
		• 설(1932~) : '중국어 방' 논증
		• 싱어(1946~) : 동물 해방 운동
2000		

| 차례 |

CHAPTER 1

질문하는 남자

소크라테스와 플라톤

지금부터 2,400여 년 전, 고대 그리스의 아테네에서 한 남자가 질문을 너무 많이 한다는 이유로 사형에 처해졌다. 소크라테스 이전에도 철학자들은 있었지만, 철학이라는 학문은 소크라테스와 더불어 본격적으로 시작되었다. 철학의 수호성인이 있다면 바로 소크라테스이다.

넓적코에 체형은 땅딸막하고 추레한 옷차림에 약간 이상하게 보인 소크라테스(기원전 470?~기원전 399)는 당시 사회 분위기와 어울리는 인물이 아니었다. 외모는 볼품없고 자주 씻지 않았지만, 엄청난 카리스마와 뛰어난 지성의 소유자였다. 아테네의 모든 사람은 소크라테스 같은 사람은 이전에도 결코 없었고 아마 앞으로도 다시는 없을 거라는 데 동의했다. 그는 비길 데가 없었다. 또한 아주 성가신 존재였다. 그는 스스로를 말 등 위에 앉아 귀찮게 물어대는 말파리, 즉 등에라고 생각했다. 등에는 성가신 벌레이지만, 심각한 해를 끼치지는 않는다. 하지만 아테네 사람 모두가 같은 의견은 아니었다. 그를 아주 좋아하는 사람들도 있었고, 위험한 영향을 미친다고 생각하는 사람들도 있었다.

청년 시절 소크라테스는 펠로폰네소스 전쟁에 참전하여 스파르타와 동맹국들을 상대로 용감하게 싸웠다. 중년에는 아고라 (고대 그리스에서 시민들의 일상생활이 이루어지던 공공의 광장 – 옮긴이) 주변을 어슬렁거리면서 때때로 사람들을 막아 세우고 난처한 질문을 던졌다. 소크라테스가 한 일이라곤 그게 거의 전부였다. 그의 질문은 아주 날카로웠다. 단순한 질문 같았지만 실제로는 그렇지 않았다.

그중 한 예가 소피스트 에우튀데모스와의 대화였다. 소크라테스는 에우튀데모스에게 남을 속이는 것을 비도덕적이라고 할 수 있느냐고 물었다. 에우튀데모스는 답했다.

"당연히 그렇다."

그러자 소크라테스는 다시 물었다.

"당신 친구가 몹시 우울해서 자살할 것 같다면, 당신은 친구의 칼을 훔치지 않겠는가? 그렇다면 그건 남을 속이는 행위가 아니겠는가? 물론 그렇다. 하지만 그런 행위는 *비도덕적*이기보다는 오히려 도덕적이지 않은가? 비록 남을 속이는 행위이지만, 그것은 나쁜 게 아니라 좋은 것이다."

에우튀데모스는 수긍했지만, 이제는 혼돈에 빠지고 만다. 소크라테스는 남을 속이는 것은 비도덕적이라는 에우튀데모스의

철학의 역사

일반적인 견해가 모든 상황에 적용되지 않는다는 것을 기발한 반대 사례를 이용해서 보여주었다. 이것은 에우튀데모스가 미처 깨닫지 못한 점이었다.

소크라테스는 아고라에서 만나는 사람들이 스스로 안다고 생각하는 것을 실제로는 알지 못한다는 점을 거듭해서 증명해 보였다. 한 장군이 자신은 '용기courage'의 의미를 안다고 자신만만해하며 소크라테스와 대화를 시작했다가 20분 만에 완전히 혼돈에 빠진 채 자리를 떠난 일도 있었다. 그 경험은 분명 당황스러웠을 것이다. 소크라테스는 사람들이 진정으로 이해한 것의 한계를 보여주고 삶의 기반으로 삼은 전제들에 의문을 제기하기를 좋아했다. 소크라테스에게는 모든 사람이 스스로 얼마나 아는 게 없는지 깨닫는 것으로 끝나는 대화가 성공이었다. 아무것도 모르면서 무언가를 알고 있다고 믿으며 사는 것보다 훨씬 나았다.

당시 아테네의 부유층에서는 자식들을 소피스트들에게 보내 공부를 시키곤 했다. 소피스트들은 학생들에게 연설의 기술을 가르치는 박식한 교사였다. 그들은 아주 비싼 수업료를 받고 가르쳤다. 그에 반해 소크라테스는 무료로 가르쳤다. 사실 그는 자신은 아무것도 알지 못하니 도대체 어떻게 가르칠 수 있겠느냐고 주장했다. 그럼에도 불구하고 학생들이 찾아와 그의 대화를 엿듣는 것을 막지는 못했다. 이 점 또한 소피스트들에게 소크라테스가 달갑지 않은 이유가 되었다.

어느 날 소크라테스의 친구인 카이로폰이 델포이에 있는 아폴로 신전의 제사장을 찾아갔다. 신탁을 전하는 제사장은 나이가

지긋한 지혜로운 여인, 즉 방문객들의 물음에 답변을 해주는 무녀였다. 무녀의 답변은 주로 수수께끼 형태였다.

"누가 소크라테스보다 지혜로운가?"

카이로폰이 물었다. 무녀가 대답했다.

"없다. 그 누구도 소크라테스보다 지혜롭지 않다."

카이로폰이 소크라테스에게 이 신탁을 전하자 처음에 소크라테스는 믿지 않았다. 소크라테스는 정말 당혹스러웠다.

'내가 아는 것이 거의 없는데, 어떻게 내가 아테네에서 가장 지혜로운 사람이 될 수 있는가?'

그는 의아하게 여겼다. 그리고 자신보다 지혜로운 사람이 있는지 알아보기 위해 수년 동안 사람들에게 질문하는 데 몰두했다. 마침내 소크라테스는 무녀의 답변이 무슨 의미인지 이해했고 그녀가 옳았음을 깨달았다. 많은 사람들은 자신이 하는 일을 잘했다. 목수는 목공 일을 잘했고, 병사는 전투에 대해 잘 알았다. 그러나 그들 중 누구도 진정으로 지혜롭지 않았다. 실제로는 자신이 무엇에 대해 이야기하는지도 알지 못했다.

철학자를 뜻하는 영어 단어 'philosopher'는 '지혜에 대한 사랑'을 의미하는 그리스어에서 유래한다. 이 책에서 살펴보는 서양철학의 전통은 고대 그리스에서 시작되어 세계 각지로 퍼져나갔고, 때로는 동양의 사상과 교류했다. 서양철학의 전통에서 중시하는 지혜란 단지 어떤 대단한 인물이 참이라고 말해주었다는 이유로 믿는 게 아니라 논쟁하고 추론하고 질문하는 데에 바탕을 둔 것이다. 소크라테스에게 지혜는 수많은 사실을 아는 것이나 어떤 일을 하는 법을 아는 것이 아니었다. 우리가 알 수 있는 것의 한계 등 우리 존재의 진정한 본질을 이해하는 것을 의미했다. 오늘날 철학자들은 소크라테스가 한 것과 거의 흡사한 일을 하고 있다. 어려운 질문을 하고, 이유와 근거를 살펴보고, 실재의 본질이나 우리는 어떻게 살아야 하는가와 같은 우리 자신에게 물을 수 있는 가장 어려운 질문에 답하기 위해 노력한다. 하지만 소크라테스와 달리 현대 철학자들은 거의 2,500년 동안 쌓아 올린 철학적 사유의 혜택을 누리고 있다. 이 책은 소크라테스에서 시작된 서구 사상의 전통을 써내려간 주요 사상가들의 견해를 살펴보려고 한다.

소크라테스가 그토록 지혜로운 인물이 된 이유는 끊임없이 질문하고 항상 자신의 생각을 반박하는 데 주저하지 않았기 때문이다. 그는 삶이란 자신이 무엇을 하고 있는지에 대해 생각할 때에만 살 만한 가치가 있다고 단언했다. 반성하지 않는 삶은 가축에게나 어울리지 인간에게는 어울리지 않는다.

철학자로서는 특이하게도 소크라테스는 글을 쓰려고 하지 않았다. 그에게는 말하는 것이 글로 쓰는 것보다 훨씬 나은 방법이었다. 글에서는 반론을 할 수가 없다. 글로 쓴 내용을 상대편이 이해하지 못하면 결국 상대에게 아무것도 설명하지 못한 셈이다. 그는 서로 얼굴을 마주 보며 대화하는 편이 훨씬 낫다고 주장했다. 우리는 대화를 통해 상대가 어떤 사람인지 파악할 수 있고, 메시지가 이해될 수 있도록 상대에게 맞춰서 말할 수도 있다. 소크라테스가 글쓰기를 거부했기 때문에 우리는 이 위대한 인물이 무엇을 믿고 논쟁했는지에 대해 주로 그의 수제자인 플라톤의 작품을 통해 알 수 있다. 플라톤(기원전 427?~기원전 347)은 소크라테스와 그의 질문을 받은 사람들 간에 오간 일련의 대화를 기록했다. '플라톤의 대화편Platonic Dialogues'이라고 알려진 이 기록들은 철학서이자 뛰어난 문학작품이다. 어떻게 보면 플라톤은 당대의 셰익스피어였다. '대화편'을 읽으면서 우리는 소크라테스가 어떤 인물이었고, 얼마나 지혜로웠으며, 얼마나 상대를 짜증나게 했는지 짐작할 수 있다.

사실 그렇게 짐작하는 것이 그리 간단한 문제는 아니다. 플라톤이 정말로 소크라테스가 말한 것을 기록했는지, 혹은 '소크라테스'라고 부르는 인물의 입을 빌려 플라톤 자신의 생각을 말했는지 확실히 알 수 없기 때문이다.

대부분의 사람들이 소크라테스가 아니라 플라톤의 것이라고 믿는 사상 가운데 하나는 겉으로 보이는 세계가 실제로는 전혀 그렇지 않다는 것이다. 현상과 실재 사이에는 중요한 차이가 존재한다. 우리들 대부분은 현상을 실재로 착각한다. 우리는 이해하고 있다고 생각하지만, 그렇지 않다. 플라톤은 오직 철학자만이 세계의 실재를 이해한다고 믿었다. 철학자는 감각에 의존하기보다는 사유함으로써 실재의 본질을 발견한다.

이것을 설명하기 위해 플라톤은 동굴의 비유를 들었다. 이 가상의 동굴에는 벽을 마주한 채 쇠사슬에 묶인 사람들이 있다. 그들은 정면의 벽에 만들어진 흔들리는 그림자들을 볼 수 있다. 그것들이 실재라고 믿지만 그렇지 않다. 등 뒤의 모닥불 앞에 놓인 대상들이 만들어낸 그림자를 보고 있을 뿐이다. 사람들은 벽에 비친 그림자가 실재라고 생각하면서 평생을 지낸다. 그런데 그들 중 한 명이 쇠사슬을 풀고 모닥불을 향해 돌아선다. 처음에는 시야가 흐릿하지만, 자신이 어디에 있는지 보이기 시작한다. 그는 비틀거리며 동굴에서 벗어나 마침내 태양을 본다. 동굴로 돌아온 그가 동굴 밖 세상에 대해 말하지만 아무도 믿지 않는다. 쇠사슬을 푼 사람은 철학자인 셈이다. 그는 현상 너머를 본다. 보통 사람들은 깊이 생각하기보다는 눈앞에 있는 것을 쳐다보는 데 만족하기 때문에 실재에 대해 아는 것이 거의 없다. 하지만 현상은 기만적이다. 사람들이 보는 것은 실재가 아니라 그림자이다.

이 동굴의 비유는 플라톤의 이데아론Theory of Forms이라고 알려진 것과 연관되어 있다. 이데아론은 다음의 예를 통해 가장 쉽게 이해할 수 있다. 이제까지 보았던 모든 원을 생각해보자. 그중에 완전한 원이 있는가? 없다. 그 어느 것도 절대적으로 완전하지 않다. 완전한 원에서는 원주 위의 모든 점이 원의 중심에서 정확히 똑같은 거리에 있다. 실재하는 원들은 결코 이 조건을 충족시키지 않는다. 하지만 당신은 내가 '완전한 원perfect circle'이라는 말을 사용했을 때 의미하는 바는 이해했다. 그렇다면 완전한 원이란 무엇인가? 플라톤은 완전한 원의 관념이 원의 이데아Form라고 말할 것이다. 만일 원이 무엇인지 이해하고 싶다면 그리거나 시각을 통해 경험할 수 있지만 모두 불완전할 수밖에 없는 현실의 원이 아니라 원의 이데아에 집중해야 한다. 마찬가지로 플라톤은 선goodness이 무엇인지 이해하고 싶다면 각자 목격하는 선의 특수한 사례가 아니라 선의 이데아에 집중해야 한다고 생각했다. 철학자는 이런 추상적인 방식으로 이데아를 사유하는 데 가장 적합한 사람들이다. 보통 사람들은 감각을 통해 파악되는 세계에 미혹되고 만다.

철학자는 실재를 사유하는 뛰어난 능력이 있기 때문에 모든 정치권력을 갖고 책임을 져야 한다고 플라톤은 생각했다. 플라톤은 그의 가장 유명한 저서인 『국가The Republic』에서 가상의 완벽한 사회를 설명했다. 철학자들이 최상위에 있고 특별한 교육을 받을 것이다. 하지만 통치 받는 시민들을 위해 자신들의 즐거움을 희생할 것이다. 그들 밑에는 국가를 지키도록 훈련받은 군인들이 있고, 그들 밑에는 노동자들이 있을 것이다. 플라톤은 이 세 집단의 사람들이 완벽한 균형을 이룰 거라고 생각했다. 이를테면 이성이 감정과 욕망을 억제하는 분별 있는 인물에게서 보이는 균형인 셈이다. 공교롭게도 플라톤의 사회 모델은 지극히 반민주적이었고, 기만과 강압을 결합하여 사람들을 통제하려는 것이었다. 플라톤은 실재에 대해 거짓된 표현을 한다는 이유를 들어 대부분의 예술을 금지하려고 했다. 화가는 현상을 그리지만, 현상은 이데아에 대해 기만적이다. 플라톤의 이상국가에서 삶의 모든 부분은 위에서부터 엄격히 통제된다. 오늘날 우리가 전체주의 국가라고 부르는 형태이다. 플라톤은 사람들에게 투표권을 주는 것은 승객들에게 배의 키를 잡게 하는 것과 마찬가지라고 생각했다. 자신이 하는 일을 이해하는 사람들에게 책임을 지게 하는 편이 훨씬 낫다고 생각했다.

기원전 5세기의 아테네는 플라톤이 『국가』에서 상상한 사회와 사뭇 달랐다. 인구의 약 10퍼센트만 투표할 수 있었지만, 일종의 민주주의 사회였다. 예를 들어 여성과 노예는 자동적으로 배제되었다. 하지만 시민들은 법 앞에서 평등했고, 모든 사람이 공정한 기회를 통해 정치 결정에 영향을 미칠 수 있도록 정교한 제비뽑기 제도가 있었다.

전반적으로 아테네 사람들은 플라톤이 평가하는 것만큼 소크라테스를 높이 평가하지 않았다. 오히려 그 반대였다. 많은 사람들이 소크라테스는 위험하고 의도적으로 국가 조직을 위태롭게 한다고 생각했다. 기원전 399년, 멜레투스라는 사람이 70세의 소크라테스를 법정에 세웠다. 그는 소크라테스가 아테네의 신들을 무시하고 자신의 새로운 신들을 내세웠다고 주장했다. 또한 아테네의 젊은이들에게 방종을 가르치고 국가 조직에 맞서라고 부추긴다고도 했다. 이런 것들은 아주 심각한 죄목이었다. 이 죄목들이 얼마나 정확했는지 지금으로서는 알기 어렵다. 어쩌면 소크라테스가 정말로 제자들에게 국가의 종교를 따르지 않도록 종용했을 수도 있다. 또한 그가 아테네의 민주주의를 즐겨 조롱했다는 몇 가지 증거도 있다. 이는 소크라테스의 성격과도 일맥상통하는 면이 있을 것이다. 분명한 점은 많은 아테네 시민들이 그런 혐의를 믿었다는 것이다.

아테네 시민들은 소크라테스의 유죄 여부를 놓고 투표를 했다. 501명의 시민으로 구성된 대규모 배심원단에서 과반이 조금 넘는 수가 유죄라고 생각했고 그에게 사형을 선고했다. 만일 그 자신이 원했다면 소크라테스는 말을 바꿔서 사형을 피할 수도 있었을 것이다. 그러나 오히려 사람들을 귀찮게 한다는 등에라는 명성에 걸맞게 자신은 잘못한 것이 전혀 없으며 아테네 시민들은 자신에게 벌을 내리는 대신 평생 무료 식사를 제공하는 상을 줘야 한다고 주장해서 아테네 시민들을 더욱 화나게 만들었다. 그런 요구는 전혀 통하지 않았다.

소크라테스는 몸을 서서히 마비시키는 독미나리로 만든 독약을 마시는 사형선고를 받았다. 그는 아내와 세 아들에게 작별인사를 한 다음 제자들을 주위로 불러 모았다. 만일 더는 어려운 질문을 하지 않고 조용히 살아가는 선택을 할 수 있었다고 해도 소크라테스는 그러지 않았을 것이다. 그는 차라리 죽음을 선택했다. 그는 끊임없이 모든 것에 의문을 제기하라고 말하는 내면의 목소리에 귀를 기울였고, 그것을 외면할 수 없었다. 그래서 그는 독배를 들었고, 이내 숨을 거두었다.

하지만 '플라톤의 대화' 속에서 소크라테스는 여전히 살아 있다. 끊임없이 질문을 던지고, 대상이 실제로 어떻게 존재하는지 사유하기를 멈추느니 차라리 죽음을 선택하겠다던 이 까다로운 인물은 이후 철학자들에게 영감을 주었다.

소크라테스에게 직접적인 영향을 받은 이들은 그 주변 사람들이었다. 스승인 소크라테스의 죽음 이후 플라톤은 소크라테스의 정신으로 그 가르침을 이어갔다. 플라톤의 제자들 중 단연코 가장 인상적인 인물은 아리스토텔레스였다. 그러나 아리스토텔레스는 소크라테스나 플라톤과 아주 다른 부류의 사상가였다.

CHAPTER 2

진정한 행복

아리스토텔레스

'제비 한 마리가 왔다고 여름이 온 것은 아니다.'

이 문구가 윌리엄 셰익스피어나 어느 위대한 시인의 작품에서 나온 거라고 생각할지 모르겠다. 정말 그런 것 같기도 하다. 사실 이 문구는 아리스토텔레스(기원전 384~기원전 322)가 아들 니코마코스에게 헌정했다고 알려진 저서 『니코마코스 윤리학The Nicomachean Ethics』에 등장한다. 아리스토텔레스가 지적한 것은 여름이 왔음을 증명하기 위해 제비 한 마리가 왔다거나 단 하루 따뜻한 게 전부가 아닌 것처럼, 몇 안 되는 쾌락의 순간이 모여서 진정한 행복이 되는 것은 아니라는 점이었다. 아리스토텔레스에게 행복이란 순간적인 기쁨의 문제가 아니었다. 놀랍게도 그는 아이들은 행복할 수 없다고 생각했다. 어처구니없는 말처럼 들린다. 아이들이 행복할 수 없다면 과연 누가 행복할 수 있겠는가? 하지만 이것은 행복에 대한 그의 견해가 우리의 견해와 얼마나 다른지를 보여준다. 아이들은 이제 막 삶을 시작했을 뿐이라서 어떤 의미에서는 온전한 삶을 누리지 않았다. 아리스토텔레스는 진정한 행복을 느끼기 위해서는 더 오래 살아야 한다고 주장했다.

아리스토텔레스는 플라톤의 제자였고, 플라톤은 소크라테스의 제자였다. 그래서 이 세 명의 위대한 사상가는 하나의 고리, 즉 소크라테스-플라톤-아리스토텔레스로 이어지는 고리를 형성한다. 이것은 흔히 있는 일이다. 천재는 보통 불쑥 등장하지 않는다. 대부분의 천재에게는 영감을 주는 스승이 있다. 하지만 이 세 인물의 사상은 서로 매우 달랐다. 그들은 자신이 배운 것을 단순히 앵무새처럼 되풀이하지 않고 각자 독창적인 방식으로 접근했다. 간단히 말하자면 소크라테스는 뛰어난 이야기꾼이었고, 플라톤은 최고의 작가였으며, 아리스토텔레스는 모든 것에 관심이 있었다. 소크라테스와 플라톤은 우리가 보는 세계란 추상적인 철학적 사유를 통해서만 도달할 수 있는 진정한 실재의 희미한 투영이라고 생각했다. 그에 반해 아리스토텔레스는 주위의 모든 세세한 것에 매료되었다.

유감스럽게도 지금까지 남아 있는 아리스토텔레스의 거의 모든 저작물은 강의록 형태이다. 비록 문체가 종종 무미건조하지만, 그의 사유가 담긴 이 기록물들은 여전히 서양철학사에 지대한 영향을 미치고 있다. 아리스토텔레스는 단지 철학자만이 아니었다. 그는 동물학, 천문학, 역사학, 정치학, 희곡에도 심취했다.

기원전 384년 마케도니아에서 태어난 아리스토텔레스는 플라톤 밑에서 공부하고 여행을 다니다가 알렉산더 대왕의 개인교사 자리에서 물러난 뒤 아테네에 리케이온Lykeion이라는 학원을 세웠다. 이 학원은 고대사회의 가장 유명한 학문 중심지 중 하나로 현대의 대학과 다소 비슷했다. 거기서 아리스토텔레스는 연구자들을 파견했고, 연구자들은 정치사회학부터 생물학까지 온갖 새로운 정보를 가지고 돌아왔다. 또한 도서관의 중요한 출발점이기도 했다. 라파엘로가 그린 유명한 르네상스 시대의 작품「아테네 학당The School of Athens」에서 플라톤은 손가락으로 이데아의 세계인 위를 가리킨다. 반면에 아리스토텔레스는 자기 앞에 있는 세계를 향해 손을 내밀고 있다.

플라톤은 안락의자에 앉아 철학적으로 사색하는 데 만족했을 것이다. 하지만 아리스토텔레스는 우리가 감각을 통해 경험하는 실재를 탐구하려 했다. 그는 스승인 플라톤의 이데아론을 받아들이지 않았고, 대신 일반적인 범주를 이해하는 방법은 그 범주의 구체적인 사례를 살펴보는 것이라고 믿었다. 즉 고양이가 무엇인지 이해하려면 고양이의 이데아에 관해 추상적으로 사고할 게 아니라 실재하는 고양이를 살펴봐야 한다고 생각했다.

아리스토텔레스가 고심한 하나의 질문은 '우리는 어떻게 살아야 하는가?'였다. 그에 앞서 소크라테스와 플라톤도 제기한 질문이었다. 사람들이 애초에 철학에 끌리는 데는 이 질문에 답하려는 욕구도 한몫을 한다. 아리스토텔레스에게는 그만의 답이 있었다. 단순하게 말하자면, 행복을 추구하라는 것이었다.

그렇지만 '행복을 추구하라'는 말은 무슨 의미인가? 오늘날 대다수 사람들은 행복을 추구하라는 말을 들으면 삶을 즐길 수 있는 방식을 생각할 것이다. 아마도 행복은 이색적인 휴가를 보내거나 음악 축제 또는 파티에 가거나 친구들과 노는 것을 포함할 것이다. 편한 자세로 좋아하는 책을 읽거나 미술관에 가는 것을 의미할 수도 있다. 하지만 이런 것들이 멋진 인생을 구성하는 요소일 수는 있다고 하더라도 아리스토텔레스는 분명 이런 식으로 쾌락을 추구하는 것이 최고의 삶의 방식이라고는 생각하지 않았다. 아리스토텔레스가 보기에 그것만으로는 좋은 삶이 아니었다. 아리스토텔레스가 사용한 그리스어는 *에우다이모니아* *eudaimonia*(영어 발음상 '신음 소리를 내는 인간들, 너희는 죽는다you-die-moania'로 풀이할 수도 있지만, 그 의미는 정반대이다)였다. 이 단어는 때때로 '행복'보다는 '번영'이나 '성공'으로 번역된다. 망고 맛 아이스크림을 먹거나 좋아하는 팀이 경기에서 이기는 것을 보면서 얻을 수 있는 기분 좋은 느낌 그 이상이다. *에우다이모니아*는 덧없는 기쁨의 순간이나 어떤 기분이 아니라 그보다 더 객관적인 것이다. 우리는 행복이란 '느끼는 것'이고 그 이상은 아니라는 생각에 익숙해져 있기 때문에 이것을 이해하기가 아주 어렵다.

화초를 생각해보자. 물을 주고 빛을 충분히 쬐어주고 약간의 영양분을 준다면 잘 자라서 꽃을 피울 것이다. 만약 잊어버리고 어두운 곳에 방치하거나 벌레가 잎사귀를 갉아먹게 한다거나 말라버리게 내버려두면 시들어 죽거나 기껏해야 볼품없는 화초가 될 것이다. 인간이라는 존재 역시 식물처럼 잘 자랄 수 있다. 하지만 식물과 달리 우리는 스스로 선택을 한다. 우리가 하고 싶은 것과 되고 싶은 것을 결정한다.

아리스토텔레스는 인간의 본성 같은 것이 있다고 확신했다. 그의 표현을 빌리자면 인간에게는 일종의 기능이 있다. 그리고 인간에게 가장 잘 어울리는 삶의 방식이 있다. 우리가 다른 동물이나 다른 모든 것과 구별되는 점은 우리는 해야 할 일에 대해 생각하고 추론할 수 있다는 것이다. 이것으로부터 아리스토텔레스는 인간에게 가장 좋은 삶의 방식은 이성의 힘을 이용하는 것이라는 결론을 내렸다.

놀랍게도 아리스토텔레스는 우리가 모르는 것, 심지어 우리가 죽은 후에 벌어진 사건들까지도 우리의 *에우다이모니아*에 도움이 될 수 있다고 믿었다. 이 말은 이상하게 들린다. 내세가 없다고 가정하면 우리가 더 이상 존재하지 않을 때 벌어진 일이 어떻게 우리의 행복에 영향을 미칠 수 있다는 것인가? 그렇다면 우리가 부모이고 우리의 행복이 어느 정도는 자녀의 미래에 대한 기대에 달려 있다고 생각해보자. 안타깝게도 아이가 우리가 죽은 뒤에 심각한 병에 걸린다면 우리의 *에우다이모니아*는 그로 인해 영향을 받을 것이다. 아리스토텔레스가 보기에 비록 우리가 실제로 아이의 병에 대해 아는 것이 없고 더 이상 살아 있지 않다고 해도 우리의 삶은 더욱 나빠질 것이다. 이것은 행복은 단지 우리의 느낌 문제가 아니라는 아리스토텔레스의 사상을 제대로 보여준다. 이런 의미에서 행복은 우리가 삶에서 전체적으로 이루는 것, 즉 우리가 마음을 쓰는 타인들에게 벌어진 일의 영향을 받을 수 있는 것이다. 우리가 통제할 수 없고 알지 못하는 사건들이 그것에 영향을 미친다. 우리가 행복한지 아닌지는 어느 정도 행운에 달려 있다.

가장 중요한 질문은 '에우다이모니아의 가능성을 높이기 위해 우리가 할 수 있는 일은 무엇인가?'이다. 아리스토텔레스는 이렇게 답했다.

"올바른 성품을 갖추자."

우리는 제때에 올바른 감정을 느낄 필요가 있고, 그 감정들은 우리가 바르게 행동하도록 이끌어줄 것이다. 부분적으로 이것은 우리가 어떻게 성장했는가의 문제가 될 것이다. 왜냐하면 좋은 습관을 기르는 가장 좋은 방법은 어릴 때부터 실천하는 것이기 때문이다. 그러면 행운 또한 따라온다. 좋은 행동의 모범은 덕이고, 나쁜 행동의 모범은 악덕이다.

전시에 필요한 용기의 덕을 생각해보자. 아마도 군인은 적군의 공격으로부터 민간인들을 구하기 위해 자신의 목숨을 걸 필요가 있을 것이다. 무모한 사람은 자신의 안전에 아무런 관심이 없다. 그럴 필요가 없는 때에도 위험한 상황에 급하게 뛰어들지 모르지만, 그것은 진정한 용기가 아니고 무모하게 위험을 감수하는 것일 뿐이다. 그와 정반대로 비겁한 사람은 적절히 행동할 수 있을 만큼 자신의 두려움을 극복하지 못하고, 자신이 가장 필요한 그 순간에 공포로 마비될 것이다. 하지만 이 상황에서 용감하거나 대담한 사람은 여전히 두려움을 느끼지만, 그것을 극복하고 행동에 나설 수 있다. 아리스토텔레스는 모든 덕은 이러한 양

극단 사이에 있다고 생각했다. 여기서 용기는 무모함과 비겁함의 중간에 있다. 이것은 '아리스토텔레스의 중용론Aristotle's doctrine of the Golden Mean'이라고도 알려져 있다.

아리스토텔레스 식의 윤리학이 단지 역사적으로만 흥미로운 것이 아니다. 현대의 많은 철학자는 덕을 발달시키는 것의 중요성을 강조한 아리스토텔레스의 생각이 옳았으며, 행복에 대한 그의 견해가 정확했고 영감을 준다고 여긴다. 그들은 삶에서 쾌락을 증진하는 방법을 생각하는 대신 더 나은 사람이 되고 올바른 행동을 하려고 노력해야 한다고 생각한다. 그것이 삶이 행복해지는 방식이다.

이 모든 것이 마치 아리스토텔레스가 단지 개인의 인격 발달에만 관심이 있었던 것처럼 들리지만 사실은 그렇지 않았다. 아리스토텔레스는 인간은 정치적 동물이라고 주장했다. 우리는 다른 사람과 함께 살 수 있어야 하고, 우리 본성의 어두운 측면에 대처하기 위해 정의의 체계가 필요하다. 에우다이모니아는 오직 한 사회 속의 삶과 연계해서만 성취될 수 있다. 우리는 함께 살고 있으므로 질서 정연한 정치 국가에서 주변 사람들과 제대로 교류하면서 우리의 행복을 찾아야 한다.

하지만 아리스토텔레스의 탁월함 때문에 나타난 유감스러운 부작용이 하나 있었다. 그가 대단히 지적이고 그의 연구가 너무나 철저한 나머지 아리스토텔레스의 저술을 읽은 많은 사람들은 그의 모든 견해가 옳다고 믿었다. 이것은 사회가 진보하는 데 좋지 못할 뿐더러 소크라테스부터 시작된 서양철학의 전통에도 바람직하지 않았다. 아리스토텔레스 사후 수백 년 동안 대부분의 학자들은 그의 세계관을 의심할 여지 없이 사실로 받아들였다. 만약 아리스토텔레스가 어떤 것을 말했다고 증명할 수 있다면 그 것으로 충분했다. 때로 '권위에 의한 진리truth by authority'라고 불리는 것이다. 즉 중요하고 '권위' 있는 인물이 그렇게 말했기 때문에 *진실임에 틀림없다*고 믿는 것이다.

높은 곳에서 동일한 크기의 나뭇조각과 무거운 금속 조각을 떨어뜨리면 어떤 일이 벌어질 거라고 생각하는가? 어느 것이 먼저 바닥에 떨어질까? 아리스토텔레스는 더 무거운 것, 즉 금속 조각이 더 빨리 떨어질 거라고 생각했다. 사실 그런 일은 벌어지지 않는다. 그 둘은 동일한 속도로 떨어진다. 하지만 아리스토텔레스가 금속 조각이 빨리 떨어진다고 단언했기 때문에 중세 내내 모든 사람이 그것은 틀림없는 사실이라고 믿었다. 그 이상의 증거는 필요하지 않았다. 16세기에 이탈리아의 천문학자 갈릴레오 갈릴레이는 이것을 실험하기 위해 피사의 사탑에서 나무로 만든 공과 포탄을 떨어뜨렸다고 한다(이 일화는 갈릴레이의 제자가 지어낸 것이라고 한다 - 옮긴이). 둘은 동시에 바닥에 도달했다. 그러므로 아리스토텔레스는 틀렸다. 하지만 그보다 훨씬 이전에도 아주 손쉽게 보여줄 수 있는 일이었다.

다른 누군가의 권위에 의지하는 것은 아리스토텔레스의 연구 정신에 전적으로 반한다. 또한 철학의 정신에도 반한다. 권위는 그것만으로는 아무것도 증명하지 못한다. 아리스토텔레스의 방식은 조사, 연구, 명확한 추론이었다. 철학은 논쟁과 잘못을 범할 가능성, 견해에 대한 도전과 대안의 모색을 기반으로 발달한다. 다행히도 대부분의 시대에 다른 사람들이 그래야 한다고 말한 것을 기꺼이 비판적으로 생각하려 한 철학자들이 있었다. 모든 것을 온전히 비판적으로 생각하려 한 철학자는 회의론자 피론이었다.

CHAPTER 3

우리는 아무것도 모른다

피론

어느 누구도 아무것도 알 수 없다. 그리고 그것조차 확실하지 않다. 우리는 진실이라고 믿는 것에 의지하지 말아야 한다. 우리가 잘못 생각하고 있을 수도 있다. 모든 것은 의문을 제기할 수 있고, 의심할 수 있다. 그렇다면 최선의 선택은 열린 마음을 유지하는 것이다. 확신하지 말라. 그러면 실망하지 않을 것이다. 이것은 회의론의 가장 중요한 가르침이었다. 회의론은 고대 그리스와 이후 로마 시대에 걸쳐 수백 년 동안 인기를 얻은 철학 사조이다. 플라톤과 아리스토텔레스와는 달리 가장 극단적인 회의론자들은 어떤 것에 대해서도 확고한 견해를 갖지 않으려 했다. 고대 그리스의 피론(기원전 365?~기원전 270?)은 가장 유명하고 아마도 가장 극단적인 회의론자였다. 그의 인생은 단연 기이했다.

당신은 모든 것을 알고 있다고 믿고 있을 것이다. 예를 들어 지금 이 책을 읽고 있다는 것을 알고 있다. 하지만 회의론자들은 이에 이의를 제기할 것이다. 당신이 실제로 이 책을 읽고 있고 단지 그렇다고 상상하는 게 아니라고 믿는 이유에 대해 생각해보자. 당신이 옳다고 확신할 수 있는가? 당신은 읽고 있는 것처럼 보인다. 당신에게는 그렇게 보인다. 하지만 어쩌면 환각에 빠지거나 꿈을 꾸고 있을 수도 있다(이것은 약 1,800년 뒤 르네 데카르트가 전개한 사상이다. '챕터 11' 참조). 아는 거라곤 그 자신이 아무것도 모른다는 사실이라고 했던 소크라테스의 주장 역시 일종의 회의론적인 입장이었다. 하지만 피론은 이보다 훨씬 더 나아갔다. 어쩌면 조금 지나칠 정도로 나아간 것일 수도 있다.

피론의 삶에 대한 기록들을 믿을 수 있다면(우리는 그 기록들에 대해서도 회의적인 태도를 취해야 할 것이다) 그는 어떤 것도 당연하게 여기지 않음으로써 유명해졌다. 소크라테스처럼 피론 역시 자신의 사상을 글로 쓰지 않았다. 따라서 우리가 그에 대해 아는 것은 다른 사람들의 기록에서 비롯된 것이고, 그 기록들 중 대부분은 그가 죽고 몇 세기 뒤에 나온 것이다. 기록자들 중 한 명인 디오게네스 라에르티오스에 따르면 피론은 유명 인사가 되어 자신이 살았던 엘리스에서 제사장의 지위에 올랐고, 피론에게 경의를 표한다는 의미로 그곳의 철학자들은 세금을 낼 필요가 없었다. 이것이 사실인지는 확인할 길이 없지만 좋은 생각인 듯하다.

그러나 우리가 알 수 있는 범위에서 피론은 자신의 회의론을 꽤 유별난 방식으로 실행했다. 그를 지켜준 친구가 없었다면 그의 삶은 아주 짧았을 것이다. 어떤 극단적인 회의론자라도 오래 살아남으려면 덜 회의적인 사람들의 도움이나 상당한 행운이 필요하다.

피론이 견지한 삶의 방식은 이렇다. 우리는 감각을 완전히 신뢰할 수 없다. 때로 감각은 우리를 잘못된 길로 이끈다. 예를 들어 어둠 속에서는 볼 수 있는 것에 대해 실수하기 쉽다. 여우처럼 보인 것이 그저 고양이일 수도 있다. 또는 숲에서 바람이 불었을 뿐인데 누군가가 우리를 부르는 소리를 들었다고 생각할 수 있다. 감각은 너무나 자주 우리를 잘못된 길로 이끌기 때문에 피론은 감각을 절대 믿지 않기로 결심했다. 감각이 정확한 정보를 줄 수 있다는 가능성을 배제하지 않았지만, 이 문제에 대해 열린 마음을 가졌다.

그래서 대부분의 사람들이 비탈이 가파른 절벽 가장자리가 보이면 계속 앞으로 걸어가는 것은 아주 어리석은 짓이라는 걸 알려주는 확실한 증거로 받아들이는 반면 피론은 그렇지 않았다. 감각이 그를 속이고 있을지 모르기 때문에 그는 자신의 감각을 믿지 않았다. 발가락이 절벽 가장자리에 닿은 느낌이나 몸이 앞으로 기울어지는 느낌이 들어도 곧 자신이 저 아래 바위로 떨어질 거라는 확신을 주지 못했을 것이다. 심지어 바위에 떨어지는 것이 그의 몸에 해로울 거라는 점도 그에게는 명확하지 않았다. 그것을 어떻게 전적으로 확신할 수 있다는 것인가? 아마도 회의론자가 아니었을 일부 친구들이 피론이 사고를 치지 않도록 막았겠지만, 만약 친구들이 그러지 않았다면 피론은 몇 분마다 곤경에 처했을 것이다.

당신을 해치려 한다고 확신할 수 없다면서 왜 사나운 개들을 무서워하는가? 단지 개들이 짖고 이빨을 드러내고 당신을 향해 달려온다고 당신을 물어버릴 거라고 단정할 수는 없다. 그리고 개들이 물었다고 *반드시* 아프지는 않을 것이다. 길을 건널 때 다가오는 차량을 왜 신경 쓰는가? 그 차들이 당신을 치지 않을 수도 있다. 사실 누가 알겠는가? 그리고 당신이 살거나 죽거나 무슨 차이가 있는가? 아무튼 피론은 이 완전한 무관심의 철학을 실행했고, 일상적이고 자연스러운 모든 인간의 감정과 행동 양식을 극복해냈다.

어쨌든 이것은 전설이다. 피론에 관한 이런 이야기들 중 일부는 아마도 그의 철학을 조롱하기 위해 꾸며낸 것일 수도 있다. 하지만 모두 허구인 것 같지는 않다. 예를 들어 그 당시 전에 없던 최악의 폭풍우를 뚫고 항해하는 동안 피론은 너무나 침착했다는 유명한 일화가 있다. 바람은 돛을 갈기갈기 찢어버렸고 커다란 파도가 배를 덮치고 있었다. 주변의 모든 사람은 공포에 휩싸였다. 하지만 피론은 전혀 개의치 않았다. 현상은 흔히 기만적이기 때문에 그는 현상에서 어떤 해악이 나타날지 전혀 확신할 수 없었다. 가장 경험이 많은 선원들마저 당황할 때도 피론은 평정을 유지할 수 있었다. 그는 이런 최악의 상황에서조차 무심할 수 있다는 것을 보여주었다. 이 일화는 어느 정도 사실인 듯하다.

젊은 시절 피론은 인도를 방문했다. 아마도 그로 인해 유별난 삶의 방식을 생각하게 되었을 것이다. 인도는 내면의 평온함을 얻기 위해 산 채로 묻히거나 민감한 신체 부위에 무거운 것을 매달거나 아무것도 먹지 않고 몇 주를 산다든지 하는 극단적이고 거의 믿을 수 없는 육체적 궁핍 속에 스스로를 내던지는 영적인 스승이나 지도자가 이어져온 위대한 전통을 갖고 있다. 피론의 철학 방식은 분명 신비주의에 가까웠다. 이를 성취하기 위해 어떠한 방법을 사용해서라도 그는 자신이 설교한 것을 확실히 실천했다. 그가 보여준 마음의 평정은 주변 사람들에게 깊은 인상을 주었다. 그가 어떤 상황에도 동요하지 않은 이유는 전적으로 모든 것이 단순히 견해의 문제라고 생각했기 때문이다. 만약 진리를 찾을 기회가 없다면 초조해할 필요도 없다. 그러면 우리는 모든 확고한 믿음으로부터 거리를 둘 수 있다. 왜냐하면 확고한 믿음은 항상 망상을 포함하기 때문이다.

만약 피론을 만났더라면 아마도 그가 미쳤다고 생각했을 것이다. 그리고 어떤 면에서는 미쳤을지도 모른다. 하지만 그의 견해와 행동은 일관적이었다. 그는 우리가 가진 다양한 확신은 불합리할 뿐이며 마음의 평화를 방해한다고 생각하곤 했다. 우리는 너무 많은 것을 당연하게 여긴다. 하지만 그것은 마치 모래 위에 집을 지은 것과 같다. 생각의 토대는 우리가 믿고 싶은 것만큼 확고하지 않으며 우리를 행복하게 해줄 것 같지도 않다.

피론은 행복해지고 싶은 사람이라면 물어야 하는 세 가지 질문의 형태로 자신의 철학을 깔끔하게 요약했다.

• 사물은 실제로 어떠한가?

- 우리는 사물에 대해 어떤 태도를 취해야 하는가?
- 그러한 태도를 취한 사람에게는 어떤 일이 일어날 것인가?

피론의 대답은 단순하고 명료했다. 첫째, 우리는 세계가 실제로 어떠한 것인지 결코 알 수 없다. 그것은 우리가 이해할 수 있는 범위를 넘어선다. 아무도 실재의 궁극적인 속성에 대해 알지 못할 것이다. 인간은 그런 지식을 습득할 수 없다. 그러므로 그런 것은 잊어버리자. 이러한 견해는 철학자들이 추상적인 사유를 통해 이데아에 대한 지식을 얻을 수 있다는 플라톤의 이데아론과 완전히 상반된다.('챕터 1' 참조) 둘째, 그 결과 우리는 어떤 견해도 확신하지 말아야 한다. 우리는 어떤 것도 확실히 알 수 없기 때문에 모든 판단을 보류하고 어디에도 얽매이지 않는 방식으로 살아야 한다. 모든 욕망은 이것이 저것보다 더 낫다는 데서 시작된다. 불행은 원하는 것을 얻지 못하는 데서 생겨난다. 하지만 우리는 어떤 것이 다른 것보다 더 나은지를 알 수 없다. 그러므로 행복하기 위해 욕망으로부터 자유로워지고 상황이 어떻게 될지 마음을 쓰지 말아야 한다고 피론은 생각했다. 그것이 올바른 삶의 방식이다. 아무것도 중요하지 않다는 것을 인정하라. 그렇게 하면 그 어떤 것도 당신의 마음에 영향을 미치지 못할 것이고, 이는 곧 내적 평정으로 이어질 것이다. 셋째, 만약 이 가르침을 따른다면 다음과 같은 일이 일어날 것이다. 시작부터 말문이 막힐 것이다. 아마도 무슨 말을 해야 할지 모를 것이기 때문이다. 결국 당신은 모든 걱정으로부터 자유로워질 것이다. 그것은 누구나 삶에서 기대할 수 있는 최선의 상황이다. 종교적 체험과 거의 비슷하다.

　이론은 그렇다. 피론에게는 효과가 있었던 것처럼 보이지만, 대부분의 사람들에게 똑같은 결과를 줄 것인지는 알기 어렵다. 우리 중에 피론이 권장한 그런 종류의 무심함을 보일 수 있는 사람은 거의 없다. 그리고 모든 사람이 최악의 실수에서 그들을 구해줄 친구들이 있을 만큼 운이 좋은 것도 아니다. 사실 모든 사람이 피론의 조언을 따랐다면 피론학파의 극단적인 회의론자들을 지켜줄 사람은 아무도 남지 않았을 것이고, 절벽 가장자리에서 넘어지거나 달리는 차량 앞으로 한 걸음 내딛거나 사나운 개한테 물리는 바람에 회의론 학파 전체가 아주 빠르게 사라졌을 것이다.

　피론의 접근 방식에서 기본적인 약점은 '아무것도 알 수 없다'로부터 '따라서 위험한 것에 대한 자신의 본능과 감정을 무시해야 한다'는 결론으로 넘어갔다는 것이다. 하지만 우리의 본능은 많은 위험 가능성으로부터 우리를 보호한다. 본능을 완전히 믿을 수는 없겠지만, 그렇다고 아예 무시해야 한다는 의미는 아니다. 피론도 개가 달려들면 달아났을 것이다. 그러한 상황에서 자동적인 신체 반응을 완전히 극복할 수는 없을 것이다. 그러므로 피론학파의 극단적인 회의론을 시도하고 실행하는 것은 정도를 벗어난 듯 보인다. 또한 이런 식으로 산다고 피론이 생각했던 마음의 평화를 가져올지도 명확치 않다. 피론의 회의론에 대해 회의적일 수 있다. 마음의 평정이 과연 피론이 무릅쓴 것과 같은 위험을 감수하는 데서 생겨날 것인지 의문을 제기하고 싶을 것이다. 피론에게는 효과가 있었을지 모르지만, 우리에게 효과가 있을 거라는 증거는 무엇인가? 사나운 개가 물 거라고 100퍼센트 확신할 수는 없겠지만, 99퍼센트 확신한다면 운에 맡기지 않는 것이 타당하다.

철학사에서 모든 회의론자가 피론처럼 극단적이지는 않았다. 마치 모든 것이 항상 의심스러운 것처럼 사는 게 아니라 가정에 의문을 제기하고 우리가 믿는 것을 뒷받침하는 증거를 면밀히 살펴보는 온건한 회의주의의 훌륭한 전통이 있다. 이런 종류의 회의적인 문제 제기는 철학의 핵심이다. 그런 의미에서 모든 위대한 철학자는 회의론자였다. 독단론과는 반대이다. 독단적인 사람은 진리를 알고 있다고 전적으로 확신한다. 철학자들은 정설에 이의를 제기한다. 사람들이 자신의 행동을 믿는 이유가 무엇인지, 자신의 결론을 뒷받침하기 위해 어떤 증거를 가지고 있는지 묻는다. 그것은 소크라테스와 아리스토텔레스가 했던 일이며, 오늘날 철학자들이 하는 일이기도 하다. 단지 상대를 난처하게 하려고 그러는 게 아니다. 온건한 철학적 회의론의 목적은 진리에 더 가까이 다가가거나 적어도 우리가 알거나 알 수 있는 것이 얼마나 없는지를 밝히는 것이다. 이런 회의론자가 되기 위해 절벽 가장자리에서 떨어지는 위험을 감수할 필요는 없다. 하지만 곤란한 질문을 하고 사람들의 답변을 비판적으로 생각해보는 자세는 갖추고 있어야 한다.

피론은 모든 근심에서 벗어나는 자유를 설교했지만, 우리들 대부분은 그것을 이루지 못한다. 한 가지 공통된 걱정거리는 우리 모두가 죽을 거라는 사실이다. 또 다른 그리스 철학자 에피쿠로스는 우리가 그 사실을 어떻게 받아들일 수 있는지에 대해 현명한 제안을 내놓았다.

CHAPTER 4

정원의 산책로

에피쿠로스

당신의 장례식을 상상해보자. 어떤 모습일까? 누가 있을까? 사람들은 무슨 말을 할까? 당신의 상상은 틀림없이 당신만의 관점에서 비롯된 것이다. 마치 당신이 여전히 그곳에 존재하면서 어쩌면 위에서나 혹은 조문객 사이의 자리처럼 특정 장소에서 상황을 지켜보고 있는 것처럼 생각한다. 그것이 진정 가능한 일이라고 믿는 사람들도 있다. 즉 죽은 뒤에 우리는 육체를 벗어나 일종의 영혼으로 살아남아서 이 세상에 무슨 일이 벌어지는지 알수도 있을 거라고 믿는다. 하지만 우리 중 죽음이 마지막이라고 믿는 사람들은 진정으로 어려운 문제에 부딪힌다. 우리가 거기에 존재하지 않는다는 걸 상상하려 할 때마다 우리는 거기에 존재하면서 우리가 존재하지 않을 때 무슨 일이 벌어지는지 보고 있다고 상상해야 하는 것이다.

자신의 죽음을 상상할 수 있든 없든 적어도 자신이 존재하지 않는다는 것을 조금 두려워하는 일은 아주 자연스러운 것처럼 보인다. 과연 누가 자신의 죽음을 두려워하지 않겠는가? 우리가 두려워해야 할 게 있다면 틀림없이 그런 것이다. 비록 지금부터 수십 년 뒤에 일어난다고 해도 존재하지 않는다는 것에 대한 두려움은 지극히 당연해 보인다. 그것은 본능이다. 이 세상에서 이를 한 번도 깊이 생각해본 적이 없는 사람은 없을 것이다.

고대 그리스의 철학자 에피쿠로스(기원전 341~기원전 270)는 죽음을 두려워하는 것은 시간 낭비이며 나쁜 논리에 근거한다고 주장했다. 그것은 극복해야 하는 마음의 상태였다. 죽음에 대해 분명하게 생각해보면 전혀 무서운 것이 아니다. 논리적으로 생각해보면 이승에서의 시간을 훨씬 더 즐길 수 있을 것이다. 이것은 에피쿠로스에게 매우 중요했다. 그는 철학의 핵심이 인생을 더 나아지게 하는 것, 즉 행복을 찾도록 돕는 것이라고 믿었다. 어떤 사람들은 자신의 죽음을 깊이 생각하는 것이 병적인 증상이라고 생각하지만, 에피쿠로스에게는 한층 치열한 삶의 방식이었다.

에피쿠로스는 에게 해의 그리스 사모아 섬에서 태어났다. 그는 인생의 대부분을 아테네에서 보냈다. 그곳에서 일종의 숭배의 대상이 되어서는 제자들을 모아 함께 공동체를 이루고 살았다. 공동체에는 여자와 노예도 포함되었는데, 고대 아테네에서는 보기 드문 상황이었다. 그로 인해 에피쿠로스는 추종자들을 제외하면 대중적인 호응을 얻지 못했다. 그는 정원이 있는 저택에서 철학 학원을 운영했고, 이 학원은 '정원The Garden'이라고 알려지게 되었다.

많은 고대 철학자들[그리고 피터 싱어('챕터 40' 참조)와 같은 일부 현대 철학자들]처럼 에피쿠로스는 철학이 실천적이어야 한다고 믿었다. 철학은 삶의 방식을 변화시켜야 했다. 따라서 에피쿠로스를 따라 이 정원 공동체에 합류했던 사람들이 철학을 배우는 데 그치지 않고 철학을 실천에 옮겼다는 점은 중요했다.

에피쿠로스에게 삶을 이해하는 열쇠는 우리 모두 쾌락을 추구한다는 것을 인정하는 데 있었다. 더 중요한 점은, 우리는 되도록이면 고통을 피한다는 것이다. 그것이 바로 우리를 움직이게 하는 힘이다. 삶에서 고통을 없애고 행복을 증진하면 삶이 더 나아질 것이다. 그렇다면 가장 좋은 삶의 방식은 아주 단순한 생활 방식을 택하고, 주위 사람들에게 친절하고, 친구들을 자기 주변에 두는 것이다. 그렇게 하면 대부분의 욕망을 충족시킬 수 있을 것이다. 얻을 수 없을 것을 바라는 처지가 되지는 않을 것이다. 대저택을 살 만한 돈이 없는데 대저택을 소유하려는 절박한 욕망을 갖는 것은 아무 소용이 없다. 어차피 가질 수 없는 것을 얻기 위해 삶 전체를 소모하지 말라. 단순하게 사는 편이 훨씬 더 낫다. 욕망이 단순하면 충족시키기도 쉽고 중요한 것들을 즐길 시간과 에너지를 가지게 될 것이다. 그것이 바로 에피쿠로스가 말한 행복의 비결이었다. 아주 일리가 있는 말이다.

이 가르침은 일종의 치유법이었다. 에피쿠로스의 목적은 제자들의 정신적 고통을 치유하고, 과거의 쾌락을 기억함으로써 육체적 고통을 견딜 수 있게 만드는 방법을 보여주는 데 있었다. 에피쿠로스는 쾌락이란 그 순간에도 즐겁지만 나중에 기억할 때도 즐거우므로 우리에게 오래 지속적으로 도움을 줄 수 있다고 지적했다. 그 자신이 죽어가면서 다소 불안할 때 친구에게 편지를 써서 어떻게 과거에 나눈 대화의 즐거움을 되새김으로써 자신의 병을 잠시나마 잊을 수 있는지를 설명했다.

이것은 오늘날 '에피쿠로스epicurean'라는 단어가 의미하는 바와 사뭇 다르다. 거의 정반대의 의미이다. 에피쿠로스에서 유래한 영어 단어 'epicure(에피큐어)'는 맛있는 음식을 즐기는 사람이나 사치와 감각적 쾌락에 탐닉하는 사람을 말한다. 에피쿠로스는 그보다 훨씬 더 단순한 취향을 가졌다. 그는 절제의 필요성을 가르쳤다. 탐욕스러운 욕구에 굴복하는 것은 더 많은 욕망을 만들어낼 뿐이고 결국에는 성취되지 못한 갈망의 정신적 고통을 만들어낼 뿐이라고 했다. 점점 더 많은 것을 원하는 그런 삶은 피해야 한다. 에피쿠로스와 그의 추종자들은 색다른 음식보다는 빵과 물을 먹었다. 만약 비싼 와인을 마시기 시작하면 곧 훨씬 더 비싼 와인을 마시고 싶어질 것이고, 가질 수 없을 것을 갈망하는 덫에 빠지게 될 것이다. 그럼에도 불구하고 에피쿠로스를 비난하는 사람들은 정원 공동체에서 에피쿠로스의 추종자들이 끝없이 이어지는 술잔치에서 먹고 마시고 섹스하면서 대부분의 시간을 보낸다고 주장했다. '에피쿠로스'의 현대적 의미는 그렇게 시작되었다. 만약 에피쿠로스의 추종자들이 정말로 그런 행동을 했다면 스승의 가르침에 완전히 어긋나는 것이었다. 오히려 그것이 단지 악의적인 소문일 뿐이라는 편이 더 그럴듯하다.

　에피쿠로스가 분명 많은 시간을 할애한 한 가지 일은 글쓰기였다. 그는 다작을 했다. 기록에 따르면 파피루스 두루마리에 무려 300권이나 되는 책을 썼다고 한다. 그러나 그중에 남아 있는 것은 하나도 없다. 에피쿠로스에 대해 우리가 아는 내용 대부분은 추종자들이 남긴 기록에서 비롯된 것이다. 그들은 에피쿠로스의 글을 외웠을 뿐만 아니라 그의 가르침을 문서 형태로도 전했다. 그렇게 전해진 문서들 중 일부는 베수비오 화산이 폭발했을 때 폼페이 근처 헤르쿨라네움에 덮친 화산재 속에서 보존되어 조각조각 살아남았다. 에피쿠로스의 가르침을 알 수 있는 또 다른 중요한 출처는 로마의 철학자이자 시인 루크레티우스의 서사시 「사물의 본성에 관하여On the Nature of Things」이다. 에피쿠로스가 죽은 뒤 200년 이상이 지나고 나서 지어진 이 시에는 에피쿠로스학파의 중요한 가르침이 요약되어 있었다.

　그렇다면 에피쿠로스가 던진 질문으로 되돌아가보자. 왜 죽음을 두려워하지 말아야 하는가? 한 가지 이유는 우리가 죽음을 체험하지 않기 때문이다. 우리의 죽음은 우리에게 일어나는 일이 아니다. 그 일이 일어났을 때 우리는 거기에 존재하지 않는다. 20세기 철학자 루트비히 비트겐슈타인은 저서 『논리철학논고』에서 '죽음은 삶의 사건이 아니다'라고 쓰면서 에피쿠로스의 견해에 공감을 표했다. 사건이란 우리가 체험하는 대상이지만, 우리 자신의 죽음은 체험의 가능성이 제거된 것이어서 우리가 의식하거나 어쨌든 살아서 겪을 수 있는 대상이 아니라는 것이다.

에피쿠로스는 우리 자신의 죽음을 상상할 때 대부분의 사람들은 죽은 몸에 무슨 일이 일어나든 그것을 느낄 수 있게 우리에게 무언가 남아 있을 거라고 생각하는 실수를 저지른다고 했다. 하지만 이것은 인간이라는 존재에 대한 하나의 오해이다. 우리는 각자의 특정한 몸, 즉 특정한 살과 뼈에 매여 있다. 에피쿠로스의 견해는 우리가 원자로 구성되어 있다는 것이었다(물론 에피쿠로스가 사용한 원자라는 용어의 의미는 현대 과학자들이 사용하는 의미와는 다소 차이가 있었다). 우리가 죽어서 이 원자들이 분해되는 순간 우리는 더 이상 어떤 것을 의식할 수 있는 개별자로 존재하지 않는다. 누군가가 나중에 세심하게 모든 신체 기관을 다시 모아서 복원한 육체에 생명력을 불어넣는다고 해도 '나'와는 관련이 없을 것이다. 나를 닮았다고 해도 새로이 살아난 이 육체는 내가 아닐 것이다. 나는 그 육체의 고통을 느끼지 않을 것이다. 일단 육체가 제 기능을 멈추면 아무것도 되살릴 수 없기 때문이다. 정체성의 고리도 끊어졌을 것이다.

에피쿠로스는 추종자들이 가진 죽음에 대한 두려움을 치유할 수 있다고 생각한 또 다른 방법으로 미래에 대한 느낌과 과거에 대한 느낌의 차이를 지적했다. 우리는 미래에 대해서는 신경 쓰지만 과거에 대해서는 그렇지 않다. 우리가 태어나기 이전의 시간을 생각해보자. 전부 우리가 존재하지 않았던 시간이다. 일찍 태어날 수도 있었겠지만 어머니의 자궁 속에 있었던 몇 달이나, 심지어 잉태 전이어서 부모님에게는 단지 하나의 가능성이었을 시점만 있었던 게 아니라 우리 이전에도 영겁의 시간이 지나갔다. 우리는 보통 자신이 태어나기 이전의 그 몇천 년 동안 이 세상에 존재하지 않은 것을 두고 걱정하지 않는다. 우리가 존재하지 않았던 모든 시간에 대해 왜 신경을 써야 한단 말인가? 만약 그렇다면 왜 죽음 이후 우리가 존재하지 않을 영겁의 시간에 대해 그토록 신경을 써야 하는가? 우리의 생각은 균형을 이루지 않는다. 우리는 태어나기 이전의 시간보다 죽은 이후의 시간에 대해 걱정하는 쪽으로 매우 치우쳐 있다. 에피쿠로스는 이것이 잘못이라고 생각했다. 이 사실을 알았다면 죽음 이전의 시간에 대해 생각하는 것과 동일한 방식으로 죽음 이후의 시간을 생각해야 한다. 그렇다면 크게 걱정할 일은 아닐 것이다.

어떤 사람들은 결국 내세에서 벌을 받을 거라고 몹시 걱정한다. 에피쿠로스는 그런 걱정 역시 일축해버렸다. 추종자들에게 신들은 그들의 창조물에 대해 그다지 관심이 없다고 자신 있게 말했다. 신들은 우리와 떨어져 존재하고, 이 세상에 관여하지 않는다. 그러므로 틀림없이 우리는 괜찮을 것이다. 이것이 바로 치유법, 즉 이 논증들을 결합한 결론이다. 만약 이 치유법이 효과가 있다면 우리는 존재하지 않을 미래를 훨씬 더 편안하게 느낄 것이다. 에피쿠로스는 비문에 자신의 철학 전체를 이렇게 요약했다.

나는 존재하지 않았다. 나는 존재해왔다. 나는 존재하지 않는다. 나는 마음 쓰지 않는다.

만약 우리가 물질로 구성된 육체적 존재일 뿐이고 죽음 이후 벌을 받을 위험이 진정 없다고 믿는다면, 죽음이란 두려움의 대상이 아니라는 에피쿠로스의 추론은 충분한 설득력을 가질 것이다. 물론 죽음의 과정이 흔히 고통스럽고 분명하게 체험되기 때문에 여전히 두려움을 가질 수도 있다. 죽음 자체에 대해 초조해하는 것이 불합리하다고 해도 그것은 사실이다. 하지만 에피쿠로스는 좋은 기억들이 고통을 완화시킬 수 있다고 믿었고, 그에 대해서도 답을 가지고 있었다는 점을 기억하자. 만약 자신이 몸속에 있는 영혼이고 그 영혼은 육체적 죽음에서 살아남을 수 있다고 생각한다면 에피쿠로스의 치유법은 통하지 않을 것이다. 자신의 심장이 멈춘 후에도 계속해서 존재한다고 상상할 수 있을 테니 말이다.

철학을 일종의 치유법으로 생각한 것은 에피쿠로스학파뿐만이 아니었다. 고대 그리스와 로마의 철학자 대부분이 그렇게 생각했다. 특히 스토아학파는 불행한 사건들을 직면했을 때 정신적으로 강해지는 방법에 관한 가르침으로 명성을 떨쳤다.

CHAPTER 5

걱정하지 않는 법 배우기

에픽테토스, 키케로, 세네카

집을 나서야 하는데 때맞춰 비가 내리기 시작했다면 불운한 일이다. 하지만 우비를 입거나 우산을 챙기거나 약속을 취소하는 일 외에 외출해야 하는 사람이 할 수 있는 일은 많지 않다. 아무리 그러고 싶어도 비를 그치게 할 수는 없으니 말이다. 이 상황을 두고 속상해해야 할까? 아니면 그냥 냉철해야 할까? '냉철한 것being philosophical'은 자신이 바꿀 수 없는 것을 받아들인다는 의미일 뿐이다. 피할 수 없는 노화 과정과 찰나 같은 인생은 어떠한가? 인간 조건의 이런 특징에 대해 우리는 어떻게 생각해야 할까? 마찬가지로 냉철해야 할까?

사람들이 자신에게 일어난 일에 대해 '냉철하다'라고 말할 때, 스토아학파가 했던 것처럼 이 단어를 사용하고 있는 것이다.

'스토아학파'라는 이름은 이 철학자들이 스토아Stoa라고 하는 아테네의 주랑에서 만나곤 했다는 데서 유래했다. 스토아학파의 창시자 가운데 한 사람은 키프로스의 제논(기원전 334~기원전 262)이었다. 초기 그리스 스토아학파는 실재부터 논리학, 윤리학에 이르는 광범위한 철학적 문제들에 주목했다. 하지만 마음의 통제에 대한 견해로 가장 널리 알려졌다. 스토아학파의 기본 사상은 우리가 바꿀 수 있는 것에 대해서만 걱정해야 한다는 것이었다. 그 밖의 다른 일에 대해서는 동요하지 말아야 한다. 회의론자들처럼 스토아학파는 마음의 평정을 지향했다. 사랑하는 이의 죽음처럼 비극적인 사건을 마주할 때에도 냉정함을 유지해야 한다고 했다. 비록 *무슨 일이 벌어질 것인지*는 우리의 통제 범위 안에 있지 않더라도 벌어지는 일에 대한 우리의 *태도*는 *스스로* 통제할 수 있는 범위 안에 있다.

우리가 느끼고 생각하는 것에 대해 스스로 책임져야 한다는 사상이 스토아철학의 핵심이었다. 우리는 행운과 불행에 대한 반응을 선택할 수 있다. 어떤 사람들은 자신의 감정을 마치 날씨처럼 생각하지만, 그와 달리 스토아학파는 상황이나 사건에 대한 우리의 감정이 선택의 문제라고 생각했다. 감정을 단순히 우리에게 일어난 것이라고 볼 수는 없다. 원하는 걸 얻지 못할 때 우리가 꼭 슬퍼해야 하는 것은 아니다. 누군가가 우리를 속일 때 반드시 화를 내야 하는 것도 아니다. 스토아학파는 감정이 추론을 흐리고 판단을 저해한다고 믿었다. 우리는 감정을 통제해야 할 뿐만 아니라 가능한 한 완전히 제거해야 한다.

가장 유명한 후기 스토아학파 가운데 한 사람인 에픽테토스(55~135)는 처음에는 노예였다. 그는 많은 고초를 견뎌냈고 고통과 굶주림에 대해 알고 있었다. 심한 매질을 당한 탓에 절뚝거리며 걸었다. 육체는 노예가 되어도 정신은 자유로울 수 있다는 그의 주장은 자신의 경험을 바탕으로 한 것이었다. 그저 추상적인 이론이 아니었다. 고통과 괴로움의 대처 방법에 관한 실제적인 조언을 담고 있는 그의 가르침은 이렇게 요약되었다.

'우리의 생각은 우리에게 달려 있다.'

스토아철학은 베트남 전쟁 중 북베트남 부근에서 격추당한 미국의 전투기 조종사 제임스 B. 스톡데일에게 영감을 주었다. 그는 수차례 고문을 당했고 4년 동안 독방에 갇혀 있었지만, 대학에서 배운 에픽테토스의 가르침에 대한 기억을 적용해서 용케 살아남았다. 그는 낙하산에 매달려 적지를 향해 떠밀려 내려가는 동안 아무리 가혹한 처사라고 해도 다른 사람들이 자신에게 하는 짓에 절대 흔들리지 않겠다고 결심했다. 스스로 상황을 바꿀 수 없다면 결코 상황이 자신에게 영향을 미치도록 내버려두지 않겠다는 생각이었다. 스토아철학은 그에게 대부분의 사람들을 무너뜨렸을 고통과 고독을 견뎌내는 힘을 주었다.

이 강인한 철학은 고대 그리스에서 시작되었지만 로마 제국에서 번성했다. 스토아학파의 가르침을 널리 전파하는 데 일조한 두 명의 중요한 저술가는 마르쿠스 툴리우스 키케로(기원전 106~기원전 43)와 루키우스 안나이우스 세네카(기원전 1~기원후 65)였다. 특히 두 사람이 관심을 가졌던 주제는 인생의 덧없음과 피할 수 없는 노화였다. 그들은 노화가 자연스러운 과정이라는 점을 인정했고, 바꿀 수 없는 것을 바꾸려 하지 않았다. 하지만 동시에 이생에서의 짧은 시간이라도 최선을 다해야 한다고 믿었다.

키케로는 재능이 아주 뛰어난 인물인 듯하다. 그는 철학자이면서 법률가이자 정치가였다. 그는 저서 『노년에 대하여On Old Age』에서 나이가 들면서 생기는 네 가지 중요한 문제점을 지적했다. 일하기가 더 어려워지고, 신체가 쇠약해지며, 육체적 쾌락의 즐거움이 사라지고, 죽음이 가까이 있다는 점이었다. 노화는 피할 수 없지만, 키케로가 주장했듯이 우리는 그 과정에 어떻게 반응할 것인지 선택할 수 있다. 우리는 늙어서 쇠약해진다고 해서 삶이 견딜 수 없게 되는 것은 아니라는 점을 깨달아야 한다. 우선 노인들은 그 경험 덕분에 흔히 일을 덜하고 지낼 수 있으므로 어떤 일을 하든지 훨씬 효율적일 수 있다. 육체와 정신은 단련만 한다면 꼭 급격하게 쇠약해지지는 않을 것이다. 그리고 육체적 쾌락의 즐거움이 줄어든다고 해도 우정을 쌓거나 대화를 하는 데 시간을 더 할애할 수 있다. 우정 쌓기와 대화하기는 그 자체로 매우 유익하다. 마지막으로 키케로는 영혼은 영원히 살기 때문에 노인들은 죽는 것에 대해 걱정하지 않아도 된다고 믿었다. 늙어가는 자연스러운 과정을 받아들여야 하고 동시에 그 과정에 대해 비관적인 태도를 취할 필요는 없다는 걸 깨달아야 한다는 것이 키케로의 입장이었다.

스토아철학의 견해를 널리 알린 또 다른 위대한 인물인 세네카는 비슷한 입장에서 인생의 덧없음에 대해 썼다. 인생이 너무 길다고 불평하는 말은 좀처럼 듣기 어렵다. 다들 인생이 너무 짧다고 말한다. 할 일은 너무 많고 시간은 너무 없다. 고대 그리스의 의학자 히포크라테스의 말처럼 '인생은 짧고 예술은 길다'. 죽음을 앞둔 노인들은 종종 인생에서 진정 원했던 것을 이룰 수 있도록 몇 년만 더 살 수 있기를 바란다. 하지만 대개 너무 늦었고, 그들은 돌이킬 수 없는 상황을 아쉬워할 뿐이다. 이런 점에서 자연은 냉혹하다. 상황을 감당할 수 있게 되자마자 우리는 죽는다.

세네카는 이런 견해에 동의하지 않았다. 키케로처럼 팔방미인이었던 세네카는 철학자일 뿐만 아니라 극작가, 정치가, 성공한 사업가였다. 그는 우리의 인생이 얼마나 짧은지가 아니라 우리들 대부분이 시간을 얼마나 헛되이 사용하는가를 문제로 보았다. 역시나 세네카에게도 인간 조건의 피할 수 없는 측면에 대한 우리의 태도가 가장 중요했다. 우리는 인생이 짧다고 화낼 게 아니라 최대한 활용해야 한다. 어떤 사람들은 그들 자신의 인생을 두고 그러는 것처럼 천년의 시간도 쉽사리 허비할 거라고 그는 지적했다. 그러면서도 여전히 인생이 너무 짧다고 불평할 것이다. 사실 인생은 우리가 올바른 선택을 하고 쓸데없는 일에 시간을 허투루 쓰지 않는다면 많은 것을 할 수 있을 만큼 충분히 길다. 돈을 좇는 데 엄청난 에너지를 쏟은 나머지 다른 일을 할 시간이 없는 사람들이 있는가 하면 여가 시간을 온통 술과 섹스에 써버리는 덫에 빠진 사람들도 있다.

이 사실을 깨닫기 위해 늙을 때까지 기다려야 한다면 너무 늦을 거라고 세네카는 생각했다. 흰머리와 주름이 있다고 해서 반드시 노인이 가치 있는 일을 하는 데 많은 시간을 썼다고 할 수는 없다. 비록 어떤 사람들은 마치 그런 것처럼 그릇된 행동을 하지만 말이다. 배를 타고 출항했지만 거친 바람에 이리저리 떠밀려 다닌 사람은 항해 중이었던 것이 아니다. 거친 파도에 시달렸을 뿐이다. 인생도 마찬가지다. 정말 가치 있고 의미 있는 경험을 할 시간을 찾지 못한 채 사건들 속에서 정처 없이 헤매고 통제 불능 상태에 있는 것은 진정한 삶과 사뭇 다르다.

인생을 잘 사는 것의 한 가지 이점은 나이 들어 기억을 두려워할 필요가 없다는 것이다. 시간을 낭비했다면 되돌아보았을 때 인생을 어떻게 보냈는지 생각하고 싶지 않을 수 있다. 자신이 놓친 모든 기회를 떠올리는 일이 너무 고통스러울 수 있기 때문이다. 세네카는 많은 사람들이 사소한 일에 몰두하게 되는 것이 바로 그런 이유 때문이라고 생각했다. 하지 못한 일에 대해 진실을 회피하는 하나의 방법이라고 보았다. 그는 독자들에게 군중으로부터 벗어나고, 바쁘다는 핑계 뒤에 숨지 말라고 충고했다.

그렇다면 세네카의 말에 따라 우리는 어떻게 시간을 *보내야* 하는가? 스토아학파는 다른 사람들로부터 떨어져 은둔자처럼 사는 것을 이상적이라고 여겼다. 세네카는 통찰력 있게도 가장 유익한 존재 방식은 철학을 공부하는 것이라고 단언했다. 그것이야말로 진정한 삶의 방식이었다.

세네카는 살면서 자신이 설교한 것을 실천할 수 있는 수많은 기회를 누렸다. 예를 들어 기원후 41년 그는 가이우스 황제의 여동생과 간통을 저질렀다고 고소를 당했다. 간통 여부는 명확하지 않지만, 그 결과 그는 코르시카 섬으로 유형流刑을 떠나 8년을 지냈다. 그러다가 다시 운명이 바뀌었다. 그는 로마로 복귀해 당시 열두 살이었던 황태자 네로의 가정교사가 되었다. 이후 세네카는 네로의 연설문 작성자이자 정치 고문으로 활동했다. 하지만 이 관계는 아주 좋지 못하게 끝났다. 운명의 또 다른 반전인 셈이었다. 네로는 세네카에게 자신을 죽이려는 음모에 가담했다는 죄를 씌웠다. 이번에는 세네카가 빠져나갈 길이 없었다. 네로는 세네카에게 자살하라고 명했다. 그 명령은 결코 거부할 수 없었고, 그러했더라도 어떻게든 사형 집행으로 이어졌을 것이다. 저항하는 것은 무의미했을 것이다. 세네카는 스스로 목숨을 끊었다. 자신의 스토아철학 사상에 걸맞게 그는 끝까지 평온하고 차분했다.

스토아철학의 중요한 가르침을 살펴보는 한 가지 방법은 일종의 심리 치료, 즉 우리의 삶을 더 평온하게 만드는 심리 치료법이라고 생각하는 것이다. 우리의 생각을 흐리는 성가신 감정들을 없애면 모든 것이 훨씬 더 단순해질 것이다. 그렇지만 공교롭게도 감정을 진정시킬 수 있다고 해도 중요한 것을 잃어버렸음을 깨닫게 될 것이다. 스토아학파가 옹호한 무심한 상태를 견지하면 우리는 스스로 통제할 수 없는 사건들을 직면했을 때 불행을 줄일 수 있다. 하지만 그 대가로 우리는 냉정하고 무정하고 어쩌면 비인간적인 사람이 될 수도 있다. 평온함을 얻기 위해 치러야 하는 대가라면 너무 지나친 셈이다.

다음 챕터에서 살펴볼 아우구스티누스는 초기 기독교도로서 고대 그리스 철학의 영향을 받았음에도 결코 스토아학파가 아니었다. 그는 자신이 세상에서 본 죄악에 대해 깊이 우려하고, 신과 인류에 대한 신의 계획을 이해하려고 필사적으로 노력한 강인한 열정의 소유자였다.

CHAPTER 6

누가 우리를 조종하는가?

아우구스티누스

아우구스티누스(354~430)는 진리를 알고 싶은 마음이 간절했다. 기독교도로서 그는 신의 존재를 믿었다. 하지만 그의 믿음은 많은 질문에 답을 주지 못했다. 신은 내가 무엇을 하길 원하는가? 나는 어떻게 살아야 하는가? 나는 무엇을 믿어야 하는가? 그는 살면서 깨어 있는 시간의 대부분을 이 질문들에 대해 생각하고 글을 쓰며 보냈다. 이 문제들은 아주 중요했다. 영원히 지옥에 머물 수 있다고 믿는 사람들에게 철학적 오류를 저지르는 것은 끔찍한 결과를 초래하는 일처럼 보일 수 있기 때문이다. 아우구스티누스 스스로 이해하듯이 만약 자신이 틀렸다면 영원토록 유황불에 타는 처지에 놓일 수 있었다. 그를 고뇌에 빠뜨린 한 가지 문제는 신이 세상에 악을 허락한 이유였다. 그가 내놓은 대답은 여전히 많은 신자들에게 공감을 얻고 있다.

대략 5세기에서 15세기에 해당하는 서양의 중세 시대에는 철학과 종교가 아주 밀접하게 연결되어 있었다. 중세 철학자들은 플라톤이나 아리스토텔레스 같은 고대 그리스 철학자들의 사상을 배웠다. 하지만 그들의 사상을 수정해서 자신들의 종교에 적용했다. 이런 철학자들 대다수는 기독교도였지만, 마이모니데스나 아비센나 같은 중요한 유대 철학자들과 아랍 철학자들도 있었다. 가장 위대한 철학자로 두각을 나타낸 인물들 중에는 훨씬 훗날 성인으로 추앙받는 아우구스티누스도 있다.

아우구스티누스는 지금의 알제리에 해당하지만 당시에는 로마 제국의 일부였던 북아프리카의 소도시 타가스테에서 태어났다. 본명은 아우렐리우스 아우구스티누스였다. 지금은 대개 성 아우구스티누스나 히포의 아우구스티누스(훗날 그가 살았던 도시의 이름을 따서)로 알려져 있다.

아우구스티누스의 어머니는 기독교도였지만 아버지는 일종의 지역 종교를 믿었다. 방탕한 청년기를 거쳐 성년기 초반에는 정부情婦와의 사이에서 아이까지 낳은 아우구스티누스는 30대에 기독교로 개종하여 마침내 히포의 주교가 되었다. 세속적인 쾌락을 지나치게 즐기고 있다는 이유를 들어 신에게 '아직은 아니지만' 성적인 욕망을 제지할 수 있게 해줄 것을 호소했다는 유명한 일화가 있다. 만년에 그는 『고백록 Confessions』, 『신국 The City of God』 등 100여 권에 이르는 책을 썼다. 대체로 플라톤의 지혜에 의존하면서도 기독교 식의 변형을 가한 내용을 담고 있었다.

대부분의 기독교도는 신에게 특별한 힘이 있다고 생각한다. 신은 지극히 선하며 전지전능하다. 이것은 모두 '신God'이라는 정의에 해당된다. 이런 자질이 없다면 신은 신이 아닐 것이다. 다른 여러 종교에서 신은 비슷한 방식으로 묘사되지만, 아우구스티누스는 오로지 기독교의 관점에만 관심을 기울였다.

이런 신을 믿는 사람이라면 누구든 세상에는 수많은 고통이 있다는 것을 인정할 수밖에 없을 것이다. 그것을 부정하기는 아주 어려울 것이다. 지진이나 질병 같은 자연의 해악에 따른 고통이 있는가 하면 도덕적 해악, 즉 인간에 의해 야기된 해악으로 유발된 고통도 있다. 살인과 고문은 분명 도덕적 해악의 두 가지 사례이다. 아우구스티누스보다 훨씬 이전에 등장했던 고대 그리스의 철학자 에피쿠로스('챕터 4' 참조)는 여기서 나타나는 한 가지 문제점을 인정했다. 선하고 전능한 신이 어떻게 악을 용납할 수 있는가? 만약 신이 악이 발생하는 것을 막을 수 없다면 진정 전능하다고 할 수 없다. 신이 할 수 있는 일에 한계가 있는 셈이다. 그러나 만약 신이 전능하지만 악을 막을 마음이 없는 것 같다면 어떻게 지극히 선하다고 할 수 있는가? 그것은 이치에 닿지 않는 듯했다. 이 문제는 오늘날에도 많은 사람들을 혼란스럽게 하고 있다. 아우구스티누스는 도덕적 해악에 초점을 맞췄다. 도덕적 해악이 일어날 것임을 알고도 그것을 막기 위해 아무것도 하지 않는 선한 신이라는 관념은 납득하기 어렵다는 것을 깨달았다. 신은 인간이 이해할 수 없는 신비로운 방식으로 움직인다는 견해도 납득되지 않았다. 아우구스티누스는 답을 원했다.

살인자가 자신의 희생자를 죽이려 한다고 상상해보자. 살인자는 날카로운 칼을 가지고 덮칠 태세이다. 진정한 악행이 벌어지려고 한다. 하지만 우리는 신이 그런 일의 발생을 막을 수 있을 만큼 강력하다는 것을 알고 있다. 예비 살인자의 뇌 속 뉴런에 몇 가지 사소한 변화만 주면 그만일 것이다. 아니면 누군가가 칼을 치명적인 무기로 사용하려 할 때마다 신이 칼을 무르고 말랑말랑한 고무처럼 바꿔버릴 수도 있다. 그렇게 하면 칼은 희생자의 몸에서 튕겨 나갈 테고, 아무도 다치지 않을 것이다. 신은 전지전능하기 때문에 무슨 일이 벌어지든 알 수밖에 없다. 그 무엇도 신에게서 벗어날 수 없다. 그리고 신은 악이 일어나지 않기를 원해야만 한다. 지극히 선하다는 조건에 해당되기 때문이다. 그럼에도 불구하고 살인자는 자신의 희생자를 죽인다. 철제 칼은 고무로 바뀌지 않는다. 번개가 번쩍이지도 않고, 천둥이 치지도 않고, 칼이 살인자의 손에서 절묘하게 떨어지는 일도 없다. 살인자도 마지막 순간까지 마음을 바꾸지 않는다. 그렇다면 왜 이런 일이 벌어지는 걸까? 이것은 고전적인 악의 문제Problem of Evil, 즉 신이 그런 악을 허용한 이유를 설명하는 문제이다. 모든 것이 신으로부터 비롯된 것이라면 악 역시 마찬가지일 수밖에 없다. 어떤 의미에서 신은 이런 일이 벌어지기를 원했을 것이다.

젊은 시절 아우구스티누스에게는 신이 악이 일어나기를 원했다는 믿음을 회피하는 한 가지 방법이 있었다. 그는 마니교도였다. 마니교는 페르시아(현재의 이란)에서 유래한 종교였다. 마니교도는 신이 지극히 강력한 존재는 아니라고 생각했다. 대신 선과 악의 대등한 힘 사이에서 끝없는 투쟁이 벌어지고 있다고 보았다. 따라서 이 견해에 따르면 신과 사탄은 상대를 지배하기 위해 진행되고 있는 대결에 몰두해 있었다. 둘 다 엄청나게 강했지만, 어느 한쪽도 상대를 이길 만큼 강력하지는 않았다. 특정 시기의 특정 장소에서는 악이 우세했지만, 결코 오래가지는 않았다. 선이 되살아나서 다시 악을 이겨내곤 했다. 이것으로 그런 끔찍한 일들이 벌어지는 이유가 설명되었다. 악은 어둠의 힘에서 나왔고, 선은 빛의 힘에서 나왔다.

마니교도는 선이란 사람의 영혼에서 나온다고 믿었다. 악은 그 모든 약점과 욕망으로 인해 우리를 그릇된 방향으로 이끄는 경향이 있는 육체에서 나온다고 보았다. 사람들이 때로 악행에 끌리는 이유를 그렇게 설명했다. 마니교도에게 악은 그다지 문제가 되지 않았다. 신이 실재의 모든 측면을 지배할 정도로 강력하다는 관념을 받아들이지 않았기 때문이다. 만약 신이 모든 것을 지배하는 힘을 갖지 않는다면 악의 존재에 대해서도 책임이 없으며, 어느 누구도 신에게 악을 막지 못했다고 비난할 수 없었다. 마니교도는 살인자의 행동을 두고 내면에 있는 어둠의 힘이 그를 악으로 이끌었기 때문이라고 설명했을 것이다. 한 사람의 내면에서 이 어둠의 힘이 너무 강력한 나머지 빛의 힘이 이길 수 없었던 셈이다.

만년에 아우구스티누스는 마니교의 인식을 거부하게 되었다. 그는 선과 악의 투쟁이 끝나지 않는 이유를 알 수 없었다. 왜 신은 이 싸움에서 이기지 못하는가? 분명 선의 힘이 악의 힘보다 강하지 않은가? 비록 기독교도가 악의 힘이 있다는 것을 인정한다고 해도 결코 신의 힘만큼 강하지는 않다. 하지만 아우구스티누스가 믿게 된 것처럼 신이 진정 전능하다고 해도 악의 문제는 여전히 남아 있었다. 어째서 신은 악을 허용했는가? 왜 그토록 많은 악이 존재하는가? 손쉬운 해결책은 존재하지 않았다. 아우구스티누스는 이 문제들을 오랫동안 열심히 생각했다. 그의 주된 해결책은 자유의지의 존재, 즉 다음에 무엇을 할지 선택할 수 있는 인간의 능력이 존재한다는 점에 바탕을 두고 있었다. 이를 자유의지 옹호Free Will Defence라고 한다. 이것은 변신론, 즉 선한 신이 어떻게 고통을 허용할 수 있는지를 설명하고 변호하기 위한 시도이다.

신은 우리에게 자유의지를 주었다. 예를 들어 당신은 다음 문장을 읽을지 말지 선택할 수 있다. 그것은 당신의 선택이다. 계속 읽으라고 강요하는 사람이 없다면 자유롭게 그만 읽을 수 있다. 아우구스티누스는 자유의지를 갖는 것은 좋은 거라고 생각했다. 자유의지로 인해 우리는 도덕적으로 행동할 수 있다. 우리는 선할 것인지 결정할 수 있다. 아우구스티누스에게 선하다는 것은 '네 이웃을 사랑하라'는 예수의 계명뿐 아니라 신의 계명, 특히 십계명Ten Commandments을 따른다는 것을 의미했다. 그러나 자유의지를 가진 결과로 우리는 악을 행하기로 결정할 수도 있다. 우리는 잘못된 방향으로 이끌릴 수 있고 거짓말을 하거나 도둑질을 하거나 사람을 해치거나, 심지어 죽이는 것 같은 나쁜 짓을 할 수 있다. 이것은 우리의 감정이 이성을 압도할 때 종종 벌어지는 일이다.

우리는 물건과 돈에 대한 강한 욕망을 키운다. 육체적 욕망에 굴복해서 신과 신의 계명으로부터 멀리 벗어난다. 아우구스티누스는 이성이 욕정을 통제해야 한다고 믿었다. 이는 플라톤과 같은 견해였다. 동물과 달리 인간에게는 이성의 힘이 있고 인간은 그것을 사용해야 한다. 만약 신이 우리를 악이 아니라 항상 선을 선택하도록 설계했다면 우리는 어떤 해도 끼치지 않을 것이다. 하지만 우리는 실제로 자유롭지 않을 것이고, 무엇을 할지 결정하기 위해 이성을 사용할 수도 없을 것이다. 신은 우리를 그렇게 만들 수 있었다. 아우구스티누스는 신이 우리에게 선택권을 준 것이 훨씬 낫다고 주장했다. 그렇지 않았다면 우리는 항상 올바르게 행동하도록 조종하는 신의 꼭두각시가 되었을 테니 말이다. 우리가 항상 자동적으로 좋은 선택을 하게 된다면 어떻게 행동할지를 생각하는 일은 아무런 의미가 없을 것이다.

그러므로 신은 모든 악을 막을 수 있을 만큼 강력하다. 하지만 악이 존재한다는 사실은 여전히 신과 직접적인 관계가 없다. 도덕적 해악은 우리가 선택한 결과이다. 아우구스티누스는 그것이 부분적으로는 아담과 이브가 선택한 결과라고 믿었다. 당시의 많은 기독교도와 마찬가지로 아우구스티누스는 구약성서의 창세기에 서술된 것처럼 에덴동산에서 상황이 단단히 틀어졌다고 확신했다. 이브에 이어 아담이 지식의 나무Tree of Knowledge 열매를 따 먹고 신을 배반했을 때, 두 사람은 세상에 죄를 가져왔다. 원죄Original Sin라고 하는 이 죄는 단지 아담과 이브의 삶에만 영향을 미친 게 아니었다. 전적으로 모든 인간이 그 대가를 치르고 있다. 아우구스티누스는 원죄가 생식 행위에 의해 새로운 세대에 전달된다고 믿었다. 아이조차도 태어나는 순간부터 이 원죄의 흔적을 지니고 있다. 원죄로 인해 우리는 죄를 더 저지르게 된다.

오늘날 많은 사람들에게 다른 사람이 저지른 행동에 대해 어쨌든 우리에게 책임이 있으니 벌을 받고 있다는 이런 인식은 받아들이기 매우 어렵다. 그것은 부당하게 보인다. 하지만 악이란 우리가 자유의지를 가진 결과이고 신과 직접적인 관련이 없다는 인식은 여전히 많은 신자들에게 납득되고 있다. 그런 인식 덕분에 전지전능하고 지극히 선한 신을 믿을 수 있는 것이다.

중세 시대의 가장 대중적인 저술가 중 한 사람인 보에티우스는 그런 신을 믿었다. 하지만 자유의지와 관련하여 다른 문제로 고심했다. 만약 신이 우리가 무엇을 선택할지 이미 알고 있다면 우리가 무언가를 하기로 선택한다는 것이 애초에 가능한가?

CHAPTER 7

철학의 위안

보에티우스

만약 당신이 교도소에서 사형 집행을 기다리는 처지라면 인생의 마지막 나날을 철학책을 쓰면서 보내겠는가? 보에티우스는 그렇게 했다. 그것은 결국 보에티우스가 쓴 가장 인기 있는 책이 되었다.

아니키우스 만리우스 세베리누스 보에티우스(475~525)는 로마 최후의 철학자들 중 한 사람이었다. 그는 로마가 이민족에 무너지기 불과 20년 전에 죽었다. 하지만 그의 생전에 이미 로마는 내리막길을 걷고 있었다. 같은 로마인이었던 키케로나 세네카처럼 보에티우스는 철학을 일종의 자기계발, 즉 추상적인 사고를 훈련하는 동시에 삶을 개선하는 실천적인 방법으로 보았다. 또한 고대 그리스의 철학자 플라톤과 아리스토텔레스로 거슬러 올라가는 연결고리를 만들었다. 두 사람의 사상이 영원히 사라져버릴 위험이 있는 시기에 그들의 저술을 라틴어로 번역함으로써 그 사상의 명맥을 이어갔다. 기독교도로서 보에티우스의 저술은 중세 시대에 그의 저서를 읽은 신앙심이 깊은 독실한 철학자들의 관심을 불러일으켰다. 그렇게 해서 보에티우스의 철학은 그리스와 로마의 사상가들로부터 그의 사후 수 세기 동안 서구 세계를 지배하게 될 기독교 철학으로 넘어가는 가교가 되었다.

보에티우스의 삶은 행운과 불운이 혼재되어 있었다. 당시 로마를 지배했던 고트족의 왕 테오도리쿠스는 그에게 집정관이라는 높은 직위를 내렸다. 심지어 보에티우스의 두 아들이 너무 어려서 스스로의 역량으로는 그 자리에 오를 수 없었음에도 집정관으로 임명하는 특별한 영예를 부여했다. 모든 것이 순조롭게 풀리는 듯했다. 보에티우스는 유수한 귀족 가문 출신으로 부유했고, 그에 대한 찬사가 쏟아졌다. 국정에 참여하면서도 어떻게든 틈을 내어 철학 연구를 했다. 또한 다작 작가이면서 번역가였다. 그는 최고의 시간을 보내고 있었다. 하지만 이후 그의 운세가 바뀌었다. 테오도리쿠스 왕에 대한 반역 음모 혐의를 받아 로마에서 라벤나로 추방되었다. 그는 라벤나의 감옥에 갇혀 고문을 당했고 결국 교살과 구타가 결합된 방식으로 처형되었다. 그는 내내 자신의 무죄를 주장했지만, 그를 고발한 사람들은 그의 말을 믿지 않았다.

감옥에 있는 동안 곧 자신이 죽게 될 거라고 예감한 보에티우스는 책을 썼다. 그가 죽은 뒤 소위 중세 시대의 베스트셀러가 된 『철학의 위안The Consolation of Philosophy』이었다. 이 책은 보에티우스가 감옥에서 스스로를 불쌍히 여기는 내용으로 시작된다. 갑자기 그는 한 여인이 자신을 내려다보고 있는 것을 알아챈다. 여인의 키는 보통 정도에서 하늘을 훌쩍 넘을 정도로 변하는 것 같다. 그녀는 맨 아랫단의 그리스 문자 파이$_\pi$에서 맨 윗단의 그리스 문자 세타$_\theta$까지 올라가는 사다리가 수놓인 찢어진 드레스를 입고 있다. 한 손에는 권위를 상징하는 홀을, 다른 손에는 책을 들고 있다. 이 여인의 정체는 철학의 여신으로 밝혀진다. 그녀는 보에티우스에게 무엇을 믿어야 하는지를 말해준다. 그녀는 자신을 잊은 것을 두고 보에티우스에게 화가 나 있으며, 그에게 벌어진 일에 대해 어떻게 반응해야 하는지를 일깨워준다. 책의 나머지 부분은 둘의 대화이다. 전부 행운과 신에 대한 내용이며, 시와 산문이 결합된 형식으로 쓰여 있다. 철학의 여신은 보에티우스에게 충고를 한다.

그녀는 보에티우스에게 운은 항상 바뀌며, 그런 것으로 놀라지 말아야 한다고 알려준다. 그것이 운의 속성이다. 운은 변하기 쉽다. 운명의 수레바퀴Wheel of Fortune는 돌고 돈다. 우리는 때로 꼭대기에 있다가 때로는 밑바닥으로 떨어진다. 부유한 왕이 하루아침에 가난해질 수도 있다. 보에티우스는 그것이 운의 존재 방식이라는 걸 깨달아야 한다. 운은 제멋대로이다. 오늘 운이 좋다고 내일도 운이 좋을 거라는 보장은 없다.

철학의 여신은 인간들이 어리석어 자신의 행복을 그토록 변화무쌍한 것에 좌우되도록 내버려둔다고 설명한다. 진정한 행복은 불운으로 파괴될 수 있는 것에서 비롯되는 게 아니라 내면에서, 즉 인간이 통제할 수 있는 것에서만 얻을 수 있다. 이것은 '챕터 5'에서 살펴본 스토아학파의 입장이기도 하다. 사람들이 오늘 자신에게 벌어진 나쁜 일을 두고 스스로 '냉철하다'고 평할 때는 날씨나 부모가 누구인가처럼 자신의 통제를 벗어난 것들에 의해 영향을 받지 않으려 노력한다는 뜻이다. 철학의 여신은 보에티우스에게 그 자체로 끔찍한 것은 아무것도 없다고 말한다. 어떻게 생각하느냐에 달려 있을 뿐이다. 행복은 세계의 상태가 아니라 마음의 상태이다. 에픽테토스라면 이것을 자신의 사상이라고 인정했을 것이다.

철학의 여신은 보에티우스가 다시 한 번 자신에게 의지하기를 바란다. 그녀는 보에티우스가 죽음을 기다리며 감옥에 갇혀 있지만 진정 행복해질 수 있다고 말한다. 철학의 여신은 그의 고통을 치유해주려고 한다. 부와 권력, 명예는 나타났다가 곧 사라질 수 있기 때문에 쓸모없다는 메시지이다. 어느 누구도 자신의 행복을 그런 허술한 토대 위에 세우지 말아야 한다. 행복은 보다 견고한 것, 즉 사라질 수 없는 것에서 비롯되어야 한다. 보에티우스가 죽음 이후에도 계속 살아갈 거라고 믿었던 것처럼, 세속적이고 사소한 것들에서 행복을 찾는 것은 잘못이었다. 어쨌든 죽을 때 그 모든 것을 잃을 테니 말이다.

그렇다면 보에티우스는 어디에서 진정한 행복을 찾을 수 있을까? 철학의 여신은 신이나 선(이 둘은 결국 동일한 것으로 밝혀진다)에서 행복을 찾을 거라고 답한다. 보에티우스는 초기 기독교도였지만,

『철학의 위안』에서는 이 점을 언급하지 않는다. 철학의 여신이 설명하는 신은 플라톤의 신, 즉 순수한 선의 이데아일 수 있다. 하지만 나중에 이 책을 읽은 사람들은 명예와 부의 덧없음과 신을 기쁘게 하는 일에 집중하는 것이 중요한 이유에 관한 기독교의 가르침으로 인식하기도 했다.

책 전반에 걸쳐 철학의 여신은 보에티우스에게 이미 그가 알고 있는 것을 일깨운다. 이 역시 플라톤에게서 비롯된 것이다. 플라톤은 모든 학습이란 우리가 이미 가지고 있는 관념을 상기시키는 것과 같다고 믿었다. 우리는 실제로 새로운 것을 배우는 게 아니고, 우리의 기억을 되살리는 것일 뿐이다. 삶이란 우리가 이전에 알았던 것을 떠올리려는 일종의 몸부림이다. 이미 어느 순간 보에티우스는 자유와 대중의 존경을 잃는 것을 걱정하는 일은 잘못이었다는 점을 알게 된다. 그것들은 대부분 그의 통제를 벗어난 일들이다. 중요한 것은 자신의 상황에 대한 태도이며, 그것이야말로 스스로 선택할 수 있는 것이다.

하지만 보에티우스는 신을 믿는 많은 사람들을 고민하게 만든 진짜 문제로 인해 당혹감을 느낀다. 완벽한 존재인 신은 이미 일어난 모든 일뿐만 아니라 앞으로 일어날 모든 일을 알아야 한다. 그것이 우리가 말하는 '모든 것을 아는all-knowing' 신의 의미이다. 그러므로 신이 존재한다면 신은 다음 월드컵에서 어느 나라가 우승할지, 내가 다음에 무엇을 쓸지 알아야 한다. 신은 앞으로 일어날 모든 일을 미리 알고 있어야 한다. 신이 예견하는 일은 반드시 일어나야 한다. 그러므로 이 순간 신은 모든 것이 어떻게 될지 알고 있다.

이 모든 것을 통해 나오는 결론은 내가 다음에 무엇을 할지 아직 확신하지 못한다고 해도 신은 어떻게 될지 분명 알고 있다는 것이다. 내가 무엇을 할지를 두고 결정을 내릴 때 내 앞에 다른 가능한 미래가 열려 있는 것처럼 보인다. 갈림길에 다다르면 왼쪽이나 오른쪽으로 갈 수도 있고, 혹은 그냥 앉아버릴 수도 있다. 이 순간 글쓰기를 멈추고 나가서 커피 한잔을 마실 수도 있다. 아니면 노트북의 키보드를 계속 두드리는 쪽을 택할 수도 있다. 이 것은 내가 하거나 하지 않겠다고 선택할 수 있는 나의 결정인 것처럼 보인다. 누구도 나에게 이래라저래라 강요하지 않는다. 마찬가지로 스스로 원한다면 당신은 지금 눈을 감는 선택을 할 수 있을 것이다. 우리가 결국 무엇을 할지 신이 알고 있다면 어떤 상황이 될 것인가?

만약 신이 우리가 무엇을 할지 이미 알고 있다면 어떻게 우리는 무엇을 할지에 대해 진정한 선택을 할 수 있을까? 선택은 그저 착각일까? 신이 모든 것을 안다면 나는 자유의지를 가질 수 없을 것 같다. 10분 전에 신이 종이에 '나이절은 글을 계속 쓸 것이다' 라고 쓸 수도 있었을 테니 말이다. 그때는 사실이었고, 그래서 나는 그때 그걸 깨달았든 아니든 간에 필시 계속해서 글을 쓸 것이다. 하지만 신이 그렇게 할 수 있었다면, 비록 내가 한 것처럼 느껴지더라도 분명 나는 내 행동에 대한 선택권이 없었다. 내 삶은 이미 아주 사소한 부분까지 나를 위해 계획되어 있었다. 우리에게 우리 행동에 대한 선택권이 없다면 우리 행위에 대해 벌을 주거나 보상하는 것이 어떻게 공정할 수 있는가? 우리가 무엇을 할지 선택할 수 없다면 어떻게 신이 우리가 천국에 갈 것인지 아닌지 결정할 수 있다는 것인가?

아주 난감한 문제이다. 바로 철학자들이 '역설paradox'이라고 부르는 것이다. 누군가가 내가 무엇을 할지 알 수 있으면서 동시에 나는 무엇을 할지 여전히 자유롭게 선택할 수 있다는 것은 불가능해 보인다. 이 두 생각은 서로 모순되는 것 같다. 물론 신은 모든 것을 알고 있다고 믿는다면 둘 다 그럴듯하다.

하지만 보에티우스의 감방에 등장한 철학의 여신은 몇 가지 답을 가지고 있다. 그녀는 우리에게 자유의지가 있다고 말한다. 그것은 착각이 아니다. 비록 신이 우리가 무엇을 하게 될지 안다고 해도 우리의 삶은 미리 정해져 있지 않다. 다른 식으로 말한다면, 우리가 무엇을 할지 신이 아는 것은 예정설(우리가 무엇을 할지에 대해 선택권이 없다는 견해)과 다르다. 우리는 다음에 무엇을 할지 여전히 선택할 수 있다. 잘못은 신을 마치 시간 속에서 벌어지는 상황을 보고 있는 인간인 양 생각하는 데 있다. 철학의 여신은 보에티우스에게 신은 시간에서 완전히 벗어난 영원한 존재라고 말한다.

이것이 의미하는 바는 신은 모든 것을 한순간에 파악한다는 것이다. 신은 과거와 현재, 미래를 하나로 본다. 우리 인간들은 한 사건 뒤에 다른 사건이 벌어지는 상황에도 쩔쩔매지만, 신이 세계를 보는 방식은 그렇지 않다. 신이 우리의 자유의지를 무너뜨리거나 우리를 아무런 선택권 없이 사전에 계획된 일종의 기계로 바꾸지 않고도 미래를 알 수 있는 이유는 신이 우리를 특정한 시간에만 관찰하는 것이 아니기 때문이다. 신은 특정 시간에 제한되지 않는 식으로 한꺼번에 모든 것을 본다. 그리고 철학의 여신은 보에티우스에게 비록 신은 인간들이 무엇을 할지 미리 알고 있음에도 인간들이 어떻게 행동하고 어떤 선택을 하는지를 두고 심판을 내린다는 것을 잊지 말아야 한다고 전한다.

만약 철학의 여신이 한 말이 맞는다면, 그리고 만약 신이 존재한다면, 신은 내가 언제 이 문장을 끝낼지 정확히 알고 있다. 하지만 바로 여기서 완전히 끝내는 것은 여전히 나의 자유로운 선택이다.

한편으로 당신은 신의 존재를 믿기 위한 두 가지 논증을 살펴보는 다음 챕터를 읽을지 말지 여전히 자유롭게 결정할 수 있다.

CHAPTER 8

완전한 섬

안셀무스와 아퀴나스

우리 모두에게는 신이라는 관념이 있다. 실제 신이 존재한다고 믿든 믿지 않든 우리는 '신God'의 의미를 이해하고 있다. 틀림없이 지금도 신에 대한 자신의 관념을 생각하고 있다. 그것은 신이 실제로 존재한다고 말하는 것과 사뭇 다르게 보인다. 훗날 캔터베리의 대주교가 된 이탈리아의 사제 안셀무스(1033?~1109)는 자신의 존재론적 증명Ontological Argument을 통해 우리가 신에 대한 관념이 있다는 사실이야말로 논리적으로 신이 실제 존재한다는 것을 보여준다고 주장한 점에서 이례적이었다.

안셀무스가 저서 『프로슬로기온Proslogion』에서 제시한 이 논증은, 신은 '그보다 더 위대한 것은 상상할 수 없는 존재'라는 논쟁의 여지가 없는 주장에서 시작한다. 이것은 신이 상상할 수 있는 가장 위대한 존재, 즉 힘, 선, 지식에서 가장 위대한 존재라고 말하는 또 다른 방식일 뿐이다. 더 위대한 존재는 상상할 수 없다. 만약 그렇다면 그 존재가 신이 될 것이다. 신은 최고의 존재이다. 신에 대한 이런 정의는 논쟁의 여지가 없어 보인다. 예를 들어 보에티우스('챕터 7' 참조)는 비슷한 방식으로 신을 정의했다. 우리는 마음속에 신에 대한 관념을 분명히 가질 수 있다. 그것 또한 논쟁의 여지가 없다. 하지만 안셀무스는 우리의 마음속에만 존재하고 실제로는 존재하지 않는 신은 상상할 수 있는 가장 위대한 존재가 아닐 거라는 점을 지적한다. 실제로 존재하는 신이 분명히 더 위대할 것이다. 이 신은 아마도 존재할 수 *있을 것이다*. 이 점은 무신론자들조차 대개 받아들인다. 하지만 상상한 신은 존재하는 신보다 더 위대할 수 없다. 그러므로 신은 *존재해야만 한다*고 안셀무스는 결론 내렸다. 이 결론은 신의 정의로부터 논리적으로 도출한 것이다. 만약 안셀무스의 논증이 맞는다면 우리는 신에 대한 관념이 있다는 사실로부터 신이 존재한다고 확신할 수 있다. 이것은 선험적 논증priori argument, 즉 세상에 대한 어떤 관찰에도 의존하지 않은 채 결론에 도달하는 논증이다. 논쟁의 여지가 없는 출발점으로부터 신이 존재한다는 사실을 증명하는 듯한 논리적 증명이다.

안셀무스는 화가의 예를 들었다. 화가는 그림을 그리기 전에 장면을 상상한다. 어느 단계에 이르면 화가는 자신이 상상하는 것을 그린다. 그렇게 되면 그림은 상상과 현실에서 모두 존재한다. 신은 이런 경우와 다르다. 안셀무스는 실제로 존재하지 않는 신의 관념을 갖는 것은 논리적으로 불가능하다고 믿었다. 반면에 우리는 자신이 상상했던 그림을 실제로는 결코 그리지 않는 화가를 쉽게 상상할 수 있다. 이 경우 그림은 화가의 마음속에만 존재할 뿐 세계에는 존재하지 않는다. 신은 이처럼 유일한 존재이다. 우리는 자기모순에 빠지지 않으면서 다른 것이 존재하지 않는다고 상상할 수 있다. 만약 우리가 신이 어떤 존재인지를 진정으로 이해하고 있다면 신이 존재하지 않는다는 것이 불가능하다는 사실을 깨달을 것이다.

안셀무스의 신 존재 '증명proof'을 파악한 사람들 대부분은 그가 결론에 도달한 방식을 두고 뭔가 수상쩍은 점이 있다고 생각한다. 왠지 아닌 것 같은 느낌이 든다. 많은 사람들이 순전히 그 증명에 근거해서 신의 존재를 믿게 된 것도 아니다. 그와 반대로 안셀무스는 오로지 어리석은 자만이 신의 존재를 부정할 거라는 구약성서의 시편을 인용했다. 하지만 동시대 인물인 수도사 마르무티에의 가우닐로는 안셀무스의 추론을 비판했다. 가우닐로는 어리석은 자의 입장을 옹호하는 사고실험을 고안해냈다.

바다 어딘가에 어느 누구도 닿을 수 없는 섬이 하나 있다고 상상해보자. 이 섬에는 엄청난 재물이 있고, 상상할 수 있는 온갖 과일과 이국적인 동식물이 가득하다. 사람 또한 살지 않아서 더욱 완전한 장소가 된다. 사실 그곳은 누구나 생각할 수 있는 가장 완전한 섬이다. 누군가가 이 섬이 존재하지 않는다고 하면 그게 무슨 말인지 이해하는 데 아무런 어려움이 없다. 일리가 있는 말이다. 하지만 사람들이 계속해서 이 섬은 다른 어떤 섬보다 더 완전하기 때문에 실제로 존재해야만 한다고 말했다고 가정해보자. 당신은 섬이라는 관념을 가지고 있다. 하지만 그것이 당신의 마음속에서만 존재한다면 가장 완전한 섬이라고 할 수 없을 것이다. 그러므로 현실에서 존재해야만 한다.

가우닐로는 만약 누군가가 이 완전한 섬이 실제로 존재한다고 설득하기 위해 이런 논증을 사용한다면 우리는 그걸 일종의 농담이라고 생각할 거라는 점을 지적했다. 완전한 섬이 어떠할 것 같다는 상상만으로 그것이 세상에 실제로 존재하도록 만들어낼 수는 없다. 그것은 터무니없는 일이다. 신의 존재에 대한 안셀무스의 논증은 완전한 섬의 존재에 대한 논증과 동일한 형식을 띠고 있다고 가우닐로는 꼬집는다. 상상할 수 있는 가장 완전한 섬이 존재해야 한다고 믿지 않는다면 어째서 상상할 수 있는 가장 완전한 존재가 있다고 믿는다는 것인가? 이 동일한 논증 방식을 가장 완전한 섬뿐만 아니라 가장 완전한 산이나 가장 완전한 건물, 가장 완전한 숲 등 모든 종류의 대상이 존재한다고 상상하는 데 사용할 수 있다. 가우닐로는 신을 믿었지만, 이 경우 신의 존재에 대한 안셀무스의 추론은 빈약하다고 생각했다. 안셀무스는 자신의 논증은 섬이 아닌 신의 존재를 증명하는 데만 적용된다는 점을 분명히 밝히며, 다른 것들은 그 종류 가운데 가장 완전할 뿐인 반면 신은 모든 것에서 가장 완벽한 존재이기 때문이라고 답했다. 그것이 바로 신이 *필연적으로* 존재해야 하는 유일한 존재, 즉 존재하지 않을 수 없는 유일한 존재인 이유이다.

그로부터 200년 후, 또 다른 이탈리아의 성인 토마스 아퀴나스(1225~1274)는 『신학대전Summa Theologica』이라는 아주 방대한 자신의 저서에서 다섯 가지 논증, 즉 신의 존재를 증명하기 위한 다섯 가지 방법Five Ways을 간략하게 다뤘다. 이 다섯 가지 방법은 현재 그 책에서 가장 잘 알려진 부분이다. 이 가운데 두 번째 방법이 제1원인 논증First Cause Argument이다. 이것은 대부분의 아퀴나스 철학과 마찬가지로 앞서 아리스토텔레스가 사용했던 논증에 토대를 두고 있었다. 안셀무스처럼 아퀴나스는 신의 존재를 증명하기 위해 이성을 사용하고자 했다. 제1원인 논증은 우주의 존재, 즉 존재하는 모든 것을 출발점으로 삼는다. 주위를 둘러보자. 모든 것은 어디에서 왔는가? 간단히 답하면 존재하는 모든 개별 대상이 지금의 형태로 나타나고 만들어진 원인 같은 것이 있다는 것이다. 축구공을 생각해보자. 그것은 많은 원인, 즉 사람들이 축구공을 설계하고 만들게 된 원인, 원자재를 생산한 원인 등 많은 원인의 산물이다. 하지만 원자재를 존재하게 만든 원인은 무엇인가? 그리고 그 원인들의 원인은 무엇인가? 그 원인을 거슬러 올라가 추적할 수 있다. 그리고 거듭해서 거슬러 올라갈 수 있다. 그렇다면 원인과 결과의 사슬은 영원히 거슬러 올라가는 것인가?

아퀴나스는 시간 속에서 원인과 결과가 끝없이 이어지면서 이전 원인으로 무한히 거슬러 올라가는 무한후퇴는 있을 수 없다고 확신했다. 만약 무한후퇴가 있다면 첫 번째 원인은 결코 있을 수 없다는 의미일 것이다. 모든 것의 첫 번째 원인이라고 생각한 것의 원인이 된 무언가가 있을 것이며 그것 역시 원인이 되는 무언가가 있을 것이므로 이런 식으로 무한히 이어질 것이다. 그러나 아퀴나스는 논리적으로 어느 지점에서 무언가가 있어야만 이 원인과 결과의 사슬에서 모든 것이 맞물려 움직일 거라고 생각한다. 만약 아퀴나스의 생각이 맞는다면 그 자체는 원인을 갖지 않고 우리를 현재의 위치에 데려다놓은 일련의 원인과 결과를 일으킨 어떤 것, 즉 원인이 없는 원인이 있어야만 한다. 그는 이 첫 번째 원인이 틀림없이 신이었을 거라고 단언했다. 신은 존재하는 모든 것의 원인이 없는 원인이다.

이후 철학자들은 이 논증에 대해 다양한 반응을 보였다. 모든 것을 시작한 원인이 없는 원인이 있어야만 한다는 아퀴나스의 생각에 동의한다고 해도 그 원인이 없는 원인이 신이라고 믿을 특별한 이유가 없다는 지적도 있었다. 원인이 없는 첫 번째 원인은 지극히 강력해야 하겠지만, 이 논증에는 그 원인이 일반적으로 종교에서 가정하는 신의 속성을 필요로 한다는 점을 암시하는 것이 전혀 없다. 예를 들어 이 원인이 없는 원인은 지극히 선할 필요도 없고, 모든 것을 알고 있을 필요도 없을 것이다. 그것은 인격신이라기보다는 일종의 에너지 폭풍일 수도 있다.

아퀴나스의 추론에 대해 제기할 수 있는 또 다른 반론은 결과와 그 원인의 무한후퇴가 있을 수 없다는 그의 가정을 받아들일 필요가 없다는 것이다. 우리가 어떻게 알겠는가? 우주의 첫 번째 원인이라고 제시된 모든 원인에 대해 우리는 매번 이렇게 물을 수 있다.

'그러면 그것의 원인은 무엇인가?'

아퀴나스는 우리가 그 질문을 계속한다면 '없다. 이것은 원인이 없는 원인이다'라고 대답하는 지점에 도달할 거라고 추측했을 뿐이다. 하지만 그것이 결과와 원인의 무한후퇴가 존재한다는 것보다 더 좋은 대답인지는 분명치 않다.

신에 대한 믿음에 중점을 두고 종교적인 삶의 방식에 전념한 안셀무스와 아퀴나스는 때로 악마와 견주어진 세속적인 사상가 니콜로 마키아벨리와 극명하게 대조된다.

CHAPTER 9

여우와 사자

니콜로 마키아벨리

자신이 16세기 이탈리아의 피렌체나 나폴리 같은 도시국가를 통치하는 군주라고 상상해보자. 당신에게는 절대 권력이 있다. 명령을 내릴 수 있고 그 명령은 지켜질 것이다. 당신을 비방했다거나 당신을 살해하려는 음모를 꾸몄다고 의심되는 누군가를 감옥에 넣고 싶다면 그렇게 할 수 있다. 군대는 언제든지 당신의 지시를 따를 준비가 되어 있다. 하지만 당신의 영토를 정복하려는 야심찬 통치자들이 지배하는 다른 도시국가들에 둘러싸여 있다. 어떻게 처신해야 할까? 정직하고, 약속을 지키고, 항상 친절하게 행동하고, 국민을 최우선으로 생각해야 할까?

니콜로 마키아벨리(1469~1527)는 그렇게 하는 것은 좋지 않은 생각이라고 보았다. 물론 통치자라는 점에서 정직하게 *보이고* 선해 *보이고* 싶겠지만 말이다. 마키아벨리에 따르면 때로는 거짓말을 하고 약속을 깨뜨리고, 심지어 적수를 죽이는 편이 더 낫다. 군주는 약속을 지키는 것에 대해 걱정할 필요가 없다. 마키아벨리의 말을 빌리면, 유능한 군주는 '선하지 않은 방법을 배워야' 한다. 가장 중요한 것은 권력을 유지하는 것이고, 이를 위해 어떤 방법도 용인될 수 있다. 마키아벨리가 이 모든 생각을 상세하게 기술해놓은 『군주론 The Prince』이 1532년에 출간된 이후 악명을 떨쳤던 것은 놀라운 일이 아니다. 이 책을 악랄하거나 기껏해야 폭력배를 위한 안내서라고 하는 사람들이 있는가 하면 실제 정치에서 벌어지는 일을 가장 정확하게 설명한 책이라고 생각하는 사람들도 있다. 오늘날 많은 정치인들이 이 책을 읽지만, 아마도 책에 소개된 원리를 실천하고 있다는 것이 드러날 수 있어서 오직 소수의 사람들만 그렇다고 인정할 것이다.

　『군주론』은 모든 사람이 아니라 이제 막 권력을 잡은 사람들만을 위한 안내서였다. 마키아벨리는 피렌체에서 남쪽으로 약 10킬로미터 떨어진 농장에서 지내는 동안 이 책을 썼다. 16세기에 이탈리아는 위험한 곳이었다. 마키아벨리는 피렌체에서 태어나고 자랐다. 젊은 시절 그는 외교관으로 임명되어 유럽 전역을 돌면서 황제와 교황, 그리고 여러 왕을 만났다. 마키아벨리는 그들이 대단하다고 생각하지 않았다. 그에게 진정 깊은 인상을 남긴 유일한 지도자는 무자비한 인물이자 교황 알렉산더 6세의 사생아인 체사레 보르자였다. 그는 이탈리아 대부분의 지역을 정복했고, 적수를 속이거나 살해하는 것을 개의치 않았다. 마키아벨리가 생각하기에 보르자는 모든 것을 제대로 했지만, 운이 나빠서 실패했을 뿐이었다. 보르자는 공격을 당했을 때 바로 병에 걸렸다. 불운은 마키아벨리의 인생에서도 중요한 역할을 했고, 그 자신이 골몰한 주제이기도 했다.

이전에 피렌체를 지배했던 대단히 부유한 메디치 가문은 다시 권력을 잡자 마키아벨리가 자신들을 전복시키려는 음모에 가담했다고 주장하면서 그를 감옥에 집어넣었다. 마키아벨리는 고문을 견뎌냈고 풀려났다. 동료들 중 일부는 처형되었다. 하지만 마키아벨리는 아무것도 자백하지 않았기 때문에 추방당하는 처벌을 받았다. 그는 자신이 사랑하는 도시 피렌체로 돌아갈 수 없었다. 그는 정계에서도 외면당했다. 그는 시골에서 과거 위대한 사상가들과의 대화를 상상하며 저녁 시간을 보냈다. 상상 속에서 그들과 함께 지도자로서 권력을 유지하는 최고의 방법을 토론했다. 아마도 마키아벨리는 권력자들에게 깊은 인상을 줘서 정치 고문 자리를 얻으려고 『군주론』을 썼을 것이다. 그랬다면 피렌체로 돌아가 현실 정치의 흥분과 위험을 몸소 느낄 수 있었을 것이다. 하지만 그 계획은 성공하지 못했다. 마키아벨리는 결국 저술가에 머물렀다. 『군주론』 외에 정치에 관한 책을 여러 권 썼을 뿐만 아니라 극작가로도 성공했다. 그의 희곡 「만드라골라 Mandragola」는 여전히 공연되곤 한다.

그렇다면 마키아벨리는 정확히 무엇을 충고했고, 어째서 그의 책을 읽은 사람들 대부분에게 그토록 충격을 주었을까? 마키아벨리의 핵심 사상은, 군주는 그가 '비르투 virtù'라고 부르는 것을 가질 필요가 있다는 것이었다. 비르투는 '남자다움manliness'이나 용기를 뜻하는 이탈리아어이다. 그것은 무엇을 의미하는가? 마키아벨리는 성공은 행운에 크게 좌우된다고 믿었다. 우리에게 일어나는 일들 중 절반은 운에 달려 있고 나머지 절반은 우리가 내린 선택의 결과라고 생각했다. 그는 또한 용감하고 신속하게 행동함으로써 성공 가능성을 높일 수 있다고 믿었다. 운이 우리의 삶에서 그렇게 커다란 역할을 한다고 해서 우리가 피해자처럼 행동해야 한다는 의미는 아니다. 강이 범람할 수 있다. 우리는 그걸 막을 수 없지만, 댐과 홍수 방어물을 쌓는다면 범람을 이겨낼 가능성이 더 높아진다. 다시 말해, 잘 준비하고 기회가 왔을 때 포착하는 지도자는 그렇지 않은 사람들보다 잘해낼 가능성이 더 높다.

마키아벨리는 자신의 철학이 실제로 일어나는 일에 뿌리를 두어야 한다는 확고한 생각이 있었다. 그는 독자들에게 주로 자신이 만난 사람들을 포함하여 최근 역사 속의 여러 사례를 통해 자신이 말하려는 바를 보여주었다. 예를 들면 체사레 보르자는 오르시니 가문이 자신을 타도할 계획을 세우고 있다는 것을 알게 되었을 때 자신은 아무것도 모른다고 상대방이 확신하게 만들었다. 그런 다음 오르시니 가문의 수장들을 시니갈리아라는 곳으로 대화하러 오게 해서 그들 모두를 죽여버렸다. 마키아벨리는 이 속임수를 용인했다. 그가 보기에는 *비르투*의 좋은 사례였다.

한편으로 보르자는 로마냐 지역을 통치하게 되었을 때 유독 잔인한 지휘관인 레미로 데 오르코를 책임자로 임명했다. 데 오르코는 로마냐 사람들을 위협해서 자신에게 복종하도록 만들었다. 하지만 로마냐 지역이 안정되자 보르자는 잔혹한 데 오르코와 거리를 두고 싶어 했다. 그는 데 오르코를 죽이고, 모두가 볼 수 있도록 도시 광장에 둘로 나뉜 사체를 남겨두었다. 마키아벨리는 이 섬뜩한 처사를 용인했다. 로마냐 사람들을 자신의 편에 두려는 보르자의 목표를 달성했기 때문이다. 사람들은 데 오르코가 죽어서 기뻤지만, 동시에 보르자가 데 오르코를 살해하라는 명령을 내렸을 것이고 그렇게 해서 자신들을 겁주려 했을 거라는 사실을 깨달았다. 만약 보르자가 자신의 지휘관을 상대로 이런 폭력을 행사할 수 있다면 그들 중 어느 누구도 안전하지 않았다. 마키아벨리가 보기에 보르자의 행동은 남자다웠다. *비르투*를 보여주었고, 현명한 군주라면 당연히 실행해야 하는 행위였다.

이는 마치 마키아벨리가 살인을 찬성한 것처럼 들린다. 만약 살인의 결과가 정당화된다면 그는 어떤 상황에서는 살인을 용인했다. 하지만 이 사례들을 든 목적은 그게 아니었다. 마키아벨리는 단지 적수를 죽이고 휘하에 있는 지휘관인 데 오르코를 본보기로 삼은 보르자의 행동이 효과적이었음을 보여주려고 했다. 원하는 결과가 나왔고 더 이상의 유혈 사태를 막을 수 있었다. 신속하고도 무자비한 행동을 통해 보르자는 권력을 유지했고 로마냐 사람들이 그에게 반기를 드는 것을 막았다. 마키아벨리에게는 그 성취 과정보다 이 최종 결과가 더 중요했다. 보르자가 훌륭한 군주인 까닭은 권력을 유지하기 위해 필요한 일을 하는 것을 두고 결벽증적인 모습을 보이지 않았기 때문이다. 마키아벨리가 단지 죽이기 위해서 죽이는 의미 없는 살인을 용인하지는 않았을 것이다. 그가 예로 든 살인들은 그런 게 아니었다. 그런 상황에서 동정심을 갖고 행동했다면 파멸을 초래했을 것이고, 보르자와 국가 모두에 좋지 못했을 거라고 믿었다.

마키아벨리는 지도자로서 사랑의 대상보다는 두려움의 대상이 되는 편이 낫다고 강조한다. 사랑의 대상이면서 동시에 두려움의 대상이 되는 것이 이상적이겠지만, 그렇게 되기는 어렵다. 만약 당신을 사랑하는 사람들에게 의지한다면 당신은 상황이 어려워질 때 버림받을 각오를 해야 한다. 만약 사람들이 당신을 두려워하면 너무 무서워서 당신을 배신하지 못할 것이다. 이것은 마키아벨리의 냉소주의, 즉 인간의 본성을 낮게 평가하는 그의 관점에 해당한다. 그는 인간이란 믿을 수 없고 탐욕스러우며 정직하지 않다고 생각했다. 성공적인 통치자가 되려면 이런 점을 알아야 한다. 상대가 약속을 지키지 않고도 두려워하지 않는다면 상대가 약속을 지킬 거라고 믿는 것은 위험하다.

만약 친절을 베풀고 약속을 지키고 사랑을 받음으로써 당신의 목표를 이룰 수 있다면 그렇게 해야 한다(혹은 적어도 그렇게 하는 것처럼 보여야 한다). 그러나 그렇게 할 수 없다면 인간적 속성과 동물적 속성을 결합할 필요가 있다. 다른 철학자들은 지도자는 고상한 인간적 속성에 의지해야 한다고 강조했지만, 마키아벨리는 유능한 지도자는 때로 야수처럼 행동해야 한다고 생각했다. 우리가 보고 배워야 할 동물은 여우와 사자다. 여우는 교활하고 덫을 찾아낼 수 있는 반면 사자는 엄청나게 힘이 세고 무섭다. 항상 사자처럼 지내면서 오직 야수 같은 힘으로만 행동해봐야 소용없다.

그러면 덫에 걸릴 위험에 처하기 때문이다. 그렇다고 그저 교활한 여우처럼 될 수도 없다. 때로 안전을 유지하기 위해 사자처럼 엄청난 힘이 필요하다. 하지만 자신의 친절함과 정의감에 의존한다면 오래 버티지 못할 것이다. 다행히도 사람들은 잘 속는다. 그들은 겉모습에 속아 넘어간다. 그러므로 지도자로서 당신은 약속을 어기고 잔인하게 행동하면서도 그럭저럭 정직하고 친절하게 보일 수 있다.

여기까지 읽고 나면 아마도 마키아벨리가 그야말로 사악한 사람이었다고 생각할 것이다. 많은 사람들이 그렇게 믿고 있고, '마키아벨리 같은'이라는 수식어는 음모를 꾸미고 자기 생각대로 하기 위해 사람들을 이용하려는 인물을 가리키는 일종의 모욕적인 언사로 널리 사용된다. 하지만 마키아벨리가 어떤 중요한 것을 드러냈다고 믿는 철학자들도 있다. 아마도 보통의 선한 행동은 지도자들에게 통하지 않을 것이다. 일상생활에서 친절하고 당신에게 약속을 한 사람들을 믿는 것도 한 가지 방법이지만, 한 국가나 한 나라를 이끌어야 한다면 다른 나라들이 당신에게 예의 바르게 행동하리라고 믿는 것은 아주 위험한 정책일 수 있다. 1938년 영국 총리 네빌 체임벌린은 아돌프 히틀러가 독일 영토를 더 이상 확장하지 않겠다고 약속했을 때 그 말을 믿었다. 지금 보면 순진하고 어리석었다. 마키아벨리라면 체임벌린에게 히틀러가 거짓말을 할 이유가 충분하니 절대 그를 믿어서는 안 된다고 지적했을 것이다.

다른 한편으로 우리는 마키아벨리가 잠재적인 적들에 대한 극도의 잔학 행위를 지지했다는 점을 잊지 말아야 한다. 16세기 이탈리아의 피비린내 나는 세계라고 해도 그가 체사레 보르자의 행동을 공공연히 용인한 것은 충격적으로 보인다. 우리들 대부분은 지도자가 최악의 적수에게 할 수 있는 일에 엄격한 한계가 있어야 하며, 그 한계는 법으로 정해야 한다고 생각한다. 한계가 정해지지 않으면 우리는 결국 잔인한 폭군들을 보게 될 것이다. 아돌프 히틀러, 폴 포트(국민 대학살을 자행한 캄보디아의 총리 - 옮긴이), 이디 아민('아프리카의 학살자'로 불린 우간다의 독재자 - 옮긴이), 사담 후세인(이라크의 독재자 - 옮긴이), 로버트 무가베(37년간 독재자로 군림한 짐바브웨의 대통령 - 옮긴이) 모두 권력을 유지하기 위해 체사레 보르자와 같은 수법을 사용했다. 마키아벨리 철학을 널리 알릴 만한 사례들은 결코 아닌 셈이다.

　마키아벨리는 자신을 현실주의자, 즉 사람은 기본적으로 이기적이라는 것을 깨달은 사람이라고 생각했다. 토마스 홉스는 그 견해에 공감했다. 그것은 홉스가 생각한 사회 구성 방식을 전체적으로 설명하는 데 있어 뒷받침 역할을 하고 있다.

CHAPTER 10

끔찍하고 야만적이고 짧은

토마스 홉스

토마스 홉스(1588~1679)는 영국의 가장 위대한 정치사상가 중한 명이었다. 그보다 잘 알려지지 않은 점은 그가 일찍이 건강 마니아였다는 것이다. 매일 아침 긴 산책을 나가서는 숨이 차도록 빠르게 언덕을 오르곤 했다. 밖에 있는 동안 좋은 생각이 떠오르는 경우를 대비해서 손잡이에 잉크병이 달린 특별한 지팡이를 들었다. 콧수염과 약간 성긴 턱수염에 키가 크고 얼굴에 홍조를 띤이 쾌활한 남자는 어린 시절에 병약했다. 하지만 성인이 된 그는 아주 건강했고 노년에 이를 때까지 테니스를 쳤다. 생선을 많이 먹었고, 와인을 거의 마시지 않았으며, 폐를 단련하기 위해 문을 닫고 멀찍이 떨어져서 노래를 부르곤 했다. 물론 대부분의 철학자들과 마찬가지로 아주 활발한 정신의 소유자였다. 그 결과 91세까지 살았다. 평균 기대수명이 35세였던 17세기에는 아주 이례적이었다.

온화한 성격임에도 홉스는 마키아벨리처럼 인간을 낮게 평가했다. 우리는 모두 기본적으로 이기적이며, 죽음에 대한 두려움과 개인적 이익에 대한 기대에 의해 움직인다고 믿었다. 이것을 자각하고 있든 아니든 우리는 타인을 지배하려고 한다. 만약 홉스가 묘사한 인간성을 받아들이지 않는다면 왜 집을 나설 때 문을 잠그는가? 당신이 가진 모든 것을 기꺼이 훔쳐갈 사람이 많다는 걸 알기 때문이 아닌가? 하지만 그렇게 이기적인 사람은 오직 일부일 거라고 주장할 수도 있다. 홉스는 동의하지 않았다. 우리 모두는 내심 이기적이고, 우리는 법의 지배와 처벌의 위협 때문에 자제할 뿐이라고 생각했다.

그 결과 홉스는 사회가 무너져서 그가 '자연 상태a state of nature'라고 부르는 상황, 즉 그들을 도와줄 권력이 있는 사람이나 법이 없는 상황에서 살아야 한다면 다른 모든 사람과 마찬가지로 당신은 필요하면 도둑질하고 살인을 저지를 거라고 주장했다. 적어도 계속 살고 싶다면 그렇게 해야 할 것이다. 자원이 부족한 세상에서 특히 생존하기 위해 음식과 물을 찾으려 고군분투 중이라면 실은 다른 사람들이 당신을 죽이기 전에 당신이 먼저 그들을 죽이는 것이 합리적일 수 있다. 홉스의 인상적인 묘사에 따르면 사회를 벗어난 삶은 '외롭고 빈곤하고 끔찍하고 야만적이고 짧을' 것이다.

사람들이 서로의 땅을 마음대로 차지하거나 원한다고 아무나 죽이지 못하게 하는 국가의 힘을 없애버리면 결과적으로 만인의 만인에 대한 끝없는 투쟁이 벌어질 것이다. 그보다 더 나쁜 상황을 상상하기 어렵다. 이 무법천지의 세계에서는 강자라고 해도 오래도록 안전하지 않다. 우리 모두는 잠을 자야만 하고, 잠들었을 때는 공격당하기 쉽다. 가장 약자라고 해도 충분히 교활하면 강자를 무너뜨릴 수 있다.

죽게 되는 것을 피하는 방법으로 친구들과 협력하는 것을 생각할 수도 있다. 문제는 누구를 믿을 수 있는지 확신할 수 없다는 것이다. 다른 사람들이 당신을 도와주기로 약속했다고 해도 때로 그 약속을 깨뜨리는 편이 그들에게 이득이 될 수도 있다. 대규모로 식량을 재배하거나 건물을 짓는 것처럼 협력이 필요한 활동은 기본적인 신뢰가 없다면 불가능할 것이다. 뒤늦게까지 속았다는 것을 알지 못해서 그때까지 말 그대로 뒤통수를 맞고 있었을 수도 있다. 당신의 뒤통수를 친 사람을 처벌할 사람은 없다. 적은 도처에 있을 수 있다. 당신은 공격당할까 두려워하며 평생 홀로 살아갈 것이다. 유쾌한 전망은 아니다.

해결책은 어떤 강력한 개인이나 의회에 책임을 맡기는 것이라고 홉스는 주장했다. 자연 상태의 개인들은 '사회계약social contract', 즉 안전을 위해 그들이 가진 위험한 자유의 일부를 포기하겠다는 약속을 맺어야 한다. 홉스가 '주권자sovereign'라고 부른 존재가 없다면 삶은 일종의 지옥일 것이다. 이 주권자는 규칙을 어긴 사람에게 엄중한 처벌을 가할 수 있는 권리를 부여받는다. 자신이 대우받기를 원하는 대로 타인을 대우하라는 말처럼 홉스는 우리가 중요하게 여기는 어떤 자연법들이 있다고 믿었다. 법은 모든 사람이 그것을 따르게 할 만큼 강한 사람이나 강력한 조치가 없다면 소용이 없다. 법이 없고 강력한 주권자가 없다면 자연 상태의 사람들이 예상할 수 있는 것은 폭력적인 죽음이다. 유일한 위안이라면 그런 삶은 아주 짧을 거라는 점이다.

홉스의 가장 중요한 저서인 『리바이어던Leviathan』(1651)은 자연 상태의 악몽 같은 상황으로부터 삶이 견딜 만해지는 안전한 사회로 가는 데 필요한 단계를 자세히 설명하고 있다. '리바이어던'은 성서에 등장하는 거대한 바다 괴물이다. 홉스는 그것을 국가의 강력한 권력을 언급한 것으로 보았다. 『리바이어던』은 칼과 홀을 들고 산허리 위에 우뚝 서 있는 거인의 그림으로 시작된다. 이 형상은 개개인으로 식별될 수 있는 수많은 작은 사람들로 이뤄져 있다. 거인은 강력한 국가를 나타내고, 그 머리는 주권자를 의미한다. 주권자가 없다면 모든 것이 무너지고 사회는 생존하기 위해 언제라도 서로를 물어뜯을 사람들로 해체될 거라고 홉스는 믿었다.

그렇다면 자연 상태의 개인들에게는 서로 협력하고 평화를 추구할 아주 충분한 이유가 있었다. 개인들이 보호받을 수 있는 유일한 방법이었다. 그런 게 없다면 그들의 삶은 끔찍할 것이다. 안전이 자유보다 훨씬 더 중요했다. 죽음에 대한 두려움은 사람들이 사회를 형성하도록 몰아갈 것이다. 홉스는 개인들이 서로 사회계약을 맺기 위해 상당한 자유를 포기하는 데 동의할 거라고 생각했다. 주권자가 자신들에게 법을 적용할 수 있도록 약속하는 셈이다. 그들 모두가 서로 싸우는 것보다 강력한 권위자에게 책임을 맡기는 편이 훨씬 더 나을 것이다.

홉스는 심지어 어머니 배 속에서도 위험한 시기를 겪었다. 그는 예정일보다 일찍 태어났다. 스페인의 무적함대가 영국을 향해 항해 중이고 어쩌면 영국을 침략할 거라는 말을 듣고 어머니가 진통에 들어갔기 때문이다. 다행히도 그런 일은 없었다. 훗날 그는 파리로 이주함으로써 영국 내전의 위험을 피했지만, 영국이 쉽사리 무정부 상태에 빠질 수 있다는 현실의 두려움은 이후 그의 저술에 빈번히 나타났다. 그는 파리에서 『리바이어던』을 썼고, 1651년 그 책이 출간된 직후 영국으로 돌아갔다.

그 시대의 수많은 사상가들처럼 홉스는 단지 철학자이기만 한 것이 아니었다. 오늘날 '르네상스적 교양인Renaissance man'이라고 부르는 인물이었다. 그는 기하학과 과학, 고대 역사에도 깊은 관심이 있었다. 젊은 시절에는 문학을 좋아해서 직접 작품을 쓰거나 번역했다. 철학은 중년이 되어서야 시작했다. 그는 인간이란 육체적 존재일 뿐이라고 생각하는 유물론자였다. 영혼 같은 것은 존재하지 않으며, 궁극적으로 우리에게는 복잡한 기계와 같은 육체만 있을 뿐이다.

17세기 당시 가장 발달된 기술은 태엽 장치였다. 홉스는 육체의 근육과 기관이 태엽 장치와 비슷하다고 생각했다. 그는 행동의 '용수철springs'과 우리를 움직이는 '톱니바퀴wheels'에 대해 자주 썼다. 사색을 포함한 인간 존재의 모든 측면이 육체 활동이라고 믿었다. 홉스의 철학에서 영혼이 설 자리는 없었다. 이것은 현재 많은 과학자들이 갖고 있는 근대적 발상이지만, 그의 시대에는 급진적이었다. 심지어 그는 틀림없이 신이 커다란 물리적 대상일 거라고 주장했다. 이를 두고 일부 사람들은 홉스 자신이 무신론자임을 선언한 일종의 기만전술이라고 여겼다.

　홉스를 비판하는 사람들은 그것이 왕이든 여왕이든 의회든, 주권자가 사회의 개인에 대해 그런 권력을 갖도록 허용하는 것은 너무 지나치다고 생각한다. 홉스가 말하는 국가는 현재 우리가 권위주의 국가라고 부르는 것, 즉 주권자가 시민에 대해 거의 무제한의 권력을 행사하는 국가를 말한다. 평화는 바람직한 것이며, 비명횡사의 두려움은 평화를 유지하는 세력에 복종하는 강력한 동기가 될 수 있다. 하지만 어느 한 개인이나 한 무리의 개인들에게 너무 많은 권력을 주는 것은 위험할 수 있다. 홉스는 민주주의를 믿지 않았고, 사람들이 스스로 결정할 수 있는 능력을 믿지 않았다. 하지만 20세기의 폭군들이 저지른 만행을 알았다면 홉스는 생각을 바꾸었을지도 모른다.

　홉스는 영혼의 존재를 믿지 않은 것으로 악명 높았다. 그에 반해 동시대인이었던 르네 데카르트는 정신과 육체는 완전히 별개라고 믿었다. 아마도 이런 이유로 홉스는 데카르트가 철학보다는 기하학을 훨씬 더 잘하고 기하학에 전념했어야 한다고 생각했을 것이다.

CHAPTER 11

우리는 꿈을 꾸고 있었을까?

르네 데카르트

알람 소리가 들려서 알람을 끄고 침대에서 기어 나와 옷을 입고는 아침을 먹고 하루를 시작할 준비를 한다. 하지만 그때 예기치 못한 일이 벌어진다. 정신을 차리니 그 모든 게 그저 꿈이었다는 사실을 깨달은 것이다. 꿈속에서는 잠에서 깨어나 일상생활을 하고 있었지만, 현실에서는 여전히 이불 속에 웅크린 채 코를 골고 있었다. 이런 경험을 한 번이라도 해보았다면 내가 무슨 말을 하는지 알 것이다. 보통 '거짓 깨어남false awakenings'이라고 부르는 현상인데, 아주 실감이 난다. 프랑스 철학자 르네 데카르트(1596~1650)는 이 현상을 경험한 뒤 생각에 잠기게 되었다. 어떻게 스스로 꿈을 꾸고 있지 않다고 확신할 수 있었을까?

데카르트에게 철학은 많은 지적 관심사 중 하나였다. 그는 뛰어난 수학자였고, 지금은 '데카르트 좌표Cartesian co-ordinates'를 발명한 것으로 가장 잘 알려져 있을 것이다. 파리 한 마리가 천장을 기어 다니는 모습을 보고 여러 지점에서 파리의 위치를 어떻게 표시할 수 있을지 궁리하다가 발명했다고 한다. 과학 또한 그를 매료시켰다. 그는 천문학자이자 생물학자였다. 철학자로서의 명성은 주로 자신이 알 수 있는 것의 한계를 탐구한 저서 『성찰Meditations』과 『방법서설Discourse on Method』에서 기인한다.

대부분의 철학자들과 마찬가지로 데카르트는 그 무엇이든 자신이 믿어야 하는 이유를 살펴보지 않은 채 믿는 것을 좋아하지 않았다. 또한 다른 사람들이 굳이 물으려 하지 않는 곤란한 질문을 하기를 좋아했다. 물론 데카르트는 모든 것을 끊임없이 의심하면서 살아갈 수 없다는 점을 알고 있었다. 피론이 확실하게 깨달은 것처럼('챕터 3' 참조) 평상시 어떤 것을 그대로 믿지 않는다면 살아가기가 극도로 힘들 것이다. 하지만 데카르트는 오히려 인생에서 한 번쯤 자신이 확실히 알 수 있는 것이 무엇인지 이해하는 일은 해볼 만한 가치가 있다고 생각했다. 이를 위해 하나의 방법을 개발했다. 데카르트적 회의 방법Method of Cartesian Doubt이라고 알려진 것이다.

이 방법은 아주 간단하다. 그렇지 않을 가능성이 조금이라도 있으면 어떤 것도 진실로 받아들이지 않는 것이다. 사과가 들어 있는 큰 자루를 생각해보자. 자루 안에 속이 곯은 사과가 몇 개 있다고 알고 있지만, 어떤 사과인지는 확실치 않다. 결국 원하는 것은 곯은 사과 없이 싱싱한 사과만 담긴 자루이다. 어떻게 그런 결과를 얻을 수 있을까? 한 가지 방법은 바닥에 사과를 모두 쏟아놓고 하나씩 살펴본 다음 싱싱하다는 확신이 드는 사과만 다시 자루에 넣는 것이다. 이 과정에서 싱싱한 사과 몇 개를 버릴 수도 있다. 속이 약간 곯은 것처럼 보였기 때문이다. 하지만 그 결과 싱싱한 사과만 자루에 들어가게 될 것이다. 이것이 대략 데카르트적 회의 방법이다. 가령 '나는 깨어서 지금 이 책을 읽고 있다'는 생각도 자세히 들여다보고 틀리거나 오해의 소지가 없다고 확신할 때만 받아들인다. 조금이라도 의심할 여지가 있다면 받아들이지 않는다. 데카르트는 자신이 믿었던 수많은 것들을 살펴보고, 그것들이 보이는 모습 그대로라고 틀림없이 확신할 수 있는지 아닌지 의문을 제기했다. 세계는 나에게 보이는 모습 그대로 실제 존재하는가? 내가 꿈을 꾸고 있지 않다고 확신하는가?

데카르트가 알아내고 싶은 것은 확신할 수 있는 한 가지였다. 그것만으로도 실재에 대한 발판을 마련하기에 충분할 터였다. 하지만 의심의 소용돌이에 빠져서 결국 아무것도 확실치 않다는 깨달음에 이를 위험이 있었다. 그는 여기서 일종의 회의론적인 방법을 사용했지만, 피론과 그 추종자들의 회의론과는 달랐다. 그들은 어떤 것도 확실히 알 수 없다는 것을 보여주려고 했다. 반면에 데카르트는 어떤 믿음은 가장 강력한 형태의 회의론의 영향도 받지 않는다는 것을 보여주고 싶어 했다.

데카르트는 확실성을 찾는 탐구를 우선 보고 만지고 냄새 맡고 맛보고 듣는 감각을 통해 얻는 증거를 생각하는 데서 시작한다. 우리는 자신의 감각을 믿을 수 있는가? 실제는 그렇지 않다고 그는 결론 내렸다. 감각은 때로 우리를 속인다. 우리는 실수를 한다. 당신이 보는 것을 생각해보라. 당신의 시각이 보여주는 모든 것을 신뢰할 수 있는가? 당신은 항상 자신의 눈을 믿어야 하는가?

물속에 들어 있는 곧은 막대기는 옆에서 보면 구부러져 보인다. 멀리 있는 사각형 탑은 둥글게 보일 수 있다. 우리 모두는 가끔 우리가 보는 것에 대해 실수를 한다. 그리고 데카르트는 과거에 우리를 속인 어떤 것을 다시 믿는 일은 현명하지 못하다고 지적한다. 그래서 데카르트는 감각을 확실성의 잠재적 출처로 받아들이지 않는다. 그는 자신의 감각이 자신을 속이지 않는다고 결코 확신할 수 없다. 아마도 보통은 그렇지 않겠지만, 그럴 수 있다는 일말의 가능성이 있다는 것은 감각에 완전히 의존할 수 없다는 의미이다. 그렇다면 그에게 남은 것은 무엇인가?

'나는 깨어서 지금 이 책을 읽고 있다'는 믿음은 아마도 당신에게 꽤 확실해 보일 것이다. 나로서는 당신이 깨어 있는 채로 이 책을 읽고 있기를 바랄 따름이다. 어떻게 그것을 의심할 수 있다는 것인가? 하지만 이미 언급했듯이 당신은 꿈속에서 깨어 있다고 생각할 수 있다. 당신이 지금 꿈꾸고 있지 않다는 것을 어떻게 알 수 있는가? 어쩌면 당신이 경험하고 있는 것들이 너무 진짜 같고 상세해서 꿈일 수 없다고 생각할 것이다. 하지만 수많은 사람들이 아주 진짜 같은 꿈을 꾼다. 당신은 지금 꿈꾸고 있지 않다고 확신하는가? 어떻게 그것을 아는가? 잠이 든 것인지 알아보려고 자신을 꼬집어보았을 수도 있다. 그러지 않았다면 한번 해보라. 그것으로 무엇이 증명되었는가? 아무것도 증명되지 않았다. 자신을 꼬집어보았다고 꿈꿨을 수 있다. 그러므로 당신은 꿈을 꾸고 있을 수도 있다. 나는 그런 느낌이 들지 않는다는 것을 알고 있고, 또 전혀 그럴 것 같지 않지만 당신이 깨어 있는지 아닌지 조금은 의심할 여지가 틀림없이 있을 것이다. 따라서 데카르트적 회의 방법을 적용하면 '나는 깨어서 지금 이 책을 읽고 있다'는 생각을 완전히 확실한 것으로 받아들이지 말아야 한다.

이것은 우리가 자신의 감각을 전적으로 믿을 수 없다는 것을 보여준다. 우리는 꿈꾸고 있지 않다고 절대적으로 확신할 수 없다. 하지만 분명 꿈에서조차 '2+3=5'라고 데카르트는 말한다. 여기서 데카르트는 사고실험, 즉 자신의 주장을 증명하기 위해 가상의 이야기를 이용한다. 그는 의심을 끝까지 밀어붙여서 어떤 믿음에 대해 '내가 꿈을 꾸고 있었을까?'를 묻는 시험보다 훨씬 더 까다로운 시험을 제시한다. 데카르트는 믿을 수 없을 만큼 강력하고 영리하면서도 잔인무도한 악마가 있다고 상상해보라고 한다. 만약 이런 악마가 존재한다면 '2+3'이 실은 '6'이지만 당신이 계산할 때마다 그 합이 '5'처럼 보이게 만들 수 있다. 당신은 악마가 그렇게 하고 있는지 알지 못한다. 아무것도 모른 채 그저 숫자를 더하고 있을 뿐이다. 모든 것이 정상으로 보일 것이다.

지금 이런 일이 일어나고 있지 않다는 것을 증명하는 쉬운 방법은 없다. 어쩌면 이 지독히도 영리한 악마는 실은 내가 프랑스 남부 해변에 누워 있지만 집에 앉아 노트북의 키보드를 치고 있는 환상을 심어주고 있는지 모른다. 아니면 나는 사악한 악마의 실험실 선반 위에 놓인 액체 병 속의 뇌에 지나지 않을 수도 있다. 악마는 내 뇌 속에 전선을 꽂고 전기 메시지를 보내서 내가 어떤 일을 하고 있다는 인상을 심어주고 있지만, 실제로 나는 완전히 다른 일을 하고 있는지도 모른다. 어쩌면 악마는 사실 내가 같은 단어를 반복해서 키보드에 치고 있지만, 의미가 통하는 단어를 치고 있다고 생각하게 만들고 있을 수도 있다. 사실이 무엇인지 알 방법이 없다. 그런 일이 벌어지지 않는다고 증명할 수 없다. 아무리 미친 소리처럼 들린다고 해도 말이다.

이 사악한 악마의 사고실험은 의심을 그 한계까지 밀어붙이는 데카르트의 방식이다. 이 악마가 우리를 속일 수 없다고 확신할 수 있는 것이 한 가지라도 있다면 놀라운 일이 될 것이다. 또한 우리가 그 어느 것도 확실히 알 수 없다고 주장하는 사람들에게 대답할 방법 하나를 제시하게 될 것이다.

데카르트가 취한 다음 행보는 철학에서 가장 잘 알려진 인용문 중 하나로 이어졌다. 비록 그 의미를 이해하기보다는 그냥 알고 있는 사람이 더 많을 테지만 말이다. 데카르트는 악마가 존재하고 그를 속이고 있다고 해도 악마가 속이고 있는 *어떤 것이* 있어야 한다고 보았다. 생각을 하고 있는 한 데카르트 자신은 존재 *해야만* 한다. 악마는 데카르트가 존재하지 않는다면 그에게 그 자신이 존재한다고 믿게 만들 수 없다. 존재하지 않는 것은 생각을 할 수 없기 때문이다. 데카르트의 결론은 '나는 생각한다. 고로 나는 존재한다'(라틴어로 '코기토 에르고 숨*cogito ergo sum*')였다. 나는 생각하고 있으므로 반드시 존재해야 한다. 스스로 한번 생각해보라. 당신이 어떤 생각이나 감각을 가지고 있는 한 당신이 존재한다는 것을 의심하기는 불가능하다. 당신이 어떤 존재인지는 별개의 문제이다. 당신에게 육체가 있는지, 혹은 보고 만질 수 있는 육체가 있는지 의심할 수 있다. 하지만 당신이 일종의 생각하는 존재로서 실존한다는 것은 의심할 수 없다. 그런 생각은 자기부정이 될 것이다. 자신의 존재를 의심하기 시작하는 순간 의심 행위는 당신이 생각하는 존재로서 실존한다는 것을 증명한다.

대단한 것처럼 들리지 않을 수 있지만, 데카르트에게 자기 존재의 확실성은 아주 중요한 문제였다. 자기 존재의 확실성은 그에게 모든 것을 의심하는 사람들, 즉 피론적 회의론자들이 틀렸다는 것을 보여주었다. 또한 이른바 데카르트 이원론Cartesian Dualism의 시작이기도 했다. 이것은 정신과 육체는 서로 분리되어 있으며 상호작용을 한다는 사상이다. 이원론이라고 하는 이유는 두 가지 유형의 대상, 즉 정신과 육체가 존재한다고 설정하기 때문이다. 20세기 철학자 길버트 라일은 이 견해를 기계 속의 유령 신화라고 조롱했다. 육체는 기계이고 영혼은 그 안에 살고 있는 유령이라는 것이었다. 데카르트는 정신이 육체에 영향을 미칠 수 있고 그 반대도 가능하다고 생각했다. 송과선pineal gland(좌우 대뇌 반구 사이 제3뇌실의 후부에 있는 작은 공 모양의 내분비기관 - 옮긴이)이라고 하는 뇌의 특정 부위에서 정신과 육체가 상호작용을 하기 때문이다. 하지만 데카르트의 이원론은 물리적 대상인 육체에 변화를 일으키는 비물리적 대상, 즉 영혼이나 마음의 존재를 어떻게 설명할 것인가 하는 중요한 문제를 남겼다.

데카르트는 육체보다 정신의 존재를 더 확신했다. 육체가 없는 상황은 상상할 수 있지만, 정신이 없는 상황은 상상할 수 없었다. 그가 정신이 없는 상황을 상상한다고 해도 여전히 생각하고 있을 것이므로 이는 그가 정신을 지니고 있다는 것을 증명하게 된다. 정신을 지니고 있지 않다면 전혀 생각을 할 수 없기 때문이다. 육체와 정신이 분리될 수 있고, 정신 혹은 영혼은 피와 살과 뼈로 만들어지지 않은 비물리적 대상이라는 견해는 신앙심이 깊은 사람들 사이에서 아주 일반적이다. 많은 신자들은 육체의 죽음 이후에도 마음이나 영혼이 계속 살아 있기를 바란다.

하지만 단지 자신이 생각하고 있는 한에서 자신의 존재를 증명하는 것은 회의론을 반박하기에 충분치 않았을 것이다. 데카르트는 자신의 철학적 성찰로 만들어낸 의심의 소용돌이에서 벗어나기 위해 그 이상의 확실성이 필요했다. 그는 선한 신은 존재해야만 한다고 주장했다. 성 안셀무스 식 존재론적 증명('챕터 8' 참조)을 이용해서 신의 관념은 신의 존재를 증명한다고 확신했다. 내각의 합이 180도가 아니면 삼각형이 아닌 것처럼, 신이 선하지도 않고 존재하지도 않는다면 완전한 존재가 아닐 거라고 보았다. 데카르트의 또 다른 논증, 즉 표징논증Trademark Argument에서는 신이 우리의 정신에 하나의 관념을 새겨놓았기 때문에 우리는 신이 존재한다는 것을 안다고 가정했다. 만약 신이 존재하지 않는다면 우리는 신의 관념을 갖지 않았을 거라는 주장이다. 일단 신이 존재한다는 것을 확신하게 되면서 데카르트 식 사유 구조의 단계는 훨씬 더 간단해졌다. 선한 신은 가장 기본적인 문제에 대해 인간을 속이지 않을 것이다. 따라서 그는 세계는 틀림없이 우리가 경험하는 것과 다를 바 없을 거라는 결론을 내렸다. 우리가 명확하고 뚜렷하게 지각할 때 그 지각된 것들을 믿을 수 있다. 데카르트의 결론은 세계는 존재하고 우리는 간혹 지각하는 대상에 대해 실수를 하지만 세계는 보이는 것과 그다지 다를 바 없다는 것이다. 하지만 일부 철학자들은 이것은 희망 사항이며, 사악한 악마는 '2+3=5'라는 생각만큼이나 신의 존재에 대해서도 쉽사리 그를 속일 수 있을 거라고 믿는다. 선한 신이라는 존재의 확실성이 없었다면 데카르트는 자신이 생각하는 존재라는 사실을 아는 것 이상으로 나아갈 수 없었을 것이다. 데카르트는 자신이 철저한 회의론에서 벗어나는 방법을 보여주었다고 믿었지만, 그를 비판하는 사람들은 여전히 그 점에 대해 회의적인 입장이다.

우리가 살펴보았듯이 데카르트는 신이 존재한다는 것을 만족스러울 만큼 증명하기 위해 존재론적 증명과 표징논증을 사용했다. 그러나 같은 프랑스의 사상가인 블레즈 파스칼은 우리가 무엇을 믿어야 하는가라는 질문에 아주 다른 방식으로 접근했다.

CHAPTER 12

내기를 걸어라

블레즈 파스칼

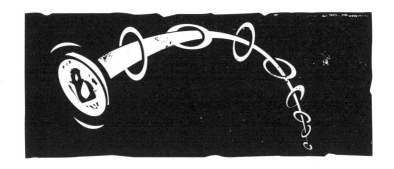

동전을 던지면 앞면이나 뒷면이 나오게 마련이다. 동전이 구부러져 있지 않다면 각각 50퍼센트의 확률이다. 그러므로 어느 쪽에 내기를 걸지는 실제 중요하지 않다. 동전을 던질 때마다 앞면이 나올 확률이나 뒷면이 나올 확률이 동일하기 때문이다. 만약 신이 존재하는지 그렇지 않은지 확신할 수 없다면 어떻게 해야 할까? 동전 던지기와 마찬가지가 아닐까? 신이 존재하지 않는다는 쪽에 내기를 걸고 마음 내키는 대로 인생을 살아야 할까? 아니면 신이 존재할 가능성이 아주 희박하더라도 신이 존재하는 것처럼 행동하는 편이 더 합리적일까? 신의 존재를 믿은 블레즈 파스칼(1623~1662)은 이 문제에 대해 깊이 생각했다.

파스칼은 독실한 가톨릭교도였다. 하지만 오늘날의 많은 기독교도들과 달리 그는 극도로 어두운 인간관을 갖고 있었다. 그는 비관론자였다. 어디서나 인류의 타락Fall 증거가 보였고, 인간이 가진 결함은 지식의 나무에 열린 사과를 먹음으로써 신의 믿음을 저버린 아담과 이브 때문이라고 생각했다. 아우구스티누스('챕터 6' 참조)처럼 파스칼은 인간은 성적 욕망에 의해 움직이고 신뢰할 수 없으며 쉽게 권태를 느낀다고 믿었다. 모든 사람이 비참한 존재이다. 모든 사람이 근심과 절망 사이에서 망설인다. 우리는 모두가 얼마나 보잘것없는 존재인지 깨달아야 한다. 우리 삶의 전후로 이어지는 영겁과 비교하면 우리가 지상에서 존재하는 짧은 시간은 거의 무의미하다. 우리는 우주의 무한한 공간 속에서 각자 아주 작은 공간을 차지하고 있다. 그러나 동시에 파스칼은 우리가 신을 망각하지 않으면 인간에게 어느 정도 가능성이 있다고 믿었다. 우리는 야수와 천사 사이의 어딘가에 있지만, 대부분의 경우 주로 야수 쪽에 훨씬 더 가까울 것이다.

파스칼의 가장 유명한 저서인 『팡세Pensées(생각들)』는 그가 39세의 나이로 일찍 세상을 떠난 후 그의 단편적인 원고들을 모아 1670년에 출간한 것이다. 이 책은 아름다우리만큼 정교한 짧은 단락들로 쓰여 있다. 파스칼이 이 일련의 단락들을 어떻게 조합하려 했을지는 누구도 확실히 알지 못하지만, 이 책의 주안점은 분명하다. 파스칼 식의 기독교 옹호론이었다. 파스칼은 집필을 마무리하지 못한 채 세상을 떠났다. 책의 목차는 그가 낱장의 종이를 끈으로 묶어놓은 여러 종이 묶음의 배열에 따랐다. 각각의 묶음은 출간된 책에서 하나의 단락을 이루고 있다.

파스칼은 어린 시절에 병약했고, 평생 육체적으로 건강하지 않았다. 초상화에서도 그의 안색은 결코 좋아 보이지 않는다. 촉촉하게 젖은 그의 두 눈은 우리를 슬프게 바라본다. 하지만 파스칼은 짧은 시간에 많은 것을 성취했다. 젊은 시절 그는 아버지의 영향을 받아 과학자가 되었고 진공에 대한 개념을 연구하여 기압계를 고안해냈다. 1642년에는 복잡한 기어에 부착된 다이얼을 돌리는 바늘을 이용해서 덧셈과 뺄셈을 할 수 있는 수동식 계산기를 발명했다. 그는 그것을 업무상 계산을 많이 하는 아버지를 돕기 위해 만들었다. 구두 상자 정도의 크기인 이 계산기는 '파스칼린Pascaline'이라 불렸고, 다소 투박했지만 제 기능을 했다. 문제는 생산하기에 너무 비싸다는 점이었다.

파스칼은 과학자이자 발명가였으며 뛰어난 수학자였다. 그의 가장 독창적인 수학적 개념은 확률에 관한 것이었다. 하지만 그는 신앙심 깊은 철학자이자 작가로 기억되고 있다. 그가 철학자로 불리기를 좋아했을 거라는 말이 아니다. 그의 원고에는 철학자들이 얼마나 아는 게 없으며, 그들의 사상이 얼마나 하찮은지에 대해 수차례 언급되어 있다. 그는 스스로를 신학자라고 생각했다.

청년 시절 파스칼은 얀센주의Jansenism라고 알려진 논쟁적인 종파로 개종한 뒤 수학과 과학의 연구 활동에서 종교에 대한 집필 활동으로 전환했다. 얀센주의자들은 예정설, 즉 우리에게는 자유의지가 없고 오직 소수의 사람들만 이미 신에 의해 천국에 가기로 선택되었다는 사상을 믿었다. 또한 그들은 아주 엄격한 삶의 방식을 신봉했다. 파스칼은 감정을 드러내는 것을 못마땅하게 여긴 나머지 여동생이 아이를 껴안는 모습을 보고 꾸짖은 적도 있었다. 말년에 그는 수도사처럼 지냈다. 결국 그를 죽음에 이르게 한 병으로 인해 통증이 엄청났지만, 어떻게든 집필 활동을 이어갔다.

파스칼과 마찬가지로 독실한 기독교도이자 과학자이며 수학자인 르네 데카르트('챕터 11' 참조)는 신의 존재를 논리로 증명할 수 있다고 믿었다. 파스칼의 생각은 달랐다. 그에게 신에 대한 믿음은 마음과 신앙의 문제였다. 그는 철학자들이 일반적으로 사용하는 신의 존재에 관한 추론에 설득되지 않았다. 예를 들어 그는 자연에서 신의 손길이 닿은 증거를 볼 수 있다고 믿지 않았다. 그가 생각하기에 우리를 신에게 인도하는 신체 기관은 뇌가 아니라 심장이었다.

그럼에도 불구하고 『팡세』에서는 신의 존재 여부를 확신하지 못하는 사람들에게 신을 믿어야 한다고 설득하기 위해 '파스칼의 내기Pascal's Wager'라고 알려진 기발한 논증을 제시했다. 이 논증은 확률에 대한 그의 관심에서 기인한다. 도박 중독자가 아니라 합리적인 도박사라면 큰 당첨금을 탈 가장 좋은 기회를 얻기를 원하면서도 가능한 한 손해액을 최소화하고 싶을 것이다. 도박사들은 확률을 계산하고 원칙적으로 그에 따라 내기를 한다. 그렇다면 신의 존재에 내기를 거는 것은 무엇을 의미하는가?

신의 존재를 확신하고 있지 않다고 가정하면 많은 선택지가 있다. 신이 절대 존재하지 않는 것처럼 사는 편을 선택할 수 있다.

만약 그 생각이 옳다면, 있을지도 모를 내세에 대해 어떤 환상도 없이 살아갈 것이고 혹여 너무 많은 죄를 지은 탓에 천국에 갈 수 없을까봐 괴로워할 일도 피하게 될 것이다. 또한 존재하지 않는 존재에게 기도하느라 교회에서 시간을 낭비하지도 않을 것이다. 하지만 그런 방식은 분명 몇 가지 이점이 있음에도 불구하고 커다란 위험을 수반하고 있다. 만약 신을 믿지 않지만 신이 실제 존재하는 것으로 밝혀지면, 천국에서 행복할 기회를 잃을 뿐 아니라 결국 지옥에 떨어져 영원히 고통을 당할 수도 있다. 그것은 누구에게라도 상상할 수 있는 최악의 결과이다.

그렇지 않으면 신이 존재하는 것처럼 사는 편을 선택할 수 있다고 파스칼은 말한다. 기도하고 교회에 다니고 성서를 읽을 수 있다. 만약 신이 실제로 존재한다는 것이 밝혀지면 최고의 상, 즉 영원한 행복이라는 중대한 기회를 얻을 수 있다. 신을 믿기로 하지만 그게 틀렸다고 밝혀지더라도 실질적인 희생은 치르지 않을 것이다(아마도 죽고 나면 이승에 없을 테니 자신이 틀렸다는 걸 알고 그동안 허비한 시간과 노력에 대해 속상하지는 않을 것이다). 파스칼의 말처럼 '이기면 모든 것을 얻고, 진다고 해도 잃을 게 전혀 없다'. 그는 '유해한 쾌락들 those poisonous pleasures', 즉 영광과 사치를 누릴 기회를 놓칠 수 있다는 점을 인정했다. 하지만 대신 충실하고 정직하고 겸손하며 감사할 줄 알고 관대한 좋은 친구가 될 것이고, 항상 진실을 말할 것이다. 모든 사람이 반드시 이런 식으로 생각하는 것은 아닐 것이다. 파스칼은 종교적인 삶의 방식에 너무 몰입한 나머지 종교가 없는 많은 사람들에게는 종교에 헌신하면서 그들이 보기에 환상에 불과한 것에 빠져 사는 것이 일종의 희생이라는 것을 깨닫지 못했을 수 있다. 그럼에도 불구하고 파스칼이 지적한 것처럼 한편으로 당신이 옳다면 영원한 행복을 얻을 수 있고, 만약 틀렸다면 상대적으로 사소한 불편함과 약간의 환상을 가질 가능성이 있다. 다른 한편으로는 지옥에 떨어질 위험을 무릅쓰지만, 당신이 얻을 수 있는 것은 천국에서의 영원한 삶과는 비교가 되지 않는다.

신이 존재하는지 그렇지 않은지의 문제에서 실제로 중립적인 태도를 취할 수는 없다. 파스칼의 관점에서 볼 때, 만약 중립적인 입장을 취하려 하면 신은 절대 존재하지 않는다고 믿는 것과 동일한 결과를 낳을 수 있다. 결국 지옥에 가거나 어쨌든 천국에 다가가지 못할 것이다. 어느 쪽으로든 결정을 내려야 한다. 신이 존재하는지 정말로 알지 못한다. 그렇다면 어떻게 해야 할 것인가?

파스칼은 그 문제는 명확하다고 생각했다. 만약 당신이 합리적인 도박사이고 냉정한 시선으로 확률을 살펴본다면, 맞을 확률이 낮을 뿐이라고 해도 동전 던지기와 마찬가지로 신이 존재한다는 쪽에 내기를 걸어야 한다는 것을 알게 될 것이다. 잠재적 이득은 무한하고, 잠재적 손실은 크지 않다. 합리적인 사람이라면 그런 확률에서는 신이 존재한다는 쪽에 내기를 걸 수밖에 없다고 파스칼은 생각했다. 신이 존재한다는 쪽에 내기를 걸고 질 위험, 즉 신이 존재하지 않는다고 밝혀질 위험도 분명히 있다. 하지만 그것은 당신이 감수해야 하는 위험이다.

그런데 이 논리를 이해하면서도 여전히 마음속에서는 신이 존재한다고 느끼지 않는다면 어떻게 될까? 자신이 진실이 아니라고 의심하는 것을 믿도록 스스로를 설득하기는 정말로 어려운 (어쩌면 불가능한) 일이다. 옷장에 요정이 있다고 믿으려고 해보자. 그렇다고 상상할 수는 있겠지만, 그것은 실제로 옷장에 요정이 있다고 생각하는 것과는 아주 다르다. 우리는 진실이라고 생각하는 것을 믿는다. 그것이 바로 믿음의 본질이다. 그렇다면 신의 존재를 의심하는 비신자가 어떻게 신앙심을 가질 수 있을 것인가?

파스칼은 이 문제에 대한 답을 갖고 있었다. 일단 신을 믿는 것이 자신에게 가장 이익이 된다는 것을 이해하게 되었다면 신이 존재한다고 스스로 확신하는 방법을 찾아서 신앙심을 가질 필요가 있다. 우리가 해야 할 일은 이미 신을 믿고 있는 사람들을 모방하는 것이다. 신자들의 행동을 따라 하면서 예배 시간을 보내라. 성수를 받고 미사를 드리는 등의 행동을 해보자. 곧 신자들의 행동을 모방하는 데 그치지 않고 신자들의 믿음과 감정을 갖게 될 거라고 파스칼은 생각했다. 그것은 영원한 삶을 얻고 끝없는 고통의 위험을 피할 수 있는 최고의 기회이다.

모든 사람이 파스칼의 논증을 설득력 있다고 받아들이지는 않는다. 가장 명백한 문제들 중 하나는 만약 신이 존재한다면 신은 단지 가장 안전한 내기라는 이유로 신앙심을 가진 사람들을 아주 호의적으로 보지 않을 거라는 점이다. 신을 믿는 이유가 잘못된 것처럼 보인다. 그것은 너무나 이기적이다. 어떤 대가를 치르더라도 자신의 영혼만을 구하려는 이기심이 전적으로 깔려 있기 때문이다. 한 가지 위험은 신이 이 도박사의 논증을 사용하는 사람은 아무도 천국에 들어가지 못하도록 할 거라는 점이다.

파스칼의 내기에서 또 다른 심각한 문제는 잘못된 종교, 잘못된 신을 선택할 수 있다는 가능성을 고려하지 않는다는 것이다. 파스칼은 그런 선택지가 기독교 신에 대한 믿음과 신이 없다는 믿음 사이에 있는 것으로 제시한다. 하지만 신자에게 영원한 행복을 약속하는 수많은 종교가 있다. 이들 종교 중 하나가 사실이라고 밝혀지면 기독교를 따르기로 결정함으로써 파스칼의 내기를 추종한 사람은 신에 대한 모든 믿음을 거부한 사람들만큼이나 확실히 천국의 무한한 행복을 누릴 기회를 스스로 차단하는 셈이다. 파스칼이 이 가능성에 대해 생각했다면 아마도 인간의 조건에 대해 훨씬 더 비관적이었을 것이다.

파스칼은 성서에 묘사된 신을 믿었다. 바뤼흐 스피노자는 신에 대해 아주 다른 견해를 갖고 있었다. 그 견해 때문에 어떤 사람들은 스피노자를 가면을 쓴 무신론자라고 의심했다.

CHAPTER 13

렌즈 가는 사람

바뤼흐 스피노자

대부분의 종교는 신이 세계 바깥의 어딘가에, 아마도 하늘에 존재한다고 가르친다. 바뤼흐 스피노자(1632~1677)는 신이 곧 세계라고 생각한 예사롭지 않은 인물이었다. 그는 이 점을 명확하게 밝히기 위해 '신 혹은 자연God or Nature'에 대해 썼다. 이 두 단어가 같은 대상을 가리킨다는 의미였다. 신과 자연은 단일한 대상을 기술하는 두 가지 방식이었다. 신은 자연이고 자연은 신이다. 이것은 범신론, 즉 신이 곧 모든 것이라는 믿음의 형식이다. 이런 급진적인 사상 때문에 스피노자는 엄청난 곤란에 빠지게 된다.

스피노자는 네덜란드 암스테르담에서 포르투갈계 유대인의 아들로 태어났다. 당시 암스테르담은 종교적 박해를 피하려는 사람들에게 인기가 있었다. 하지만 여기에서도 자신의 견해를 표현하는 데는 한계가 있었다. 유대교 문화 속에서 자랐지만 스피노자는 스물네 살 때인 1656년 유대교 회당(시너고그)의 랍비들에게 쫓겨나 파문당했다. 아마도 신에 대한 그의 견해가 정통에서 너무나 벗어났기 때문인 듯하다. 그는 암스테르담을 떠나 이후 헤이그에 정착했다. 이때부터 그는 유대 이름인 바뤼흐가 아니라 베네딕트 데 스피노자로 알려졌다.

많은 철학자는 기하학에서 깊은 인상을 받았다. 다양한 기하학적 가설에 대해 고대 그리스의 수학자 유클리드가 보여준 유명한 증명은 몇 개의 단순한 공리나 가정에서 출발하여 삼각형 내각의 합은 두 직각과 같다라는 등의 결론에 도달했다. 철학자들이 보통 기하학에서 감탄하는 것은 합의된 출발점에서부터 신중한 논리적 단계를 거쳐 놀라운 결론에 이르는 과정이다. 공리가 참이면 그 결론은 참일 수밖에 없다. 이런 식의 기하학적 추론은 르네 데카르트와 토마스 홉스 모두에게 영감을 주었다.

스피노자는 기하학에 감탄하는 데 그치지 않았다. 그는 철학을 마치 기하학인 것처럼 기술했다. 그의 저서 『에티카Ethics』에 나오는 '증명들proofs'은 기하학적 증명처럼 보이고 공리와 정의를 포함한다. 그 증명들은 기하학과 같은 빈틈없는 논리를 갖고 있는 듯하다. 하지만 삼각형의 각이나 원의 원주 같은 주제를 다루는 대신 신, 자연, 자유, 감정을 다루고 있다. 스피노자는 삼각형, 원, 사각형에 대해 추론하는 것과 같은 방식으로 이 논제들을 분석하고 추론할 수 있을 거라고 생각했다. 심지어 단락을 기하학 교과서에서 자주 사용하는 '이상 증명 끝'이라는 의미의 라틴어 구절 'QED'('*quod erat demonstrandum*'의 약자)로 끝맺기도 한다.
그는 세계와 그 세계 속 우리의 위치에는 근본적인 구조적 논리
가 존재하며, 그것은 이성으로 밝혀낼 수 있다고 믿었다. 그 어떤
것도 우연에 의해 지금과 같은 모습으로 존재하는 것이 아니며,
모든 것에는 목적과 원리가 존재한다. 모든 것은 하나의 거대한
체계 속에서 서로 어우러져 있으며, 이것을 이해하는 가장 좋은
방법은 사유의 힘에 의지하는 것이다. 실험이나 관찰보다 이성
을 강조하는 이런 철학적 접근법을 흔히 합리론Rationalism이라고
한다.

　　스피노자는 혼자 있기를 즐겼다. 고독 속에서 자신의 학문을
연구할 수 있는 시간과 마음의 평화를 얻었다. 신에 대한 그의 견
해를 고려할 때, 좀 더 공적인 기관에 속하지 않은 편이 더 안전했
을 것이다. 가장 유명한 저서인 『에티카』가 사후에야 출간된 것도
그런 이유에서였다. 생전에 아주 독창적인 사상가로 명성이 자자
했지만, 그는 하이델베르크 대학교의 교수직을 거절했다. 하지만
그를 찾아온 몇몇 사상가와는 기꺼이 자신의 견해를 함께 논의했
다. 철학자이자 수학자인 고트프리트 라이프니츠도 그중 한 명이
었다.

　　스피노자는 집을 사는 대신 하숙집에서 지내며 매우 검소하
게 살았다. 많은 돈이 필요하지 않았고, 렌즈 가는 일로 버는 돈과
그의 철학적 연구에 감탄한 사람들이 보내주는 약간의 후원금으
로 살아갈 수 있었다. 그가 만든 렌즈는 망원경이나 현미경 같은
과학 기구에 사용되었다. 그 덕분에 그는 자립할 수 있었고 하숙

하며 연구를 이어갈 수 있었다. 한편으로는 불행히도 폐 질환으로 불과 44세에 요절하게 된 이유가 되었을 수도 있다. 그는 렌즈를 갈면서 미세한 유리 가루를 들이마셨을 것이고, 그로 인해 거의 틀림없이 폐가 손상되었을 것이다.

만약 신이 무한하다면 신이 아닌 것은 있을 수 없다는 결론에 이를 수밖에 없다고 스피노자는 추론했다. 우주에서 신이 아닌 것을 발견한다면 신은 무한할 수 없다. 왜냐하면 신은 원칙적으로 그 밖의 모든 것일 수 있을 뿐만 아니라 바로 그것일 수도 있기 때문이다. 우리는 모두 신의 일부이지만 바위, 개미, 풀잎, 창문도 마찬가지다. 모든 것이 다 그렇다. 모든 것은 믿을 수 없을 정도로 복잡한 전체 속에 서로 어우러져 있지만, 궁극적으로 보면 존재하는 모든 것은 이 단일한 존재, 즉 신의 일부이다.

전통적인 종교 신자들은 신이 인간을 사랑하며 개인의 기도에 응답한다고 역설했다. 이것은 의인관, 즉 동정심 같은 인간의 속성을 비인간적 존재인 신에게 투영하는 경향이다. 가장 극단적인 형태는 신을 덥수룩한 수염과 온화한 미소를 지닌 친절한 사람으로 상상하는 것이다. 스피노자의 신은 그렇지 않았다. 신 혹은 좀 더 정확하게 '그것it'은 전혀 인격을 갖고 있지 않으며 어떤 사람이나 어떤 대상에도 마음을 쓰지 않는다. 스피노자에 따르면 우리는 신을 사랑할 수 있고 사랑해야 하지만, 그 대가로 어떤 사랑이 돌아오기를 기대하지는 말아야 한다. 그것은 자연이 다시 자신을 사랑해주기를 바라는 자연 애호가와 같다. 사실 스피노자가 묘사한 신은 인간과 인간의 행위에 완전히 무관심하기 때문에 많은 사람들은 스피노자가 신을 전혀 믿지 않는다고 생각했고 그의 범신론은 일종의 눈가림이라고 보았다. 그가 무신론자이며 종교에 완전히 적대적이라고 여겼다. 신이 인간에게 관심이 없다고 믿는 사람이 어떻게 다른 입장을 취할 수 있겠는가? 하지만 스피노자의 관점에서 보면 그는 신에 대한 지적인 사랑, 즉 이성으로 얻은 깊은 이해에 바탕을 둔 사랑을 갖고 있었다. 하지만 이런 것은 결코 전통적인 종교가 아니었다. 유대교 회당에서 그를 파면한 것은 당연한 처사였는지 모른다.

자유의지에 대한 스피노자의 견해 역시 논란거리였다. 그는 결정론자였다. 인간의 모든 행동은 이전 원인에 따른 결과라고 믿는다는 의미였다. 공중에 던져진 돌은, 만약 인간처럼 의식을 가질 수 있다면, 실은 그렇지 않는데 자신의 의지에 의해 움직인다고 상상할 것이다. 실제로 돌을 움직이게 하는 것은 던지는 힘과 중력의 영향이다. 돌은 중력이 아니라 스스로 어디로 가는지 통제하고 있다고 느꼈을 것이다. 인간도 마찬가지다. 우리는 우리가 하는 것을 자유롭게 선택하고 있으며 우리의 삶을 통제한다고 상상한다. 하지만 그것은 우리가 보통 우리의 선택과 행동이 일어나는 방식을 이해하지 못하기 때문이다. 사실 자유의지는 환상이다. 자발적인 자유행동이란 존재하지 않는다.

하지만 결정론자였다고 해도 스피노자는 매우 제한적인 형태로 인간의 자유가 가능하고 바람직하다고 믿었다. 최악의 존재 방식은 그가 '예속bondage'이라고 부르는 것, 즉 감정에 완전히 휘둘리는 것이었다. 예를 들어 나쁜 일이 벌어지고 누군가가 당신에게 무례하게 굴 때 화를 참지 못하고 증오가 가득 차면 이것은 아주 수동적인 존재 방식이다. 단순히 사건들에 반응한 것이다. 당신의 화를 불러일으킨 것은 외적인 사건들이다. 당신이 전혀 통제할 수 없는 것이다. 이 상황을 피하는 법은 행동을 구체화시킨 원인들, 즉 당신을 화나게 만든 것들을 좀 더 잘 이해하는 것이다. 스피노자가 보기에 우리가 이룰 수 있는 최선은 우리의 감정이 외적인 사건들이 아니라 우리 자신의 선택에서 일어나도록 하는 것이다. 이런 선택이 결코 완전히 자유로울 수는 없다고 해도 수동적인 것보다는 능동적인 편이 낫다.

스피노자는 전형적인 철학자이다. 그는 논란을 불러일으키고, 모든 사람이 쉽사리 들으려 하지 않을 견해를 내놓고, 논증으로 자신의 견해를 옹호할 준비가 되어 있었다. 스피노자는 그의 글을 읽은 사람들이 강하게 이의를 제기할 때도 저술 활동을 통해 계속해서 영향을 미치고 있었다. 신이 곧 자연이라는 스피노자의 믿음은 당시에는 이해를 얻지 못했지만, 그의 사후에 아주 유명한 숭배자들이 등장했다. 그중에는 빅토리아 시대의 소설가 조지 엘리엇과 20세기 물리학자 앨버트 아인슈타인도 있었다. 엘리엇은 『에티카』를 번역했고, 아인슈타인은 인격신을 믿을 수 없다고 했지만 어떤 편지에서 스피노자의 신은 믿는다고 밝혔다.

지금까지 살펴보았듯이 스피노자의 신은 비인격적이고 인간적인 특징이 전혀 없어서 어느 누구도 죄를 저질렀다고 해서 벌하지 않을 것이다. 스피노자와 같은 해에 태어난 존 로크는 아주 다른 입장을 취했다. 자아의 본성에 대한 로크의 논의는 부분적으로는 심판의 날Day of Judgment에 벌어질 일에 대한 그의 관심에서 비롯되었다.

CHAPTER 14

왕자와 구두 수선공

존 로크와 토마스 리드

아기였을 때 당신은 어떤 모습이었는가? 당시에 찍은 사진이 있다면 한번 살펴보라. 무엇이 보이는가? 정말 당신의 모습인가? 지금과는 사뭇 달라 보일 것이다. 아기였을 때 어떤 모습이었는지 기억할 수 있는가? 우리들 대부분은 기억할 수 없다. 우리는 모두 시간이 흐르면서 변한다. 우리는 성장하고 발전하고 성숙해지고 쇠하고 잊어버린다. 대부분은 주름이 점점 늘어나고, 머리카락은 결국 하얗게 세거나 빠지고, 견해나 친구, 패션 감각, 선호하는 것들이 달라진다. 그렇다면 어떤 의미에서 그 아기와 나이 들었을 때의 당신은 동일한 사람인가? 어떤 사람을 시간이 흘러도 동일한 사람으로 만드는 것은 무엇인가는 영국의 철학자 존 로크(1632~1704)를 괴롭힌 질문이었다.

많은 철학자와 마찬가지로 로크는 다양한 것들에 관심을 갖고 있었다. 친구인 로버트 보일과 아이작 뉴턴의 과학적 발견에 열광했고, 당시의 정치에 관여했으며, 교육에 관한 글도 썼다. 영국 내전 직후 로크는 복위한 국왕 찰스 2세의 암살 음모를 꾸몄다는 혐의를 받자 네덜란드로 도피했다. 그곳에서 종교적 관용을 위해 싸우면서 사람들에게 고문을 통해 종교적 믿음을 바꾸도록 강요하려는 것은 불합리하다고 주장했다. 우리에게는 생명, 자유, 행복, 재산에 대한 천부적인 권리가 있다는 로크의 견해는 미합중국의 헌법을 제정한 건국의 아버지들에게 영향을 미쳤다.

우리에게는 아기 시절 로크의 사진이나 그림이 없다. 하지만 그는 나이가 들어가면서 아주 많이 변했을 것이다. 중년에는 헝클어진 긴 머리에 수척하고 강렬한 인상을 풍기는 인물이었다. 하지만 아기였을 때는 크게 달랐을 것이다. 로크의 믿음 중 하나는 신생아의 정신은 백지상태와 같다는 것이었다. 우리는 태어났을 때 아무것도 알지 못하고, 우리의 모든 지식은 살면서 얻은 경험을 통해 나온다. 아기 로크가 젊은 철학자로 성장하면서 온갖 종류의 믿음을 습득했고, 우리가 지금 존 로크라고 생각하는 사람이 되었다. 하지만 어떤 의미에서 그는 아기였을 때와 동일한 사람이었고, 어떤 의미에서 중년의 로크는 청년 로크와 동일한 사람이었을까?

이런 문제가 단지 과거와의 관계를 궁금해하는 사람들에게만 나타나는 것은 아니다. 로크가 지적했듯이 이것은 양말에 대해 생각할 때도 문제가 될 수 있다. 구멍 난 양말이 있어서 그 구멍에 헝겊 조각을 대어 깁고, 그런 다음 또 다른 구멍도 그렇게 기우면 결국 원래 양말 천은 전혀 남지 않은 채 헝겊 조각으로만 이뤄진 양말만 남을 수 있다. 그것은 여전히 동일한 양말일까? 어떤 의미에서는 동일한 양말이다. 왜냐하면 원래 양말에서 완전히 헝겊 조각으로 기워진 양말까지 이르는 과정에서 일종의 연속성이 존재하기 때문이다. 하지만 또 다른 의미에서는 동일한 양말이 아니다. 양말의 원래 천이 하나도 없기 때문이다. 아니면 떡갈나무를 생각해보자. 도토리가 떡갈나무 묘목으로 자라나 매년 잎이 지고 점차 커지고 가지는 떨어져 나가지만, 여전히 동일한 떡갈나무이다. 도토리는 떡갈나무 묘목과 동일한 식물이고, 떡갈나무 묘목은 커다란 떡갈나무와 동일한 식물인가?

한 사람을 시간이 흘러도 동일한 인격체로 만드는 것은 무엇인가의 문제에 접근하는 한 가지 방법은 우리가 살아 있는 존재라는 점을 지적하는 것이다. 당신은 아기였을 때와 동일한 개별적 동물이다. 로크는 '인간적 동물human animal'을 지칭하기 위해 '사람man'('남자나 여자'를 의미함)이라는 단어를 사용했다. 그는 그런 의미에서 우리는 사는 동안 변함없이 동일한 '사람'이라고 말하는 것은 참이라고 생각했다. 삶의 과정 속에서 발전하는 살아 있는 인간에게는 연속성이 존재한다. 하지만 로크에게 동일한 '사람'이라는 것과 동일한 '인격체person'라는 것은 매우 달랐다.

로크에 따르면 나는 이전과 같은 '사람'일 수 있지만, 이전과 같은 인격체가 될 수는 없다. 어떻게 그럴 수 있을까? 그는 시간이 흘러도 우리를 동일한 인격체로 만드는 것은 우리의 의식, 즉 우리 자신에 대한 인식이라고 주장했다. 우리가 기억할 수 없는 것은 하나의 인격체로서 우리의 일부가 아닌 것이다. 이것을 설명하기 위해 로크는 구두 수선공의 기억을 갖고 깨어난 왕자와, 왕자의 기억을 갖고 깨어난 구두 수선공을 상상했다. 왕자는 평소처럼 궁전에서 일어났고, 외견상으로는 잠자리에 들었을 때의 왕자와 동일한 인격체였다. 하지만 자신의 기억 대신 구두 수선공의 기억을 갖고 있기 때문에 왕자는 자신이 구두 수선공이라고 느낀다. 로크의 주장은 왕자가 스스로 구두 수선공이라고 느끼는 것은 옳다는 것이었다. 육체적 연속성은 이 문제에서 결정적이지 않다. 인격의 동일성에 관한 문제에서 중요한 것은 심리적 연속성이다. 만약 당신이 왕자의 기억을 갖고 있다면 당신은 왕자이다. 만약 구두 수선공의 기억을 갖고 있다면 비록 왕자의 몸을 갖고 있다 해도 당신은 구두 수선공이다. 만일 구두 수선공이 범죄를 저질렀다면 우리가 책임을 물어야 하는 대상은 왕자의 몸을 갖고 있는 바로 그 사람일 것이다.

물론 보통의 경우 기억은 그렇게 바뀌지 않는다. 로크는 자신의 주장을 설명하기 위해 이 사고실험을 이용했다. 하지만 어떤 사람들은 하나의 몸에 둘 이상의 인격체가 존재할 수 있다고 주장한다. 이것은 다중인격장애라는 질환으로, 한 개인의 내면에서로 다른 인격이 존재하는 것처럼 보인다. 로크는 이런 가능성을 예상해서 완전히 별개인 두 인격체가 하나의 몸에 살고 있는 경우를 상상했다. 낮에는 한 인격체가 살고, 밤에는 다른 한 인격체가 사는 식이다. 만약 이 둘이 서로 만나지 않는다면 두 인격체라는 것이 로크의 설명이다.

로크에게 인격의 동일성 문제는 도덕적 책임과 밀접하게 연관되어 있었다. 신은 사람들이 저지른 것을 기억하는 죄에 대해서만 벌할 것이라고 로크는 믿었다. 악행을 저지른 것을 기억하지 못하는 사람은 그 죄를 저지른 동일한 인격체가 아닐 것이다. 물론 일상생활에서 사람들은 자신이 기억하는 것에 대해 거짓말을 한다. 그래서 누군가가 자신이 한 일을 잊어버렸다고 항변해도 판사는 봐주려 하지 않는다. 그러나 신은 모든 것을 알고 있기 때문에 누가 마땅히 벌을 받아야 할 것인지 아닌지 판단할 수 있을 것이다. 로크의 견해를 따르게 되면 나치 사냥꾼들이 젊은 시절 강제수용소의 경비원이었던 한 노인을 찾아낸 경우 그 노인에게 다른 범죄가 아닌 오직 그가 기억할 수 있는 것에 대해서만 책임을 물어야 한다는 결론에 이른다. 신은 그 노인이 잊어버린 행위에 대해서는 벌을 내리지 않을 것이다. 물론 일반 법원에서는 이 노인에게 무죄추정의 원칙을 적용하지 않을 테지만 말이다.

인격의 동일성에 대한 로크의 접근법은 그의 동시대 사람들을 괴롭힌 질문에 대해서도 답변을 제시했다. 당시 일부 사람들은 천국에 가기 위해 부활할 때 동일한 몸을 되살려야 하는지를 두고 고민했다. 만약 동일한 몸을 되살려야 한다면 당신의 몸이 식인종이나 사나운 짐승에게 잡아먹혔을 때는 어떻게 되는 걸까? 어떻게 모든 신체 부위를 다시 결합해서 되살릴 수 있을까? 만약 식인종이 당신을 잡아먹었다면 당신의 신체 일부는 그 식인종의 일부가 되었을 것이다. 그렇다면 어떻게 그 식인종과 그의 먹을거리, 즉 당신은 둘 다 원래의 육체로 복원될 수 있을까? 로크는 동일한 육체가 아니라 내세에서 동일한 *인격체*인 것이 중요하다는 점을 분명히 했다. 그가 보기에는 비록 그 기억이 다른 육체에 속하게 되었다고 해도 같은 기억을 갖고 있다면 당신은 동일한 인격체일 수 있다.

로크의 견해에 따른 한 가지 결론은 당신은 아마도 사진 속의 아기와 동일한 인격체가 아닐 거라는 점이다. 동일한 개인이지만 아기였을 때를 기억할 수 없다면 동일한 인격체일 수 없다. 인격의 동일성은 오직 기억나는 범위까지만 확대된다. 노년이 되어 기억이 희미해지면 인격체로서의 존재 범위 역시 줄어들 것이다.

일부 철학자들은 로크가 인격 동일성의 근거로 자의식적인 기억을 강조한 것은 다소 지나쳤다고 생각한다. 18세기 스코틀랜드의 철학자 토마스 리드(1710~1796)는 인격체의 조건에 대한 로크의 사고방식이 가진 약점을 보여주는 예를 하나 들었다. 한 노병이 자신이 젊은 장교였을 때 전투에서 보였던 용기를 기억할 수 있다. 그리고 젊은 장교였을 때는 어릴 적 과수원에서 사과를 훔쳤다고 매를 맞았던 일을 기억할 수 있다. 하지만 노년에 접어들자 그는 더 이상 어린 시절의 사건을 기억할 수 없다. 이렇게 서로 중복된 기억의 방식은 노병이 소년이었을 때와 여전히 동일한 인격체라는 것을 의미하는가? 토마스 리드는 노병이 소년 시절과 동일한 인격체라는 것은 명백하다고 생각했다.

그러나 로크의 이론에 따르면 노병은 젊은 시절의 용감한 장교와 동일한 인격체이지만, 매를 맞았던 어린 소년과는 동일한 인격체가 아니다(노병은 그 일을 잊어버렸기 때문이다). 또한 그의 이론에 따르면 젊은 시절의 용감한 장교는 어린 소년과 동일한 인격체이다(사과를 훔쳤다고 매를 맞은 사건을 기억할 수 있기 때문이다). 그렇게 해서 노병은 용감한 젊은 장교와 동일한 인격체이고 용감한 젊은 장교와 어린 소년은 동일한 인격체이지만, 노병은 어린 소년과 동일한 인격체가 아니라는 모순된 결과가 나온다. 논리적으로 전혀 이치에 닿지 않는다. 'A=B'이고 'B=C'이지만, 'A≠C'라고 말하는 것과 같다. 인격의 동일성은 로크가 생각했던 것처럼 총체적인 기억이 아니라 중복된 기억에 달려 있는 것처럼 보인다.

철학자로서 로크가 미친 영향은 단지 인격의 동일성에 대한 논의에만 그치지 않았다. 로크는 저서 『인간 오성론An Essay Concerning Human Understanding』(1690)에서 우리의 관념은 세계를 반영하지만, 그 세계의 일부 측면만 보이는 대로 존재한다는 견해를 내놓았다. 이것은 조지 버클리가 실재에 대해 상상력 넘치는 설명을 하는 자극제가 되었다.

CHAPTER 15

방 안의 코끼리

조지 버클리(그리고 존 로크)

　　냉장고 문을 닫아서 아무도 그 안을 볼 수 없을 때 정말로 불이 꺼지는지 생각해본 적이 있는가? 어떻게 알 수 있을까? 원격조정 카메라를 설치할 수도 있다. 하지만 그때 카메라를 끄면 어떻게 될까? 아무도 그 소리를 들을 수 없는 숲에서 나무가 쓰러지면 어떨까? 실제로 큰 소리가 날까? 당신이 침실에 있지 않을 때 관찰되지 않는 상태에서 침실이 계속 존재한다는 것을 어떻게 알 수 있을까? 당신이 외출할 때마다 침실이 사라질지도 모를 일이다. 다른 사람에게 대신 확인해달라고 요청할 수 있다. 대답하기 어려운 질문은 이것이다. *아무도 관찰하고 있지 않을 때도 침실은 계속 존재하는가?* 이런 질문에 어떻게 대답할 수 있을지는 확실하지 않다. 우리들 대부분은 대상이 관찰되지 않을 때도 계속 존재하다고 생각한다. 그것이 가장 간단한 설명이기 때문이다. 또한 우리가 관찰하는 세계가 저기 어딘가에 존재하고 있으며, 우리의 정신 속에서만 존재하는 것은 아니라고 믿는다.

클로인의 주교가 된 아일랜드 철학자 조지 버클리(1685~1753)에 따르면 더 이상 관찰되지 않는 대상은 존재하지 않는다. 만약 어떤 정신도 당신이 읽고 있는 책을 직접 의식하고 있지 않다면 그 책은 더 이상 존재하지 않는다. 책을 들여다보고 있을 때 당신은 지면을 보고 만질 수 있지만, 버클리에게는 당신이 경험한다는 것을 의미할 뿐이다. 세계 어딘가에 이 경험들을 일으킨 무언가가 존재한다는 의미는 아니다. 그 책은 당신의 정신이나 다른 사람의 정신(어쩌면 신의 정신) 속에 있는 관념들을 모아놓은 것일 뿐 당신의 정신을 벗어난 어떤 대상이 아니다. 버클리가 보기에 외부 세계라는 개념 전체는 전혀 말이 되지 않았다. 이 모든 것은 상식에 반하는 것처럼 보인다. 분명히 우리는 누군가가 그것을 의식하고 있든 아니든 계속해서 존재하는 대상들로 둘러싸여 있다. 그렇지 않은가? 버클리는 그렇지 않다고 생각했다.

버클리가 처음 이 이론을 설명하기 시작했을 때 많은 사람들이 그가 미쳤다고 생각한 것은 당연했다. 사실 철학자들은 버클리가 죽고 나서야 그를 진지하게 평가하고 그가 말하려 했던 것이 무엇인지 깨달았다. 동시대에 살았던 영국의 시인이자 평론가 새뮤얼 존슨은 버클리의 이론을 들었을 때 길거리의 돌을 발로 세게 걷어차면서 소리쳤다.

"나는 이렇게 그 이론을 반박한다."

존슨은 물질적 실체는 분명 존재하고 단지 관념들로만 구성되어 있지 않다는 것을 확신한다고 주장했다. 즉 돌을 발로 걷어찼을 때 발가락으로 단단한 돌을 느낄 수 있었으므로 버클리의 주장은 필시 틀렸다는 것이었다. 하지만 버클리는 존슨이 생각했던 것보다 더 지성적이었다. 발에 닿은 돌의 단단한 느낌은 물리적 대상의 존재를 증명하는 게 아니라 단단한 돌의 *관념*이 존재한다는 것을 증명할 뿐이다. 버클리가 보기에 우리가 돌이라고 부르는 것은 돌이 불러일으키는 감각에 지나지 않는다. 발에 통증을 일으키는 '실재적인real' 물리적 돌이란 존재하지 않는다. 사실 우리가 가지고 있는 관념의 이면에는 결코 어떤 실재도 존재하지 않는다.

버클리는 때로 *관념론자*로, 때로는 *비유물론자*로 간주된다. 관념론자인 이유는 존재하는 모든 것은 관념이라고 믿었기 때문이다. 또한 비유물론자인 이유는 물질적 실체, 즉 물리적 대상이 존재하는 것을 부인했기 때문이다. 이 책에서 살펴보는 많은 철학자와 마찬가지로 버클리는 현상과 실재의 관계에 매료되었다. 그는 많은 철학자가 이 관계를 잘못 판단하고 있다고 생각했다. 특히 우리의 사고가 세계와 어떻게 연관되어 있는지에 관한 로크의 생각은 틀렸다고 주장했다. 버클리의 견해를 이해하는 가장 쉬운 방식은 로크의 견해와 비교하는 것이다.

로크는 우리가 코끼리를 볼 때 코끼리 그 자체를 보는 것이 아니라고 생각했다. 우리가 코끼리라고 여기는 것은 실제로는 표상, 즉 로크가 마음속의 관념이라고 부른 것이다. 말하자면 코끼리의 그림 같은 것이다. 로크는 우리가 생각하거나 지각할 수 있는 모든 것을 아우르기 위해 '관념idea'이라는 단어를 사용했다. 회색 코끼리를 본다면 회색은 단순히 코끼리의 어떤 것이 될 수 없다. 다른 불빛에서는 다른 색깔로 보일 것이기 때문이다. 회색은 로크가 '제2성질secondary quality'이라 부르는 것이다. 그것은 코끼리의 특징과 우리의 감각기관, 이 경우에는 시각적 특징이 결합하여 만들어진 것이다. 코끼리의 피부 색깔, 피부 촉감, 똥 냄새는 모두 제2성질이다.

로크에 따르면 크기와 모양 같은 제1성질은 세계에 있는 사물들의 실재하는 특징이다. 제1성질의 관념은 그 사물을 닮았다. 사각형 물체를 본다면 그 물체의 관념을 불러일으키는 실재하는 대상 역시 사각형이다. 하지만 빨간 사각형을 본다면 지각을 불러일으키는 실재하는 대상은 빨강이 아니다. 실재하는 대상에는 색깔이 없다. 색깔 감각은 대상의 미세한 질감과 우리 시각 체계의 상호작용에서 비롯된다고 로크는 생각했다.

하지만 여기에는 심각한 문제가 있다. 로크는 저기 외부에 어떤 세계, 즉 과학자들이 설명하려는 세계가 존재하지만, 우리는 그 세계를 간접적으로 접할 뿐이라고 믿었다. 로크는 실재 세계의 존재를 믿었다는 점에서 실재론자였다. 이 실재 세계는 아무도 의식하고 있지 않을 때도 계속해서 존재한다. 로크의 난제는 이 세계가 어떤 모습인지 아는 것이다. 그는 크기나 모양 같은 제1성질에 대한 우리의 관념들은 실재를 충실히 보여주는 그림이라고 생각한다. 하지만 어떻게 알 수 있다는 것일까? 경험이 모든 지식의 근원이라고 믿는 경험론자로서 그는 제1성질에 대한 관념들이 실재 세계를 닮았다는 주장을 뒷받침할 충분한 증거를 갖고 있어야 했다. 하지만 그의 이론은 우리가 실재 세계를 직접 가서 확인할 수 없다고 하면서도 그 모습을 어떻게 알 수 있는지를 설명하지 않는다. 크기나 모양 같은 제1성질의 관념들이 저기 외부에 있는 실재 세계의 성질을 닮았다는 것을 그는 어떻게 확신할 수 있었을까?

버클리는 좀 더 일관성이 있어야 한다고 주장했다. 로크와 달리 버클리는 우리가 세계를 직접 지각한다고 생각했다. 그 이유는 세계는 관념으로만 이루어져 있기 때문이다. 존재하는 것은 경험의 총체일 뿐이다. 다시 말하면 세계와 그 세계 속의 모든 것은 오로지 사람들의 정신 속에 존재할 뿐이다.

버클리가 보기에 의자나 탁자, 숫자 3 등 당신이 경험하고 생각하는 모든 것은 오직 정신 속에만 존재한다. 대상은 당신이나 다른 사람들이 가지고 있는 관념의 집합일 뿐이다. 그 이상의 어떤 존재도 아니다. 보거나 듣는 누군가가 없다면 대상들은 그저 더 이상 존재하지 않을 뿐이다. 대상은 사람들(그리고 신)이 그것에 대해 가지고 있는 관념 그 이상의 어떤 것이 아니기 때문이다. 버클리는 이 기이한 견해를 라틴어로 '에세 에스트 페르키피*Esse est percipi*', 즉 존재하는 것은 지각되는 것이라고 요약했다.

따라서 그것을 경험할 정신이 존재하지 않기 때문에 냉장고 안의 불은 켜질 수 없고, 숲에서 쓰러진 나무는 큰 소리를 낼 수 없다. 이는 버클리의 비유물론에서 도출할 수 있는 명백한 결론처럼 보일 것이다. 하지만 버클리는 대상이 끊임없이 나타났다가 사라지기를 반복한다고 생각하지는 않았다. 심지어 그런 생각이 기이할 거라는 점을 인정하기까지 했다. 그는 신이 우리의 관념이 계속 존재하도록 보장한다고 믿었다. 신이 세계 속의 사물들을 끊임없이 지각하고 있어서 사물들은 계속해서 존재하는 것이다.

이것은 20세기 초에 쓰인 한 쌍의 오행속요에 정확히 포착되었다. 다음의 첫 번째 오행속요는 아무도 지켜보지 않는다면 나무는 더 이상 존재하지 않을 거라는 생각이 얼마나 기이한지를 강조하고 있다.

예전에 한 사람이 있었다네.
그는 이렇게 말했다네.
'콰드에 아무도 없을 때
이 나무가 계속해서 존재한다는 것을 알게 된다면
신은 그게 대단히 이상하다고 생각할 게 틀림없네.'

('콰드'는 옥스퍼드 대학 교정의 잔디밭에 붙여진 이름이다.)
이것은 분명 맞다. 버클리의 이론과 관련해서 가장 받아들이기 어려운 것은 만약 나무를 경험하는 사람이 아무도 없다면 그 나무는 거기에 존재하지 않을 거라는 점이다. 그리고 다음은 그에 대한 해결책, 즉 신으로부터 온 메시지이다.

친애하는 이여, 당신의 놀람이 이상하네.

나는 언제나 콰드에 있다네.

그리고 그것이 나무가

계속해서 존재하는 이유라네.

당신의 충실한 신이 지켜볼 것이기 때문이지.

하지만 버클리에게 분명한 난제는 어떻게 우리가 어떤 것에 대해 잘못 생각할 수 있는지를 설명하는 것이다. 우리가 가진 것은 관념뿐이고 관념 너머에 더 이상의 세계가 존재하지 않는다면 어떻게 우리는 실재하는 대상과 시각적 환영의 차이점을 구분할 것인가? 버클리는 우리가 실재라고 부르는 것에 대한 경험과, 환영이라고 부르는 경험 사이에는 차이점이 있다고 답했다. 즉 우리가 '실재reality'를 경험할 때 우리의 관념은 서로 모순되지 않는다. 예를 들어 물속의 노를 본다면 노가 물의 표면을 통과하는 지점에서 구부러져 보인다. 로크와 같은 실재론자에게 진실은, 노는 실제로는 곧지만 단지 구부러진 것처럼 보일 뿐이라는 것이다. 버클리에게는, 우리가 구부러진 노에 대한 관념을 갖고 있지만 이것은 물속에 손을 넣어 노를 만질 때 갖게 되는 관념과 모순된다. 우리는 그 노를 만져본 다음에 그것이 곧다고 느낄 것이다.

버클리가 하루 온종일 자신의 비유물론을 옹호하는 데 매달린 것은 아니었다. 그의 인생에는 그보다 훨씬 더 중요한 일이 있었다. 그는 사교적이고 호감을 주는 인물이었고, 친구들 중에는 『걸리버 여행기Gulliver's Travels』를 쓴 조너선 스위프트도 있었다. 만

년에 버클리는 버뮤다 섬에 대학을 설립하는 야심찬 계획을 세웠
고 이를 위해 상당한 자금을 모을 수 있었다. 안타깝게도 이 계획은
실패했다. 버뮤다 섬이 미국 본토에서 얼마나 멀리 떨어져 있고 그
곳에서 물자를 얻기가 얼마나 어려운지 깨닫지 못했던 것도 실패
한 이유 중 하나였다. 하지만 사후에 그는 미국 서부에 자신의 이름
을 딴 대학을 갖게 되었다. 바로 캘리포니아의 버클리 대학교이다.
이는 버클리가 미국에 관해 쓴 시에서 비롯되었다. 시에서 '제국은
늘 서쪽으로 향했지Westward the course of empire takes its way'라는 구절이
대학 설립자들 중 한 사람에게 깊은 인상을 주었기 때문이다.

아마도 버클리의 비유물론보다 더 이상한 것은 만년에 타르
수용액을 널리 알리려 했던 그의 열정일 것이다. 타르 수용액은
소나무 타르와 물로 만든 미국의 민간요법인데, 거의 모든 질병
을 낫게 하는 것으로 알려졌다. 심지어 그는 이 약이 얼마나 놀라
운지에 대해 긴 시까지 썼다. 한동안 타르 수용액은 인기를 끌었
고 간단한 살균 효과가 있어서 경미한 질병에 효과가 있었을지도
모르지만, 당연히 지금은 대중적인 치료제가 아니다. 버클리의
관념론 역시 마찬가지다.

버클리는 논증이 어디로 향하든, 심지어 상식에 반하는 결론
에 이를 듯한 경우에도 기꺼이 따르려 했던 철학자의 전형이다.
그와 달리 볼테르는 이런 유형의 사상가나, 사실 대부분의 철학
자에게 별 관심이 없었다.

CHAPTER 16

이 세상은 가능한 최선의 세계?

볼테르와 고트프리트 라이프니츠

만약 당신이 세계를 설계했다면 과연 이런 식으로 했을 것인가? 아마도 아닐 것이다. 하지만 18세기에 그들의 세상이 모든 가능한 세계 중에 최선의 세계라고 주장하는 사람들이 있었다. 영국의 시인 알렉산더 포프(1688~1744)는 '존재하는 것은 무엇이든 옳다'고 단언했다. 세계의 모든 것이 존재하는 데는 나름의 이유가 있다. 모든 것은 신의 행위이며, 신은 선하고 전능하다. 따라서 일이 잘못되는 것처럼 보인다고 해도 사실은 그렇지 않다. 질병, 홍수, 지진, 산불, 가뭄 등은 모두 신의 계획 중 일부일 뿐이다. 우리의 잘못은 좀 더 큰 그림이 아니라 개별적인 세부 사항에 과도하게 집중하는 것이다. 뒤로 물러서서 신이 앉아 있는 곳에서 우주를 바라본다면 우주의 완벽함, 즉 어떻게 각 부분이 서로 조화를 이루고 악으로 보이는 모든 것이 실제로는 더 큰 계획의 일부인지를 깨닫게 될 것이다.

낙관론을 표방한 인물이 포프만은 아니었다. 독일의 철학자 고트프리트 빌헬름 라이프니츠(1646~1716)는 그의 충족이유율Principle of Sufficient Reason을 이용해서 같은 결론에 도달했다. 그는 모든 것에는 반드시 논리적 설명이 있어야 한다고 생각했다. 신은 모든 면에서 완벽하다는 신에 대한 표준적인 정의를 구성하는 조건에 따르면 신은 자신이 설계했던 정확히 그 형태로 우주를 만들 충분한 이유가 있었던 것이 틀림없다는 결론에 도달한다. 우연에 맡겨진 것은 아무것도 없을 것이다. 신은 모든 면에서 절대적으로 완전한 세계를 창조하지 않았다. 그랬다면 세계를 신으로 만들었을 것이다. 왜냐하면 신은 존재하거나 존재할 수 있는 가장 완전한 존재이기 때문이다. 하지만 신은 모든 가능한 세계 중에 최선의 세계, 즉 그런 결과를 이루기 위해 최소한의 악이 필요한 세계를 만든 것임에 틀림없다. 여러 부분을 결합하는 데 이보다 나은 방법은 없었을 것이다. 그 어떤 설계도 더 적은 악을 사용해서 더 많은 선을 만들어내지는 못했을 것이다.

볼테르라는 이름으로 더 잘 알려진 프랑수아 마리 아루에(1694~1778)는 그렇게 생각하지 않았다. 그는 모든 것이 순조롭게 돌아가고 있다는 이 '증거proof'에서 어떤 위안도 얻지 못했다. 볼테르는 철학 체계와 스스로 모든 답을 갖고 있다고 믿는 사상가 부류에 깊은 의혹을 품었다. 프랑스의 극작가이자 풍자 작가, 소설가, 사상가로서 볼테르는 그 솔직한 견해로 유럽 전역에서 잘 알려져 있었다. 장 앙투안 우동이 만든 볼테르의 가장 유명한 조각상은 재치 넘치고 용감한 그의 굳게 다문 입가의 미소와 잔주름을 정확히 포착하고 있다. 표현의 자유와 종교적 관용을 옹호했던 볼테르는 논란을 불러일으키는 인물이었다. 예를 들어 그는 이렇게 선언했다고 알려져 있다.

"나는 당신 말을 몹시 싫어하지만, 당신이 그 말을 할 권리는 사력을 다해 옹호할 것이다."

이는 당신이 경멸하는 의견이라고 해도 들어볼 가치가 있다는 생각을 강력히 옹호한 입장이다. 하지만 18세기 유럽에서는 가톨릭교회가 출판물을 엄격하게 통제했다. 볼테르의 많은 희곡과 책은 검열되고 공개적으로 불태워졌다. 심지어 한 유력한 귀족을 모욕했다는 이유로 파리의 바스티유 감옥에 갇히기도 했다. 하지만 그 무엇도 볼테르가 주변 사람들의 편견과 허세에 도전하는 것을 막지 못했다. 비록 오늘날 그는 소설 『캉디드Candide』(1759)의 작가로 가장 잘 알려져 있지만 말이다.

이 짧은 철학적 소설에서 볼테르는 라이프니츠와 포프가 표방했던 인간과 우주에 대한 낙관론을 철저히 무너뜨렸다. 그것을 아주 흥미로운 방식으로 전개한 덕분에 이 책은 순식간에 베스트셀러가 되었다. 현명하게도 볼테르는 책 표지에서 자신의 이름을 빼버렸다. 그러지 않았다면 그는 종교적 믿음을 조롱했다는 이유로 다시 감옥에 갇혔을 것이다.

소설의 주인공은 캉디드이다. 그 이름에서 천진난만함과 순수함이 연상된다. 시작 부분에서 젊은 하인 캉디드는 속수무책으로 주인의 딸 퀴네공드와 사랑에 빠지고, 그녀와 낯 뜨거운 상황을 벌이다가 들켜서 그녀 아버지의 성에서 쫓겨난다. 그때부터 빠르게 진행되는, 종종 환상적인 이야기 속에서 캉디드는 그의 철학 가정교사 팡글로스와 함께 현실의 여러 나라와 상상의 나라들을 두루 여행하다가 마침내 잃어버린 연인 퀴네공드를 다시 만나지만 이제 그녀는 늙고 볼품이 없다. 우스운 에피소드가 이어지는 과정에서 캉디드와 팡글로스는 끔찍한 사건들을 목격하고 지독한 불행에 시달리는 다양한 인물들을 만난다.

볼테르는 철학 가정교사 팡글로스를 통해 라이프니츠의 철학을 희화화하여 보여주고는 한껏 조롱한다. 자연재해, 고문, 전쟁, 강간, 종교적 박해, 노예제도 등 무슨 일이 일어나든지 간에 팡글로스는 그것을 우리가 모든 가능한 세계 중에서 최선의 세계에 살고 있다는 추가 확인으로 받아들인다. 이런 재난들은 팡글로스로 하여금 자신의 믿음을 다시 생각해보도록 하는 게 아니라 오히려 모든 것이 최선의 선택이며 이것이야말로 가장 완전한 상황을 만들기 위해 사물들이 존재해야 하는 방식이라는 그의 확신을 높여줄 뿐이다. 볼테르는 자기 앞에 무엇이 있는지 보려 하지 않는 팡글로스의 모습을 폭로하는 데서 커다란 즐거움을 느낀다. 이것은 라이프니츠의 낙관론을 조롱하려는 의도이다. 하지만 라이프니츠의 입장을 감안하여 공정하게 말하자면, 그의 주장은 악이 발생하지 않는다는 게 아니라 가능한 최선의 세계를 만들기 위해서 이미 존재하고 있는 악이 필요했다는 것이다. 하지만 세계에는 너무나 많은 악이 존재하고 있어서 라이프니츠가 옳았을 것 같지 않다는 인상을 준다. 악의 존재가 좋은 결과를 얻기 위해 필요한 최소한의 조건이 될 수 없기 때문이다. 라이프니츠의 주장이 옳다고 하기엔 세계에 너무 많은 고통과 고난이 존재한다.

1755년에 18세기 최악의 자연재해가 발생했다. 2만 명 이상이 사망한 리스본 대지진이었다. 지진에 이어 쓰나미가 발생하고 다시 며칠 동안 화마가 휩쓸면서 도시가 파괴되었다. 고통과 인명 손실은 신에 대한 볼테르의 믿음을 뒤흔들었다. 어떻게 이런 일이 더 큰 계획의 일부가 될 수 있는지 이해할 수 없었다. 고통의 규모는 도저히 말이 되지 않았다. 선한 신이 무슨 이유로 이런 일이 벌어지도록 허락한단 말인가? 뿐만 아니라 리스본이 표적이 된 이유를 이해할 수 없었다. 어째서 다른 곳이 아니라 거기란 말인가?

『캉디드』의 핵심 에피소드에서 볼테르는 낙관론자들에 반대하는 자신의 주장을 펼치기 위해 이 비극적인 실화를 이용했다. 폭풍으로 리스본 근처에서 배가 난파되면서 배에 타고 있던 거의 모든 승객이 죽는다. 승무원 가운데 유일한 생존자는 그들의 친구 중 한 명을 분명히 고의로 익사시킨 선원이었다. 이처럼 정의가 명백히 실종되었음에도 팡글로스는 여전히 모든 일을 철학적 낙관론이라는 필터를 통해 본다. 지진으로 도시가 파괴되고 주변에서 수만 명이 죽거나 죽어가고 있는 상황에서 리스본에 도착한 팡글로스는 어처구니없게도 모든 것이 괜찮다고 계속 주장한다. 소설의 나머지 부분에서 팡글로스의 상황은 훨씬 더 나빠진다. 그는 매달리고 산 채로 해부되고 구타당하고 갤리선의 노를 젓게 된다. 하지만 여전히 존재하는 모든 것에는 예정된 조화가 있다는 라이프니츠가 옳았다는 자신의 신념을 고수한다. 어떤 경험도 이 완고한 철학 가정교사에게 자신의 신념을 바꾸도록 하지는 못한다.

팡글로스와 달리 캉디드는 스스로 목격한 것에 의해 서서히 변화한다. 여정 초반만 해도 캉디드는 팡글로스의 견해에 공감하지만, 소설 후반부에서는 그때까지의 경험을 통해 모든 철학에 회의적인 입장이 되고 삶의 문제들에 대해 보다 실용적인 해결책을 선택한다.

캉디드와 퀴네공드는 재회하여 팡글로스를 포함한 여러 사람들과 함께 작은 농장에서 살아간다. 그중 마르탱이라는 인물은 삶을 견딜 만하게 만드는 유일한 방법은 철학적 사색을 멈추고 일을 시작하는 거라고 말한다. 처음으로 그들은 협력해나가며 각자 자신이 가장 잘하는 일을 맡는다. 팡글로스가 각자의 인생에서 벌어진 모든 나쁜 일은 이런 행복한 결말로 통하는 필요악이었다고 주장하기 시작하자 캉디드는 그에게 다 좋다면서 이렇게 덧붙인다.

"우리는 우리의 정원을 가꾸어야 한다."

이것은 소설의 마지막 대사이면서 독자에게 강력한 메시지를 전달하려는 의도를 담고 있다. 소설의 교훈이면서 이 긴 조롱의 핵심 문구이다. 이야기 속에서 표면적으로 캉디드는 그들이 농장 일을 시작해야 하며 계속 바쁘게 지낼 필요가 있다고만 말한다. 하지만 그 의미를 더 들여다보면 볼테르에게 우리의 정원을 가꾸는 것은 추상적인 철학적 담론이 아니라 인간에게 유용한 일에 대한 은유이다. 이야기 속 등장인물들이 성공하고 행복하기 위해 해야 하는 일이다. 볼테르는 이것이 단지 캉디드와 그의 친구들만 해야 하는 일이 아니라는 점을 강하게 암시한다. 우리 모두가 해야 할 일인 것이다.

볼테르는 부유하다는 점에서 철학자들 사이에서 이례적인 인물이었다. 젊은 시절 볼테르는 국가에서 발행한 복권의 허점을 발견하고는 수천 장의 당첨 복권을 구입한 모임의 일원이었다. 그는 현명하게 투자해서 큰 부자가 되었다. 덕분에 그는 자신이 믿는 대의를 옹호할 수 있는 재정적 자유를 얻었다. 볼테르에게는 불의를 뿌리 뽑겠다는 열정이 있었다. 그의 가장 인상적인 행동 중 하나는 장 칼라스를 옹호한 것이다. 장 칼라스는 자신의 아들을 살해했다는 이유로 고문당하고 사형에 처해졌다. 칼라스는 분명 무죄였다. 그의 아들은 자살했지만, 법정은 증거를 무시했다. 볼테르는 간신히 판결을 뒤집을 수 있었다. 숨이 끊어질 때까지 자신의 무죄를 주장했던 불쌍한 장 칼라스를 위로할 기회는 없었지만, 적어도 그의 '공범들'은 석방되었다. 볼테르에게는 이것이 '우리의 정원을 가꾸는 것cultivating our garden'의 실제 의미였다.

『캉디드』에서 신은 가능한 최선의 세계를 만들었다는 팡글로스의 '증거proof'를 조롱하는 방식을 보면서 볼테르가 무신론자라고 추측할 수도 있다. 사실 그는 기성 종교를 싫어했지만 이신론자, 즉 신의 존재와 설계에 대한 가시적인 증거가 자연 속에서 발견될 거라고 믿는 사람이었다. 볼테르가 보기에 창조주가 존재한다는 것을 증명하려면 밤하늘을 올려다보는 것만으로도 충분했다. 데이비드 흄은 이 견해에 아주 회의적이었다. 이런 추론 방식에 대한 흄의 비판은 가차 없었다.

CHAPTER 17

가상의 시계공

데이비드 흄

거울로 한쪽 눈을 들여다보자. 이미지에 초점을 맞추는 수정체, 빛의 양을 조절하는 홍채, 눈을 보호하기 위한 눈꺼풀과 속눈썹이 있다. 한쪽을 쳐다보면 안구가 안와에서 회전한다. 또한 아주 아름답기도 하다. 어떻게 이런 일이 일어났을까? 마치 놀라운 공학 같다. 어떻게 눈은 그저 우연히 이런 모습으로 나타날 수 있었을까?

황량한 섬의 정글을 헤매다가 빈터에 이르렀다고 상상해보자. 벽, 계단, 산책로, 정원이 있는 궁전의 무너진 잔해 위로 기어올라간다. 그 궁전이 그곳에 우연히 있었던 게 아니라는 것을 알고 있다. 건축가 같은 누군가가 있어서 궁전을 설계했을 것이 틀림없다. 산책하러 나갔다가 시계를 발견한다면 그것은 시계공이 만들었을 것이며 시계는 하나의 목적, 즉 시간을 알려주는 목적으로 설계되었다고 추정하는 것은 충분히 합리적이다. 그 아주 작은 톱니바퀴들이 저절로 딱 맞물린 것이 아니다. 누군가가 모든 걸 다 꼼꼼하게 생각해보았을 것이다. 이 모든 사례는 같은 것을 말하려는 듯 보인다. 설계된 것처럼 보이는 대상들은 거의 틀림없이 그렇게 설계되었다는 것이다.

그렇다면 자연을 생각해보자. 나무, 꽃, 포유동물, 새, 파충류, 벌레, 심지어 아메바까지 생각해보자. 역시나 설계된 것처럼 보인다. 생명체는 어떤 시계보다도 훨씬 더 복잡하다. 포유동물은 신경계가 복잡하고, 혈액이 몸 전체를 순환하며, 보통 그 서식지에 아주 잘 적응한다. 그러므로 분명히 매우 강력하고 지적인 창조주가 그것들을 만들었음에 틀림없다. 그 창조주, 즉 신성한 시계공Divine Watchmaker 혹은 신성한 설계자Divine Architect는 필시 신이었을 것이다. 또는 데이비드 흄이 글을 쓰고 있던 18세기에 많은 사람들이 생각했고 오늘날에도 일부 그렇게 생각하고 있는 바로 그 존재이다.

신의 존재에 대한 이 논증은 흔히 설계논증Design Argument이라고 알려져 있다. 17세기와 18세기의 새로운 과학적 발견들이 설계논증을 뒷받침하는 것처럼 보였다. 현미경은 작은 연못 동물들의 복잡한 구조를 드러내 보였고, 망원경은 태양계와 은하계의 아름다움과 규칙성을 보여주었다. 이런 것들 역시 아주 정교하게 만들어진 듯 보였다.

스코틀랜드의 철학자 데이비드 흄(1711~1776)은 확신이 없었다. 로크의 영향을 받은 흄은 우리가 지식을 습득하는 방법과 우리가 이성을 사용해서 배울 수 있는 것의 한계를 고찰함으로써 인간의 본성과 우주에서 우리의 위치를 설명하기 시작했다. 흄은 로크와 마찬가지로 우리의 지식이 관찰과 경험에서 온다고 믿었기 때문에 세계의 일부 측면에 대한 관찰에서 시작하는 신의 존재 논증에 특히 관심을 가졌다.

흄은 설계논증이 잘못된 논리에 근거한다고 믿었다. 그의 저서 『인간 오성에 관한 탐구Enquiry Concerning Human Understanding』(1748)에는 우리가 이런 식으로 신의 존재를 증명할 수 있다는 견해를 공격하는 부분이 있다. 그 부분과 더불어 기적을 목격한 사람들의 이야기를 믿는 것은 결코 합리적이지 않다고 주장하는 내용은 지극히 논쟁적이었다. 당시 영국에서는 종교적 믿음에 공개적으로 반대하기가 어려웠다. 따라서 흄은 당대의 위대한 사상가 중 한 명임에도 불구하고 결코 대학에서 자리를 얻지 못했다. 친구들은 신의 존재에 대한 일반적인 논증을 두고 흄의 가장 강력한 공격이 담긴 그의 저서 『자연종교에 관한 대화Dialogues Concerning Natural Religion』(1779)를 죽은 뒤에도 출간하지 말라면서 진심 어린 충고를 건넸다.

설계논증은 신의 존재를 증명하는가? 흄은 그렇지 않다고 생각했다. 설계논증은 전지전능하고 지극히 선한 존재가 실재한다고 결론을 내리기에 충분한 증거를 제시하지 못한다. 흄의 철학 대부분은 우리의 믿음을 뒷받침하기 위해 내놓을 수 있는 증거에 집중되어 있었다. 설계논증은 세계가 설계된 것처럼 보인다는 사실에 근거하고 있다. 하지만 흄은 단지 설계된 것처럼 보인다고 해서 정말로 설계되었다는 결론으로 이어지는 것은 아니며, 또한 신이 그 설계자라는 결론이 나오는 것도 아니라고 주장했다. 흄은 어떻게 그런 결론에 도달했을까?

칸막이로 일부 가려진 구식 저울을 상상해보자. 저울의 양쪽 접시 중에 한쪽만 볼 수 있다. 보이는 접시가 올라가면 반대편 접시에 무엇이 있든지 간에 그것이 보이는 접시 위에 있는 것보다 무겁다는 사실을 알 수 있을 뿐이다. 그것이 무슨 색인지, 육면체 모양인지 구 모양인지, 그 위에 글자가 쓰여 있는지, 털로 덮여 있는지 등에 대해서는 알 수 없다.

이 예에서 우리는 원인과 결과를 생각하고 있다. '무엇이 그 접시를 위로 올라가게 한 *원인*이 되었는가?'라는 질문에 '*원인*은 다른 접시 위에 있는 더 무거운 어떤 것이었다'라고 답할 수 있을 뿐이다. 우리는 접시가 위로 올라가는 *결과*를 보고 원인을 알아내려고 한다. 하지만 또 다른 증거가 없다면 더 말할 수 있는 게 없다. 무슨 말을 하든지 그것은 순전히 추측이고 칸막이 뒤를 볼 수 없다면 그것이 사실인지 아닌지 알아낼 방법이 없다. 흄은 우리도 주변 세계에 대해 비슷한 상황에 처해 있다고 생각했다. 우리는 다양한 원인의 결과를 보고 이런 결과가 나올 수 있는 가장 그럴듯한 설명을 내놓으려고 한다. 우리는 인간의 눈, 나무, 산을 본다. 그것들이 설계된 것처럼 보일 수 있다. 하지만 그것들을 설계했을 존재에 대해서는 무엇을 말할 수 있을까? 눈은 그 눈을 만든 자가 어떻게 하면 기능을 최대한 발휘하게 만들지 생각한 것처럼 보인다. 하지만 거기서 눈의 설계자가 신이었다는 결론으로 이어지는 것은 아니다. 왜 그럴까?

신은 일반적으로 이미 언급한 세 가지 특별한 힘을 가진 것으로 보인다. 그는 전능하고 전지하며 지극히 선하다. 아주 강력한 어떤 것이 인간의 눈을 만들었다는 결론에 이른다고 해도 그것이 전능하다고 말할 증거는 없다. 눈에는 몇 가지 결함이 있다. 눈이 나빠지면 제대로 보기 위해 안경이 필요하다. 과연 전지전능하고 지극히 선한 신이 눈을 이런 식으로 설계했을까? 그럴 수도 있을 것이다. 하지만 눈을 들여다보고 얻은 증거는 이런 점을 증명하지 못한다. 기껏해야 아주 지적이고 강력하며 기술이 뛰어난 어떤 것이 눈을 만들었다는 것을 보여줄 뿐이다.

하지만 과연 그 증거가 사실이 그렇다는 것을 보여주기는 하는가? 다른 설명들도 가능하다. 신보다 낮은 존재들이 모두 함께 모여서 눈을 설계하지 않았다고 우리가 어떻게 알 수 있겠는가? 대부분의 복잡한 기계는 여러 사람들의 손을 거쳐 조립된다. 그렇다면 눈이나 다른 자연 대상에 대해 같은 논리를 적용해서 모두 다 함께 만들었다고 가정하지 못할 이유가 무엇인가? 대다수의 건물은 여러 건설 노동자들의 손을 거쳐 지어진다. 그렇다면 눈은 달라야 하는 이유가 무엇인가? 아니면 눈은 아주 늙은 신에 의해 만들어졌고, 그 후에 신은 죽었을 수도 있다. 혹은 완전한 눈을 설계하는 법을 아직까지 배우고 있는 아주 젊은 신이 만들었을 수도 있다. 이 각기 다른 이야기 중에서 어느 하나로 결정할 증거가 없기 때문에 우리는 겉보기에 설계된 대상인 눈을 들여다보는 것만으로는 그것이 전통적인 힘을 가진 살아 있는 유일신에 의해 만들어졌다고 확신할 수 없다. 만약 이 부분을 명확하게 생각할 수 있다면 끌어낼 수 있는 결론이 아주 제한적일 거라고 흄은 믿었다.

흄이 공격한 또 다른 논증은 기적논증Argument from Miracles이었다. 대부분의 종교는 기적이 일어났다고 주장한다. 사람들이 살아나거나 물 위를 걷거나 돌연 병에서 회복되기도 하고, 조각상이 말을 하거나 우는 등 그 사례는 일일이 다 열거할 수 없다. 하지만 사람들이 기적이 일어났다고 말한다고 해서 우리가 그것을 믿어야 하는 걸까? 흄은 그래서는 안 된다고 생각했다. 그는 그런 생각에 대해 아주 회의적이었다. 만약 누군가가 당신에게 어떤 사람이 병에서 기적적으로 회복했다고 말한다면 그것은 무슨 의미일까? 흄이 생각하기에 어떤 것이 기적이 되려면 자연법칙을 거슬러야 했다. 자연법칙은 '어느 누구도 죽고 나서 다시 살아나지 않는다', '조각상은 절대 말하지 않는다', '아무도 물 위를 걸을 수 없다' 같은 것이다. 이런 자연법칙이 성립하는 수많은 증거가 있다. 하지만 누군가가 기적을 목격한다면 왜 우리는 그들을 믿지 말아야 하는 걸까? 친구가 지금 방으로 뛰어 들어와서 누군가가 물 위를 걷는 모습을 보았다고 말하면 뭐라고 말할지 생각해 보라.

흄의 견해는 무슨 일이 벌어지고 있는지를 두고 항상 더 그럴듯한 설명이 있다는 것이다. 친구가 누군가가 물 위를 걷는 모습을 보았다고 말한다면 진짜 기적을 목격했다기보다는 당신을 속이거나 스스로 착각했을 가능성이 항상 더 높다. 우리는 언제나 관심의 중심에 있고 싶고, 그러기 위해서 거짓말을 할 각오가 된 사람들이 있다는 것을 알고 있다. 따라서 그것은 가능한 설명 중 하나이다. 하지만 우리 모두가 착각할 수 있다는 것도 알고 있다. 우리는 보고 듣는 것에 대해 항상 실수를 한다. 종종 우리는 특이한 것을 보았다고 믿고 싶어서 더 분명한 설명을 피한다. 오늘날에도 밤늦게 설명할 수 없는 소리가 들릴 때마다 쥐나 바람처럼 좀 더 일상적인 원인 때문이 아니라 배회하는 유령처럼 초자연적인 행위의 결과라고 속단하는 사람이 많다.

종교 신자들이 사용한 논증을 자주 비판했음에도 불구하고 흄은 결코 자신이 무신론자라고 공개적으로 밝히지 않았다. 그는 무신론자가 아니었을지도 모른다. 그가 밝힌 견해는 삼라만상의 배후에는 신성한 지성이 있고, 단지 우리는 그 신성한 지성의 특징에 대해 결코 충분히 말할 수 없을 것이라는 주장으로 읽을 수 있다. 우리가 가진 이성의 힘을 논리적으로 사용한다고 해도 이 '신God'이 필시 어떤 자질을 가지고 있을지에 대해 많을 것을 알 수 없다. 이를 근거로 일부 철학자들은 흄이 불가지론자였다고 생각한다. 하지만 말년에 이르러, 비록 그 전에는 밝히기를 꺼린 듯했으나 아마 무신론자였을 것이다. 흄은 죽음을 앞둔 1776년 여름에 친구들이 에든버러로 찾아왔을 때 임종 전 개종을 할 생각이 없다는 점을 분명히 밝혔다. 오히려 그 반대였다. 기독교도인 제임스 보즈웰(영국의 전기 작가 - 옮긴이)이 흄에게 죽은 후에 무슨 일이 일어날지 걱정되지 않느냐고 물었다. 흄은 죽은 뒤에 살아

날 거라는 기대는 전혀 갖고 있지 않다고 말했다. 그는 에피쿠로스('챕터 4' 참조)가 했을 법한 답변을 했다. 자신이 태어나기 이전에 존재했던 시간에 대해 걱정하지 않듯이 자신이 죽은 이후의 시간에 대해서도 걱정하지 않는다고 했다.

흄이 살던 시대에는 뛰어난 사람이 많았고, 그는 그 가운데 많은 이들과 개인적인 친분이 있었다. 그중 한 명인 장 자크 루소는 정치철학에 중대한 영향을 미쳤다.

CHAPTER 18

자유롭게 태어나다

장 자크 루소

    1766년 긴 모피 코트를 입은 검은 눈의 키 작은 남자가 런던의 드루어리 레인 극장에 연극을 보러 갔다. 영국 국왕 조지 3세를 비롯해 그곳에 있는 사람들 대부분은 무대에서 공연 중인 연극보다 이 외국인 방문객에게 관심을 보였다. 그는 불편해 보였고 방에 가둬둔 셰퍼드를 걱정하고 있었다. 이 남자는 극장에서 자신에게 쏟아지는 관심을 즐기지 않았고, 시골 어딘가에서 홀로 야생화를 찾는 편이 훨씬 더 행복했을 것이다. 그는 누구였을까? 그리고 모든 사람이 그를 그렇게 매력적인 인물이라고 생각한 이유는 무엇이었을까? 이 남자는 스위스의 위대한 사상가이자 작가인 장 자크 루소(1712~1778)였다. 문학과 철학에 반향을 불러일으킨 루소가 데이비드 흄의 초대로 런던에 도착했을 때 오늘날 유명 팝스타의 등장에 버금가는 소동이 벌어졌고 수많은 군중이 몰렸다.

이때까지 가톨릭교회는 비정통적인 종교적 관념을 포함하고 있다는 이유를 들어 루소의 책들 중 일부에 대해 금지령을 내렸다. 루소는 진정한 종교는 마음에서 우러나오는 것이며 종교적 의식이 필요하지 않다고 믿었다. 그런데 가장 큰 문제를 일으킨 것은 그의 정치사상이었다.

루소는 저서 『사회계약론The Social Contract』(1762)의 첫머리에서 '인간은 자유롭게 태어났지만, 어디서나 쇠사슬에 매여 있다'고 단언했다. 혁명가들이 이 문구를 외운 것은 전혀 놀라운 일이 아니다. 프랑스 혁명을 이끈 많은 사람들과 마찬가지로 막시밀리앙 로베스피에르도 이 문구에서 영감을 받았다. 혁명가들은 부유한 자들이 수많은 가난한 자들에게 묶어놓은 쇠사슬을 끊어내고 싶었다. 일부 가난한 자들은 부유한 주인들이 사치스러운 생활을 누리는 동안 굶주리고 있었다. 루소와 마찬가지로 혁명가들은 가난한 자들이 충분한 먹거리를 찾을 수 없는 동안 부유한 자들이 보인 처신에 분노했다. 그들은 평등과 형제애와 더불어 진정한 자유를 원했다. 하지만 10년 전에 죽은 루소가 적들을 단두대에 보낸 로베스피에르의 '공포정치reign of terror'를 찬성했을 것 같지는 않다. 반대 세력의 머리를 자르는 것은 루소보다 마키아벨리의 정신에 더 가까웠다.

루소에 따르면 인간의 천성은 선하다. 마음대로 할 수 있는 상태에서 숲에서 살면 우리는 많은 문제를 일으키지 않을 것이다. 하지만 자연 상태에서 벗어나 도시에 살게 하면 상황이 나빠지기 시작한다. 우리는 다른 사람을 지배하려 하고 타인의 주목을 받는 데 집착하게 된다. 이런 경쟁적인 삶의 방식은 심각한 심리적 영향을 미치고, 화폐의 발명은 상황을 더욱 악화시킬 뿐이다. 질투와 탐욕은 도시에서 함께 산 결과였다. 야생에서 개개의 '고귀한 야만인noble savages'은 건강하고 강인하며 무엇보다 자유로울 테지만, 문명은 인간을 타락시키는 것 같다고 루소는 생각했다. 그럼에도 불구하고 개인들이 성공하고 성취감을 느끼게 하면서 공동선을 위해 노력하는 모든 사람이 조화를 이룰 수 있는 사회를 조직하는 더 나은 방법을 찾을 수 있다고 낙관했다.

루소가 『사회계약론』에서 제기한 문제는 모든 사람이 국가의 법은 지키면서 사회 밖에 있을 때만큼 자유롭게 함께 살 수 있는 방법을 찾는 것이었다. 이것은 해내기 불가능한 일처럼 들린다. 어쩌면 그럴 것이다. 하지만 사회 구성원이 되는 대가가 일종의 노예 상태라면 너무 비싼 대가라서 치를 수 없을 것이다. 사회가 부과하는 엄격한 규칙과 자유는 양립할 수 없다. 규칙은 일정 유형의 행동을 막는 쇠사슬 같은 것일 수 있기 때문이다. 하지만 루소는 해결책이 있다고 믿었다. 그의 해결책은 일반의지General Will라는 개념에 근거를 두고 있었다.

일반의지는 공동체 전체, 국가 전체를 위해 최선인 것이다. 사람들이 보호받기 위해 함께 모이기로 결정했다면 각자 자유의 많은 부분을 포기해야 할 듯하다. 홉스와 로크 모두 그렇게 생각했다. 우리가 어떻게 여전히 자유로운 채로 많은 사람들 속에서 살아갈 수 있을지 알기는 어렵다. 거기에는 모든 사람을 견제하는 법과 일부 행동 제약이 있어야 한다. 하지만 루소는 국가 안에서 살아가는 한 개인으로서 자유로운 동시에 국가의 법을 준수할 수 있으며, 이런 자유와 복종의 관념은 서로 대립하는 게 아니라 결합할 수 있다고 믿었다.

루소가 말한 일반의지는 오해하기 쉽다. 현대적인 예를 들어보자. 사람들에게 물어보면 대부분은 세금을 많이 내지 않아도 되는 쪽을 선호한다. 사실 그것이 정부가 선출되는 일반적인 방식이다. 정부는 그저 세율을 낮추겠다고 약속할 뿐이다. 세금으로 소득의 20퍼센트를 내는 것과 소득의 5퍼센트를 내는 것 중에 선택하라면 대다수는 더 낮은 5퍼센트 세율 쪽을 선호할 것이다. 하지만 그런 것은 일반의지가 아니다. 질문했을 때 모두가 원한다고 답한 것은 루소가 말한 전체의지Will of All이다. 그에 반해 일반의지는 그들이 원해야 하는 것, 즉 공동체 안에서 이기적으로 생각하는 개인을 위한 것이 아니라 공동체 전체를 위해 좋은 것이다. 일반의지를 이해하려면 사리사욕을 무시하고 사회 전체의 선, 즉 공동선에 초점을 맞춰야 한다. 도로 유지·보수 같은 여러 공공서비스의 비용을 세금에서 지급해야 한다는 것을 받아들인다면 그렇게 할 수 있을 만큼 세금이 높은 것은 공동체 전체를 위해 좋은 일이다. 세금이 너무 낮으면 사회 전체가 고통을 겪을 것이다. 바로 그것이 일반의지이다. 즉 적절한 수준의 공공서비스를 제공할 수 있을 만큼 세금은 높아야 하는 것이다.

사람들이 모여 사회를 형성하면 그들은 일종의 인격체가 된다. 이 경우 각 개인은 더 큰 전체의 일부이다. 루소가 생각하기에 사람들이 사회에서 진정 자유롭게 지닐 수 있는 방법은 일반의지와 일맥상통하는 법을 지키는 것이다. 이들 법은 현명한 입법자들에 의해 만들어졌다. 입법자의 역할은 개인들이 타인의 희생을 대가로 이기적인 이익을 추구하지 않고 일반의지와 일치하는 행동을 하도록 돕는 법률제도를 만드는 것이다. 루소에게 진정한 자유란 공동체의 이익이 되는 행동을 하는 집단의 일원이 되는 것이다. 개인이 바라는 것은 모두를 위해 최선인 것과 일치해야 하며, 법은 개인이 이기적으로 행동하지 않도록 도와야 한다.

하지만 만약 자신이 속한 도시국가의 이익에 최선인 것을 반대한다면 어떻게 될까? 개인으로서 일반의지에 따르고 싶지 않을 수도 있다. 루소에게는 그에 대한 답이 있었다. 하지만 대부분의 사람들이 듣고 싶어 하는 대답은 아니었다. 만약 누군가가 법을 준수하는 것이 공동체의 이익에 부합한다는 것을 깨닫지 못한다면 그 사람은 '자유롭도록 강제되어야forced to be free' 한다는 주장은 유명하지만 다소 당황스러운 면이 있다. 자신이 속한 사회에 정말 이익이 되는 것을 반대한 사람은 스스로는 자유롭게 선택하고 있다고 느낄 수 있지만, 일반의지를 따르고 순응하지 않았다면 진정으로 자유롭지 않을 거라는 취지이다. 어떻게 누군가를 자유롭도록 강제할 수 있을까? 만약 내가 당신에게 이 책의 나머지 부분을 읽도록 강요한다면 그것은 당신의 자유로운 선택이 아닐 것이다. 그렇지 않은가? 누군가에게 무엇을 하라고 확실히 강요하는 것은 자유로운 선택을 하도록 내버려두는 것과 반대되는 일이다.

하지만 루소에게 이것은 모순이 아니었다. 마땅히 해야 할 일을 분별하지 못하는 사람은 그것을 따르도록 강제됨으로써 더 자유로워질 것이다. 한 사회의 모든 사람이 더 큰 집단의 일원이기 때문에 우리가 할 일은 각자의 이기적인 선택을 따르는 게 아니라 일반의지를 따라야 한다는 것을 깨닫는 것이다. 이 관점에서는 우리가 오로지 일반의지를 따를 때에만 자유롭다. 비록 일반의지를 따르도록 강요를 받는다고 해도 말이다. 그것이 루소의 신념이다. 하지만 존 스튜어트 밀('챕터 24' 참조)을 비롯해 이후 많은 사상가는, 정치적 자유는 가급적 개인이 스스로 선택할 수 있는 자유가 되어야 한다고 주장했다. 사실 루소의 견해에는 다소 악의적인 면이 있다. 쇠사슬에 매여 있는 인간의 처지에 대해 불만을 토로하면서도 누군가가 무엇을 하도록 강요하는 것이 또 다른 종류의 자유라고 주장했기 때문이다.

루소는 인생의 대부분을 박해를 피해 여러 나라를 떠돌며 보냈다. 그와 달리 임마누엘 칸트는 고향을 거의 떠나지 않았지만, 그의 사상은 유럽 전역에서 감지되었다.

CHAPTER 19

장밋빛 실재

임마누엘 칸트 1

만약 당신이 장밋빛 안경을 쓰고 있다면 시각적 경험의 모든 측면이 장밋빛으로 채색될 것이다. 안경을 쓰고 있다는 것을 잊을 수도 있지만, 안경이 당신이 보는 것에 미치는 영향은 여전할 것이다. 임마누엘 칸트(1724~1804)는 우리 모두가 이와 같은 필터로 세상을 이해하고 다닌다고 믿었다. 그 필터는 인간의 정신이다. 그것은 우리가 모든 것을 어떻게 경험하는지 결정하고 그 경험에 일정한 형태를 부여한다. 우리가 인식하는 모든 것은 시간과 공간에서 발생하고, 모든 변화에는 원인이 있다. 하지만 칸트에 따르면 그것은 실재의 궁극적인 존재 방식 때문이 아니라 우리의 정신이 관여하기 때문이다. 우리는 세계가 존재하는 방식에 직접 접근할 수 없다. 또한 우리는 안경을 벗고 진짜 있는 그대로의 사물을 볼 수도 없다. 우리는 이 필터를 떼어낼 수 없고, 그것이 없다면 결코 아무런 경험도 못할 것이다. 우리가 할 수 있는 거라곤 필터가 있다는 것을 깨닫고 그것이 우리의 경험에 어떻게 작용하고 영향을 미치는지 이해하는 것뿐이다.

칸트 자신의 정신은 아주 정연하고 논리적이었다. 그의 삶도 그러했다. 그는 한 번도 결혼을 하지 않았고, 매일 엄격한 생활 방식을 고수했다. 시간을 낭비하지 않기 위해 하인에게 새벽 5시에 깨우도록 했다. 그러면 잠자리에서 일어나 차를 마시고 파이프 담배를 피운 뒤 일을 시작했다. 그는 아주 다작하는 작가여서 수많은 책과 에세이를 썼다. 그런 다음 대학에서 강의를 했다. 매일 정확히 같은 시각인 오후 4시 30분에 산책을 나서서 자신이 살고 있는 거리를 정확히 여덟 번 왕복했다. 그의 고향 쾨니히스베르크(지금의 칼리닌그라드) 사람들은 그의 산책 시간에 시계를 맞추곤 했다.

대부분의 철학자들처럼 칸트는 우리와 실재와의 관계를 이해하려고 애썼다. 이는 본질적으로 형이상학의 주제였고, 칸트는 지금껏 존재한 가장 위대한 형이상학자들 중 한 명이었다. 그는 특히 사유의 한계, 즉 우리가 알 수 있고 이해할 수 있는 한계에 관심을 가졌다. 칸트는 이 문제에 집착했다. 그의 가장 유명한 저서인 『순수이성비판The Critique of Pure Reason』(1781)에서 칸트는 사유의 한계를 탐구하며 이해할 수 있는 것의 경계까지 밀고 나갔다. 결코 쉽게 읽을 만한 책이 아니다. 칸트는 건조하고 모호한 책이라고 설명했는데, 그의 말이 맞다. 그 내용을 전부 이해했다고 주장하는 사람은 거의 없을 것이며, 추론의 대부분은 복잡하고 전문 용어로 가득하다. 이 책을 읽는 것은 어디로 가는지 전혀 알지 못한 채 햇빛도 거의 들지 않는 상황에서 단어가 빽빽하게 들어찬 덤불 속에서 발버둥치는 것 같다. 하지만 핵심 논증은 충분히 명확하다.

실재는 어떤 모습일까? 칸트는 우리가 결코 사물의 존재 방식을 완전히 파악할 수는 없다고 생각했다. 우리는 칸트가 말한 *예지계*, 즉 현상 이면에 존재하는 것에 대해 어떤 것도 직접적으로 알지 못할 것이다. 칸트는 단수로 '예지체noumenon'라고 쓰기도 하고 복수로 '예지체들noumena'이라고도 썼지만, 그러지 말았어야 했다(헤겔 역시 이 점을 지적했다. '챕터 22' 참조). 우리는 실재가 하나인지, 아니면 여럿인지 알 수 없다. 엄밀히 말하자면 우리는 이 예지계에 대해 아무것도 알 수 없다. 최소한 그에 관한 정보도 직접 얻을 수 없다. 하지만 우리는 현상계, 즉 우리 주변의 세계와 우리가 감각을 통해 경험하는 세계에 대해서는 알 수 *있다.* 창밖을 내다보자. 당신이 볼 수 있는 것은 현상계, 즉 잔디, 자동차들, 하늘, 건물들 등이다. 예지계는 볼 수 없고 오로지 현상계만 볼 수 있다. 하지만 예지계는 우리의 모든 경험 이면에 숨어 있다. 더 깊은 차원에 존재하는 것이다.

그렇다면 존재하는 것의 일부 측면은 항상 우리가 이해할 수 있는 범위 밖에 있을 것이다. 하지만 우리는 순수하게 과학적인 방식으로 얻을 수 있는 것보다 엄밀한 사유에 의해 더 폭넓게 이해할 수 있다. 칸트가 『순수이성비판』에서 답하기 위해 스스로에게 던진 핵심 질문은 이것이다.

'선험적인 종합적 지식은 어떻게 가능할까?'

아마도 이 질문이 이해되지 않을 것이다. 약간의 설명이 필요할 것이다. 하지만 핵심 사상은 처음에 생각한 것만큼 어렵지 않다. 첫 번째로 설명할 단어는 '종합적synthetic'이다. 칸트의 철학 용어에서 '종합적'은 '분석적analytic'의 반대말이다. '분석적'이란 뜻은 정의에 의해 참이라는 의미이다. 예를 들어 '모든 남자는 남성이다'라는 문장은 정의에 의해 참이다. 즉 현실의 남자들을 관찰하지 않고도 이 문장이 참이라는 것을 알 수 있다는 의미이다. 그들이 남성이 아니라면 남자일 수 없기 때문에 모두 남성인지를 확인할 필요가 없다. 이 결론에 도달하기 위해 현상 조사를 할 필요도 없고, 안락의자에 앉아서 알아낼 수 있다. '남자'라는 단어는 그 안에 남성이라는 관념을 포함하고 있다. '모든 포유동물은 새끼에게 젖을 먹인다'라는 문장도 마찬가지다. 여기서도 새끼에게 젖을 먹이는지 알기 위해 모든 포유동물을 살펴볼 필요는 없다. 그것은 포유동물의 정의의 일부이기 때문이다. 포유동물처럼 보이지만 새끼에게 젖을 주지 않는 동물을 발견했다면 그것은 포유동물일 수 없다는 것을 알 것이다. 분석적 진술은 실제로는 정의에만 관련된 것이어서 어떤 새로운 정보도 주지 않는다. 우리가 한 단어를 정의한 방식에서 가정한 것을 상세히 설명할 뿐이다.

그와 대조적으로 종합적 지식은 경험이나 관찰이 필요하고 우리에게 새로운 정보, 즉 단순히 우리가 사용하는 상징이나 단어의 의미에 포함되지 않은 정보를 준다. 예를 들어 우리는 레몬이 쓴맛이 나는 것을 오직 맛보고 난 다음에야(혹은 누군가가 우리에게 레몬을 맛본 경험을 말해주기 때문에) 알게 된다. 레몬은 쓴맛이 난다는 것은 정의에 의해 참이 아니다. 경험을 통해 알게 되는 것이다. '모든 고양이는 꼬리가 있다'도 종합적 진술이다. 이 진술이 참인지 아닌지를 알기 위해 조사해볼 필요가 있다. 직접 살펴보고 확인하기 전까지는 알 수 없다. 사실 맹크스고양이처럼 꼬리가 없는 고양이도 있다. 꼬리를 잃었지만 여전히 고양이인 경우도 있다. 그렇다면 모든 고양이는 꼬리가 있는가의 문제는 '고양이'의 정의가 아니라 세계에 대한 사실의 문제이다. '모든 고양이는 포유동물이다'라는 진술과는 아주 다르다. 이 진술은 단지 정의의 문제일 뿐이므로 분석적 진술이다.

그렇다면 선험적인 종합적 지식은 무엇일까? 앞서 살펴보았듯이 선험적 지식은 경험의 영향을 받지 않는 지식이다. 우리는 선험적 지식을 경험에 앞서, 즉 우리가 경험을 하기 *전에* 알고 있다. 17세기와 18세기에는 우리가 어떤 것을 선험적으로 알고 있는가를 놓고 논쟁이 벌어졌다. 대략적으로 말하자면, 로크와 같은 경험론자들은 선험적으로 알 수 없다고 생각한 반면 데카르트와 합리론자들은 선험적으로 알 수 있다고 생각했다. 로크가 선천적 관념은 없고 아이의 정신은 백지상태와 같다고 단언한 것은 선험적 지식이 없다는 주장이었다. 이것은 마치 '선험적'이라는 뜻이 '분석적'이라는 것과 같은 의미처럼 들린다(일부 철학자들에게 이 두 용어는 상호 대체가 가능하다). 하지만 칸트에게는 그렇지 않았다. 그는 세계에 대한 진실을 드러내면서도 경험의 영향을 받지 않고 얻을 수 있는 지식이 있을 거라고 생각했다. 칸트가 선험적인 종합적 지식이라는 특수한 범주를 도입한 이유이다. 칸트 자신이 사용한 선험적인 종합적 지식의 예는 '7+5=12'라는 수학 등식이다. 많은 철학자는 그런 진리들은 분석적, 즉 수학적 기호들에 대한 정의의 문제라고 생각했지만, 칸트는 우리가 '7+5'가 '12'와 같다는 것을 선험적으로 알 수 있다고 믿었다(우리는 이것을 세계에서 관찰한 사실이나 사물들과 비교해서 확인할 필요가 없다). 하지만 동시에 우리에게 새로운 지식을 준다. 즉 종합적인 진술인 것이다.

만약 칸트의 말이 옳다면 이것은 하나의 돌파구인 셈이다. 칸트 이전에 실재의 본질을 탐구했던 철학자들은 그것을 단지 우리의 경험을 유발하지만 우리가 알 수 없는 어떤 것으로 취급했다. 그렇다면 문제는 그 실재에 대해 단순히 추측 이상의 의미 있는 것을 말하기 위해 과연 어떻게 그 실재에 접근할 수 있는가 하는 것이다. 칸트의 위대한 통찰력은 우리가 이성의 힘에 의해 우리의 모든 경험에 영향을 미치는 우리 정신의 특징을 알아낼 수 있다고 한 것이다. 안락의자에 앉아 골똘히 생각하는 상태에서 우리는 참이어야 하지만 단지 정의에 의해 참이 아닌 실재에 관한 사실들을 발견할 수 있다. 이 사실들은 정보를 줄 수 있다. 칸트는 논리적 논증에 의해 세계가 반드시 우리에게 핑크빛으로 보여야 한다는 것을 증명한 것과 동등한 일을 했다고 믿었다. 칸트는 우리가 장밋빛 안경을 쓰고 있다는 것을 증명했을 뿐만 아니라 이 안경으로 인해 모든 경험에 채색된 다양한 핑크빛 색상에 관한 새로운 사실들을 알아냈다.

스스로 만족할 만큼 우리와 실재와의 관계에 관한 근본 문제들의 답변을 내놓은 칸트는 도덕철학으로 주의를 돌렸다.

CHAPTER 20

만약 모든 사람이 그렇게 한다면 어떨까?

임마누엘칸트 2

문 두드리는 소리가 난다. 당신 앞에 도움이 정말 필요한 청년이 서 있다. 청년은 다쳐서 피를 흘리고 있다. 당신은 그를 데리고 들어와 보살펴주고, 편안하고 안전한 기분이 들게 해주고, 전화를 걸어 구급차를 부른다. 이것은 분명 옳은 일이다. 하지만 만약 당신이 단지 그 사람을 불쌍하게 여겨 도와준다면, 임마누엘 칸트에 따르면 그것은 절대 도덕적 행위가 아닐 것이다. 동정심은 행위의 도덕성과 관련이 없다. 타인을 불쌍히 여기는 것은 당신이 가진 성격의 일부일 뿐이고, 옳고 그름과는 아무런 관계가 없다. 칸트에게 도덕은 단지 당신이 무엇을 하는가에 관한 문제가 아니라 왜 그것을 하는가에 관한 문제였다. 옳은 일을 하는 사람들은 단순히 자신의 기분 때문에 그러는 것이 아니다. 결정은 이성, 즉 우연히 느끼는 기분에 상관없이 자신의 의무를 말해주는 이성에 근거해야 한다.

칸트는 감정이 도덕성에 들어와서는 안 된다고 생각했다. 우리가 감정을 느끼는지 아닌지는 대체로 운의 문제이다. 동정심과 공감을 느끼는 사람이 있는가 하면 그렇지 않은 사람도 있다. 성격이 비열해서 관대한 마음을 갖기가 어려운 사람이 있는 반면 다른 이들을 돕기 위해 자신의 돈과 재산을 기부하는 데서 커다란 즐거움을 얻는 사람도 있다. 하지만 선하다는 것은 이성적인 사람이 자기 자신의 선택을 통해 이룰 수 있는 것이어야 한다. 청년을 돕는 것이 자신의 의무라는 것을 알아서 그렇게 한다면 칸트가 보기에 그것은 도덕적 행위이다. 동일한 상황에서 모든 사람이 해야 할 일이기 때문에 그것은 옳은 일이다.

이것이 이상하게 들릴 수도 있다. 청년을 불쌍하게 여기고 바로 그 이유 때문에 도와준 사람은 도덕적으로 행동했을 것이고, 어쩌면 그런 감정을 느끼기 때문에 더 훌륭한 인격체라고 생각할 것이다. 아리스토텔레스 역시 그렇게 생각했을 것이다.('챕터 2' 참조) 하지만 칸트는 확신했다. 만약 단지 자신의 기분 때문에 어떤 일을 한다면 그것은 전혀 좋은 행위가 아니다. 그 청년을 보고 혐오감이 들었지만 그래도 앞으로 나가서 의무감에 그를 도와준 사람을 생각해보자. 칸트가 보기에는 이 사람이 동정심에서 행동한 사람에 비해 더 분명히 도덕적일 것이다. 감정은 완전히 반대 방향으로 쏠리면서 청년을 돕지 말라고 부추기고 있을 테지만, 확실히 의무감에서 비롯된 행동을 하고 있기 때문이다.

선한 사마리아인의 이야기를 생각해보자. 선한 사마리아인은 길가에 쓰러져 있는 곤경에 처한 사람을 보고 도와준다. 다른 모든 사람은 그냥 지나친다. 무엇이 선한 사마리아인을 선하게 만들었을까? 만약 선한 사마리아인이 천국에 가게 될 거라고 생각해서 그 곤경에 처한 사람을 도왔다면 칸트의 관점에서 그것은 전혀 도덕적 행위가 아니었을 것이다. 그것은 무언가를 얻기 위한 방법, 즉 목적을 위한 수단으로 그 사람을 대하는 것이다. 우리가 이미 살펴보았듯이 만약 단지 동정심에서 그 쓰러진 사람을 도왔다면 그것 또한 칸트가 보기에 결코 선한 행위가 아닐 것이다. 하지만 만약 그것이 자신의 의무이며 그런 상황에서 누구나 해야 하는 올바른 일이라는 것을 인식하고 그를 도왔다면 칸트는 선한 사마리아인이 도덕적으로 선했다고 동의할 것이다.

의도에 대한 칸트의 견해는 감정에 대한 그의 견해보다 받아들이기 쉽다. 우리들 대부분은 우리가 성공한 일보다 우리 각자가 하려는 일로 서로를 판단한다. 어린 자식이 도로로 뛰어드는 것을 막기 위해 달려드는 부모로 인해 당신이 뜻하지 않게 넘어졌을 때 어떤 기분일지 생각해보자. 이를 누군가가 재미 삼아 일부러 당신을 넘어뜨렸을 때의 기분과 비교해보자. 그 부모는 당신을 다치게 할 의도가 없었지만 그 무뢰한에게는 그런 의도가 있었다. 그러나 다음의 예가 보여주듯이 당신의 행위가 도덕적이 되기 위해서는 선한 의도를 갖는 것만으로는 충분치 않다.

또 문 두드리는 소리가 들리고 당신은 문을 연다. 가장 친한 친구가 새파랗게 질려 걱정스러운 표정으로 가쁜 숨을 내쉬고 있다. 그녀는 자신을 죽이려는 사람이 뒤쫓아 오고 있다고 말한다. 그 사람은 칼을 갖고 있다. 당신은 친구를 들어오게 하고, 그녀는 위층으로 올라가 숨는다. 잠시 후 다시 문 두드리는 소리가 들린다. 이번에는 예비 살인자이다. 남자는 제정신이 아닌 눈빛이다. 그는 당신의 친구가 어디 있는지 알고 싶어 한다. 집에 있는가? 벽장에 숨어 있는가? 그녀는 어디에 있는가? 사실 친구는 위층에 있다. 하지만 당신은 거짓말을 한다. 공원에 갔다고 말한다. 분명 당신은 예비 살인자를 엉뚱한 곳을 찾도록 보냄으로써 옳은 일을 했다. 친구의 목숨을 구한 셈이다. 그것은 틀림없이 도덕적 행위이다. 그렇지 않은가?

칸트에 따르면 그렇지 않다. 칸트는 어떤 상황에서도 절대 거짓말을 해서는 안 된다고 생각했다. 심지어 예비 살인자로부터 친구를 보호하기 위한 상황도 마찬가지다. 거짓말은 언제나 도덕적으로 옳지 않다. 예외도 없고, 변명의 여지도 없다. 상황에 맞으면 모든 사람이 항상 거짓말을 해야 한다는 원칙을 만들 수 없기 때문이다. 이 경우에 만약 당신이 거짓말을 했고 당신이 모르는 사이에 친구가 공원으로 가버렸다면, 당신은 예비 살인자를 도운 죄를 범한 셈이다. 친구가 죽는다면 어느 정도는 당신 잘못인 것이다.

이것은 칸트 자신이 사용한 예이다. 그의 견해가 얼마나 극단적이었는지를 보여준다. 진실을 말하는 것이나 어떤 도덕적 의무를 행하는 경우에도 예외는 없었다. 우리 모두에게는 진실을 말해야 하는 *절대적* 의무, 혹은 칸트의 표현에 따르면 그렇게 해야 할 정언명법Categorical Imperative이 있다. 명법은 일종의 명령이다. 정언명법은 가언명법과 대조된다. 가언명법Hypothetical Imperative은 'x를 원하면 y를 하라'의 형식을 취한다. '감옥에 가고 싶지 않으면 도둑질하지 말라'는 가언명법의 예이다. 정언명법은 다르다. 지시를 한다. 이 경우에 정언명법은 간단히 '도둑질하지 말라'이다. 의무가 무엇인지 말해주는 명령이다. 칸트는 도덕성을 일종의 정언명법 체계로 생각했다. 도덕적 의무는 *그 결과나 그 상황이 어떠하든 간에* 우리의 도덕적 의무이다.

칸트는 우리를 인간으로 만드는 것은 다른 동물들과 달리 자신의 선택을 반성적으로 생각할 수 있다는 점이라고 믿었다. 우리 의도대로 어떤 것을 할 수 없다면 우리는 기계와 마찬가지일 것이다. 어떤 사람에게 '왜 그렇게 했는가?'라고 묻는 것은 거의 항상 의미가 있다. 우리는 그저 본능에 의해 행동하는 게 아니라 이성에 근거해서 행동한다. 칸트는 이것을 우리의 행위 기준이 되는 '준칙maxims'이라고 표현했다. 준칙은 근본 원칙, 즉 '왜 그렇게 했는가?'라는 질문에 대한 답일 뿐이다. 칸트는 정말 중요한 것은 행위의 밑바탕에 있는 바로 이 준칙이라고 믿었다.

그는 '보편화'할 수 있는 준칙에 따라서만 행동해야 한다고 주장했다. 어떤 것이 보편화할 수 있으려면 모든 사람에게 적용되어야 한다. 이것은 단지 당신이 처한 것과 동일한 상황이라면 누구나 그렇게 하는 것이 이해되는 행동만 해야 한다는 의미이다. 항상 질문하자. '만약 모든 사람이 그렇게 한다면 어떨까?' 나 자신을 위해 특별한 경우를 만들지 말자. 칸트는 이것이 실제 의미하는 바는 다른 사람들을 이용하는 게 아니라 존중하고 다른 사람의 자율성, 즉 개인으로서 그들 자신을 위해 이성적인 결정을 할 수 있는 그들의 능력을 인정해야 하는 것이라고 생각했다. 개별적 인간의 존엄성과 가치에 대한 이런 존중은 근대 인권 이론의 핵심이다. 칸트가 도덕철학에 크게 기여한 점이다.

이것은 예를 통해 이해하는 편이 더 쉽다. 당신이 가게를 하나 갖고 있고 과일을 판다고 생각해보자. 사람들이 과일을 살 때 당신은 항상 친절하게 대하고 거스름돈을 정확하게 준다. 아마도 당신이 그러는 이유는 그래야 장사에 도움이 되고 사람들이 과일을 사러 당신 가게로 다시 올 거라고 생각하기 때문일 것이다. 만약 그것이 거스름돈을 정확하게 주는 유일한 이유라면 당신이 원하는 것을 얻기 위해 사람들을 이용하는 방법이 된다. 칸트는 모든 사람이 다른 사람을 이런 식으로 대한다고 이성적으로 생각할 수 없기 때문에 그것은 도덕적 행동 방식이 아니라고 보았다. 하지만 만약 다른 사람을 속이지 않는 것이 의무라는 것을 인지하고 있기 때문에 거스름돈을 정확하게 줬다면 그것은 도덕적 행위이다. '다른 사람을 속이지 말라'는 준칙, 즉 그가 생각하기에 우리가 모든 경우에 적용할 수 있는 준칙에 기반을 두고 있기 때문이다. 사람들을 속이는 것은 자신이 원하는 바를 얻기 위해 그들을 이용하는 방법이다. 그것은 도덕적 원칙이 될 수 없다. 모두가 다른 사람을 속인다면 신뢰는 전부 무너질 것이다. 누가 무슨 말을 해도 아무도 믿지 않을 것이다.

칸트가 사용한 또 다른 예를 들어보자. 당신이 완전히 빈털

터리라고 상상해보자. 은행에서는 돈을 빌려주지 않으려 하고, 당신은 팔 수 있는 물건이 없고, 집세를 내지 않으면 거리로 나앉을 것이다. 당신은 해결책을 하나 생각해낸다. 친구를 찾아가 돈을 좀 빌려달라고 부탁한다. 돈을 갚을 수 없을 거라는 걸 알면서도 갚겠다고 약속한다. 이것은 당신의 마지막 수단이다. 집세를 낼 수 있는 다른 어떤 방법도 생각할 수 없다. 이것은 받아들일 수 있는 것인가? 칸트는 돈을 갚을 의도는 없이 친구에게 돈을 빌리는 일은 틀림없이 비도덕적이라고 주장한다. 이성은 우리에게 이것을 보여줄 수 있다. 모든 사람이 갚을 수 없다는 걸 알면서도 돈을 빌리고 갚겠다고 약속하는 것은 불합리한 일이다. 이 역시 보편화할 수 없는 준칙이다. 질문을 하자. '만약 모든 사람이 그렇게 한다면 어떨까?' 만약 모든 사람이 이처럼 거짓 약속을 한다면 약속은 완전히 시시해질 것이다. 모든 사람에게 옳지 않은 일이라면 당신에게도 옳은 일이 될 수 없다. 따라서 당신은 그 일을 하지 말아야 한다. 그것은 잘못된 일이다.

　감정이 아닌 냉정한 추론을 바탕으로 옳고 그름에 대해 생각하는 이런 방식은 아리스토텔레스의 방식('챕터 2' 참조)과는 아주 다르다. 아리스토텔레스는 진정 덕이 있는 사람은 항상 적절한 감정을 갖고 있고, 그렇기 때문에 올바른 일을 한다고 본다. 칸트가 보기에 감정은 그저 문제를 모호하게 하고, 누군가가 그저 겉으로만 그러는 게 아니라 진정 올바른 일을 하고 있는지 알아보기 더 어렵게 만든다. 이것을 보다 긍정적으로 해석해보자면, 칸트는 행동을 잘하도록 동기부여를 하는 감정을 가질 만큼 운이 좋든 아니든 이성을 가진 모든 사람에게 도덕성이 있는 것으로 보았다.

칸트의 도덕철학은 다음 챕터에서 살펴볼 제러미 벤담의 도덕철학과 뚜렷한 대조를 이룬다. 칸트는 어떤 행동은 뒤따르는 결과가 무엇이든 잘못이라고 주장한 데 반해, 벤담은 중요한 것은 단지 결과뿐이라고 주장했다.

CHAPTER 21

실용적 행복

제러미 벤담

영국의 유니버시티 칼리지 런던UCL을 방문하면 유리 진열장에 제러미 벤담(1748~1832), 아니 더 정확히 말하면 그의 신체 일부가 남아 있는 모습을 보고 놀랄 수 있다. 벤담은 자신이 '얼룩이 Dapple'라는 애칭으로 부른 애지중지하던 지팡이를 무릎에 걸쳐 놓은 채 의자에 앉아 정면을 응시하고 있다. 그의 머리는 밀랍으로 만들어졌다. 진짜 머리는 방부 처리되어 나무 상자에 보관하고 있지만, 실제로 전시된 적도 있다. 벤담은 그 스스로 '자기 성상auto-icon'이라고 부른 자신의 실제 몸이 조각상보다 더 나은 기념물이 될 거라고 생각했다. 그래서 그는 1832년 세상을 떠나면서 자신의 시신을 어떻게 처리할지에 대한 지침을 남겼다. 벤담의 생각은 결코 이해받지 못했다. 비록 레닌(러시아 공산당 및 소비에트연

방공화국의 창시자 - 옮긴이)의 시신은 방부 처리되어 특수한 관에 넣어 전시되었지만 말이다.

벤담의 다른 발상들 중 일부는 훨씬 실용적이었다. 그가 구상한 팬옵티콘Panopticon이라는 원형 교도소를 예로 들어보자. 벤담은 이것을 '악한을 들볶아서 정직하게 만드는 기계'라고 설명했다. 교도소 가운데에 감시탑이 있어서 수감자는 감시받고 있다는 것을 알지 못한 채 소수의 교도관이 다수의 수감자를 감시할 수 있는 구조이다. 이 구조 원리는 근대의 일부 교도소나 심지어 몇몇 도서관에서도 사용되었다. 이것은 사회 개혁을 위해 벤담이 구상한 많은 계획 중 하나였다.

하지만 이보다 훨씬 더 중요하고 영향력이 있었던 것은 우리가 어떻게 살아야 하는가에 대한 벤담의 이론이었다. 공리주의 혹은 최대 행복의 원리Greatest Happiness Principle라고 알려진 이 이론은 최대 행복을 산출하는 것이 올바른 행위라고 본다. 물론 벤담이 도덕에 대해 이런 접근 방식을 처음으로 주장하지는 않았지만[프랜시스 허치슨(영국의 도덕철학자 - 옮긴이)이 이미 그런 주장을 했다], 그것을 어떻게 실행할 수 있는지를 상세히 설명한 사람은 벤담이 처음이었다. 그는 더 큰 행복을 가져올 수 있도록 영국의 법을 개혁하고자 했다.

그렇다면 행복이란 무엇인가? 사람마다 행복이라는 단어를 사용하는 방식이 다른 것 같다. 벤담은 이 질문에 간단한 답을 내놓았다. 행복은 전적으로 자신의 기분에 관한 것이다. 행복은 쾌락이고 고통이 없는 상태이다. 더 많은 쾌락, 즉 고통보다 쾌락의

양이 크면 더 행복하다는 의미이다. 벤담이 보기에 인간은 아주 단순한 존재였다. 고통과 쾌락은 자연이 우리에게 준 삶의 훌륭한 길잡이다. 쾌락은 그 자체로 좋은 유일한 것이다. 우리가 다른 어떤 것을 원하는 이유는 그것이 우리에게 쾌락을 주거나 고통을 피하게 해줄 거라고 믿기 때문이다. 그러므로 만약 아이스크림을 원한다면 이는 단지 그 자체로 좋은 것이 아니다. 아이스크림의 핵심은 그것을 먹을 때 쾌락을 줄 것 같다는 데 있다. 마찬가지로 불에 데지 않으려고 하는 이유는 그렇게 되면 고통스러울 것이기 때문이다.

행복은 어떻게 측정할 것인가? 자신이 정말 행복했던 때를 생각해보자. 어떤 기분이 들었는가? 자신의 행복을 숫자로 환산할 수 있는가? 예를 들어 10점 만점에 7점이나 8점 수준이었나? 가족과 함께 베니스를 출발하는 수상택시를 탔던 여행이 생각난다. 9.5점 혹은 10점 만점의 기분이었던 것 같다. 아름다운 경치를 배경으로 해가 지는 가운데 운전사가 속도를 높이자 내 얼굴 위로 석호의 물보라가 날렸고, 아내와 아이들은 흥겹게 웃었다. 이런 경험에 점수를 매길 수 있다는 것이 불합리해 보이지 않는다. 벤담은 분명 쾌락을 수량화할 수 있고, 동일한 척도와 동일한 단위로 비교할 수 있다고 믿었다.

행복 계산법The Felicific Calculus은 벤담이 행복을 계산하기 위한 방법에 붙인 이름이다. 첫째, 특정 행동이 얼마나 많은 쾌락을 가져올지 계산한다. 쾌락이 얼마나 오래 지속될지, 얼마나 강렬한지, 그 이상의 쾌락을 일으킬 가능성이 있는지 등을 고려한다. 그런 다음 그 행동으로 일어날 수 있는 고통을 뺀다. 이렇게 해서 남은 것이 그 행동의 행복 가치이다. 벤담은 이것을 유용성을 의미하는 '공리utility'라고 불렀다. 하나의 행동이 더 많은 쾌락을 가져올수록 사회에 더 유용하기 때문이다. 어떤 행동의 공리를 다른 가능한 행동들의 점수와 비교해서 가장 많은 행복을 가져오는 것을 선택하라. 간단하다.

그렇다면 쾌락의 원천은 어떠한가? 분명히 유치한 게임을 하거나 아이스크림을 먹는 것보다 시를 읽는 것처럼 정신을 고양시키는 데서 쾌락을 얻는 편이 더 낫지 않겠는가? 벤담에 따르면 그렇지 않다. 쾌락이 어떻게 만들어지는지는 전혀 중요하지 않다. 벤담이 보기에 만약 똑같이 우리를 즐겁게 한다면 공상을 하는 것은 셰익스피어의 연극을 보는 것과 다를 바 없다. 그는 당시 유행했던 단순한 게임인 푸시핀pushpin(핀을 튀겨서 상대의 핀을 뛰어넘게 하는 놀이 - 옮긴이)과 시를 예로 들었다. 중요한 것은 오직 만들어지는 쾌락의 양이다. 만일 쾌락이 같다면 행동의 가치도 같다. 공리주의의 관점에서 푸시핀은 시를 읽는 것만큼 도덕적으로 좋을 수 있다.

우리가 '챕터 20'에서 살펴보았듯이 임마누엘 칸트는 우리에게 '절대 거짓말하지 말라'처럼 모든 상황에 적용되는 의무가 있다고 주장했다. 하지만 벤담은 우리가 하는 일의 옳고 그름은 어떤 결과가 나올 것인지로 귀결된다고 믿었다. 그 결과는 상황에 따라 다를 수 있다. 거짓말하는 것이 반드시 잘못된 것은 아니다. 거짓말하는 것이 옳은 경우가 있다. 모든 것을 감안했을 때 거짓말을 하지 않는 것보다 거짓말하는 것에서 더 큰 행복이 온다면, 그런 상황에서는 거짓말하는 것이 도덕적으로 옳은 행동이다. 만약 친구가 당신에게 새로 산 청바지가 어울리는지 묻는다면, 칸트의 사상을 따르는 사람은 비록 친구가 듣고 싶어 하는 말이 아니라고 해도 진실을 말해야 할 것이다. 반면 공리주의자는 가벼운 거짓말에서 더 큰 행복이 생겨날 것인지 생각해볼 것이다. 만약 더 큰 행복이 생긴다면 거짓말은 올바른 반응이다.

공리주의는 18세기 말에 대두된 급진적 이론이었다. 그것이 급진적으로 받아들여진 것은 행복을 계산하는 데 있어 모든 사람의 행복이 동등하다는 주장 때문이었다. 벤담의 말을 빌리자면 '모든 사람은 한 명으로 간주되고, 어느 누구도 한 명 이상으로 간주되지 않는다'. 아무도 특별대우를 받지 않는다. 귀족의 쾌락은 가난한 노동자의 쾌락과 다를 바 없다. 그것은 당시의 사회질서가 아니었다. 귀족들은 토지 사용 방식에 아주 커다란 영향을 미쳤으며, 많은 귀족들은 상원의원이 되어 영국의 법률을 결정할 권한까지 세습 받았다. 당연히 일부 귀족들은 벤담이 평등을 강조한 것을 불편하게 여겼다. 아마도 그 당시에 훨씬 더 급진적으로 여긴 것은 동물의 행복도 중요한 의미가 있다는 벤담의 믿음이었을 것이다. 쾌락과 고통을 느낄 수 있으므로 동물들도 벤담의 행복 방정식의 일부였다. 동물들이 이성적으로 추론하거나 말을 할 수 없다는 것은 중요하지 않다(물론 칸트에게는 중요했을 것이다). 벤담의 관점에서 그런 것은 도덕에 포함되는 적절한 속성이 아니었다. 중요한 것은 고통과 쾌락을 느낄 수 있는 동물들의 능력이었다. 이것은 피터 싱어('챕터 40' 참조)의 동물 해방 운동 등 오늘날 많은 동물 복지 운동의 근간이 되고 있다.

안타깝게도 쾌락의 모든 원인을 동등하게 취급해야 한다고 강조하는 벤담의 일반적 접근 방식은 엄청난 비난을 받았다. 미국의 철학자 로버트 노직은 이런 사고실험을 고안해냈다. 삶을 사는 것 같은 환상을 주면서도 고통과 괴로움의 모든 위험은 제거한 가상현실 기계가 있다고 상상해보자. 잠깐이라도 이 기계에 접속되면 더 이상 현실을 직접 경험하는 것을 잊어버리고 완전히 환상에 빠져들게 될 것이다. 이 기계는 온갖 종류의 쾌락적 경험을 만들어낸다. 마치 꿈 생성기와 같다. 예를 들어 월드컵에서 결승골을 넣거나 꿈에 그리던 휴가를 가는 것을 상상하게 만들 수 있다. 최대 행복을 주는 것은 무엇이든 시뮬레이션을 할 수 있다. 그렇다면 이 기계는 분명 당신의 행복한 정신 상태를 극대화하므로, 벤담의 분석에 따르면 당신은 평생 그 기계에 접속해야만 한다. 그것이 쾌락을 극대화하고 고통을 최소화하는 최선의 방법일 것이다. 하지만 때로 그런 기계로 실험하는 것을 즐긴다고 해도 많은 사람들이 살아가는 내내 기계에 접속하는 것은 거부할 것이다. 행복한 정신 상태가 이어지는 것보다 훨씬 가치 있게 여기는 다른 것들이 있기 때문이다. 이 사고실험이 보여주는 것은 동일한 양의 쾌락을 가져오는 모든 방법은 동일한 가치가 있다는 벤담의 주장은 잘못되었으며, 모든 사람이 오로지 쾌락은 극대화하고 고통은 최소화하려는 욕구에 의해서만 이끌리지 않는다는 것이다. 이것은 벤담의 비범한 제자이자 훗날 그의 비판자가 된 존 스튜어트 밀이 골몰했던 주제이다.

벤담은 그 자신의 시대에 몰두해서 자신을 둘러싼 사회적 문제의 해결책을 찾는 데 열중했다. 그러나 게오르크 빌헬름 프리드리히 헤겔은 한 발 물러서서 인류의 역사, 즉 가장 탁월한 지성인들만이 이해할 수 있는 양식에 따라서 전개되는 인류 역사의 전체 과정을 개략적으로 볼 수 있어야 한다고 주장했다.

CHAPTER 22

미네르바의 부엉이

게오르크 빌헬름 프리드리히 헤겔

'미네르바의 부엉이는 황혼녘에야 날아오른다.'

이것은 게오르크 빌헬름 프리드리히 헤겔(1770~1831)의 관점이었다. 과연 이것이 무슨 의미인가? 사실 '이것이 무슨 의미인가?'라는 질문은 헤겔의 저서를 읽는 독자들이 스스로에게 수없이 던지는 질문이다. 헤겔의 저술이 지독하게 어려운 이유는 칸트의 저술과 마찬가지로 아주 추상적인 언어로 표현되고 종종 스스로 만들어낸 용어를 사용하기 때문이다. 그 누구도, 어쩌면 헤겔조차 그 저술의 전부를 이해하지 못했을 것이다. 부엉이에 대한 서술은 그나마 해석하기 쉬운 부분이다. 이것은 사람들이 밤이 되어서야 하루 동안 있었던 일들을 되돌아보는 것처럼 우리가 이미 일어난 일들을 되돌아보고 있는 뒤늦은 단계에서야 인류 역사 과정의 지혜와 이해가 온전히 나타날 것이라는 헤겔 식 어법이다.

미네르바는 로마 신화에 나오는 지혜의 여신이었고, 주로 지혜로운 부엉이와 연관되어 있었다. 헤겔이 지혜로웠는지 어리석었는지는 논쟁의 여지가 많지만, 그는 확실히 영향력이 있었다. 역사는 특정한 방식으로 전개된다는 헤겔의 견해는 칼 마르크스('챕터 27' 참조)에게 영감을 줘서 분명 역사를 바꿔놓았다. 마르크스의 사상이 20세기 초 유럽의 혁명을 선동했기 때문이다. 헤겔은 또한 많은 철학자를 화나게 했다. 일부 철학자는 헤겔의 저작을 용어를 부정확하게 사용하는 위험을 감수한 사례로 취급했다. 버트런드 러셀('챕터 31' 참조)은 헤겔의 저작을 경멸할 정도였고, 앨프레드 줄스 에이어('챕터 32' 참조)는 헤겔의 문장 대부분은 아무것도 표현하지 않는다고 단언했다. 에이어가 보기에 헤겔의 저술은 무의미한 운문만큼이나 유익하지 않으며 전혀 흥미롭지 않았다. 그러나 피터 싱어('챕터 40' 참조) 등 다른 철학자들은 헤겔 사상에서 엄청난 깊이를 느꼈고, 그의 저술이 어려운 이유는 그가 고심하던 관념들이 너무나 독창적이어서 이해하기 힘들기 때문이라고 주장했다.

헤겔은 1770년 지금의 독일 슈투트가르트에서 태어나 군주제가 타도되고 새로운 공화국이 수립된 프랑스 혁명 시기에 성장했다. 그는 프랑스 혁명을 '장엄한 여명a glorious dawn'이라고 부르면서 학교 친구들과 그 시기의 사건들을 기념하는 나무를 심었다. 정치적 불안과 급진적 변혁이 일어난 이 시기는 헤겔의 나머지 생애에 영향을 미쳤다. 근본적인 가설은 뒤집힐 수 있고 항상 고정된 듯 보이는 것이 반드시 그렇지 않다는 현실적인 인식이 있었다. 그런 분위기는 우리의 관념은 우리가 사는 시대와 직접적으로 연관되어 있으며 그 역사적 맥락을 벗어나서는 완전히 이해될 수 없는 방식으로 존재한다는 통찰로 이어졌다. 헤겔은 자신의 생애에서 역사는 중요한 단계에 도달했다고 믿었다. 개인적으로 그는 출세했다. 어느 부유한 집안의 가정교사로 사회생활을 시작해서는 김나지움(독일의 전통적 중등 교육기관 - 옮긴이)의 교장으로 자리를 옮겼고, 마침내 베를린에서 대학교수가 되었다. 그의 저서 중 일부는 본래 학생들이 그의 철학을 이해하는 데 도움을 주려고 쓴 강의 노트였다. 헤겔은 세상을 떠날 무렵 당대에 가장 유명하고 존경받는 철학자가 되었다. 그의 저술이 얼마나 어려운지를 고려했을 때 상당히 놀라운 일이다. 하지만 열성적인 학생들이 헤겔의 가르침을 이해하고 토론하면서 정치적 함의와 형이상학적 함의 모두를 밝혀내는 데 몰두했다.

헤겔은 임마누엘 칸트의 형이상학('챕터 19' 참조)에서 지대한 영향을 받았지만, 현상계 너머에 예지적 실재가 존재한다는 칸트의 견해를 받아들이지 않았다. *예지체들*noumena은 우리 경험의 원인이 되는 지각 너머에 있다는 것을 받아들이는 대신 헤겔은 실재를 정확하게 그리는 마음이 곧 실재라는 결론을 내렸다. 그 이상은 아무것도 없다. 하지만 이것은 실재가 고정된 상태로 남아 있다는 의미가 아니었다. 헤겔이 보기에 모든 것은 변화의 과정에 있으며, 우리의 자기 인식 상태는 우리가 사는 시기에 의해 고정되어 있지만 점차 증가하는 형태를 취함으로써 변화하고 있다.

역사 전체를 돌돌 말려 있는 기다란 종잇조각이라고 생각해 보자. 우리는 종이가 완전히 펼쳐지기 전까지는 거기에 무엇이 있는지 알 수 없다. 또한 종이가 끝까지 펼쳐지기 전에는 종이의 맨 마지막 부분에 무엇이 쓰여 있는지 알 수 없다. 종이가 펼쳐지는 방식의 밑바탕에는 하나의 구조가 존재한다. 헤겔이 보기에 실재는 자기 자신을 이해한다는 목표를 향해 끊임없이 움직이고 있다. 어떤 의미에서 역사는 무작위적이지 않으며, 어딘가로 가고 있다. 역사를 되돌아볼 때 우리는 역사가 이처럼 펼쳐져야 했다는 것을 알게 된다. 처음 들을 때는 이상하게 들리는 견해이다. 이 책을 읽는 사람들 대부분이 헤겔의 견해에 공감하지 않을 거라고 생각한다. 우리에게는 헨리 포드(미국의 자동차 회사 포드의 창립자 - 옮긴이)가 '역사는 지긋지긋한 일의 연속일 뿐이다'라고 역사를 평한 방식이 더 가깝게 다가온다. 역사는 전체적인 계획 없이 일어나는 일들의 연속이다. 우리는 역사를 연구하고 사건의 개연성 있는 원인을 밝혀내고 미래에 일어날 일을 예측할 수 있다. 하지만 이는 헤겔이 생각했던 방식대로 역사에 필연적인 양식이 있다는 의미는 아니다. 그렇다고 역사가 어딘가로 가고 있다는 의미도 아니다. 더구나 역사가 점차 자기 자신을 인식하게 된다는 의미도 결코 아니다.

헤겔의 역사 연구는 그의 철학과 구분되는 별개의 활동이 아니라 그 일부, 아니 중요한 부분이었다. 헤겔이 보기에 역사와 철학은 서로 얽혀 있었다. 그리고 모든 것은 더 나은 것을 향해 움직이고 있었다. 이것은 독창적인 관념이 아니었다. 종교는 보통 역사를 그리스도의 재림Christ's Second Coming처럼 어떤 목표점을 향해 이어지는 것으로 설명한다. 헤겔은 기독교도였지만, 그의 설명은 정통 교리와 거리가 멀었다. 그에게 역사의 최종 결과는 그리스도의 재림이 아니었다. 헤겔이 생각하기에 역사에는 최종 목표, 즉 어느 누구도 이전에는 제대로 인식하지 못했던 최종 목표가 있다. 그것은 이성의 전진을 통해 정신이 점진적이고 불가피한 자기 인식에 도달하는 것이다.

그렇다면 정신Spirit이란 무엇인가? 그리고 정신이 자기를 인식하게 되었다는 의미는 무엇인가? 독일어로 정신은 *가이스트 Geist*이다. 이 단어의 정확한 의미를 두고 학자들마다 서로 의견이 엇갈린다. 어떤 학자들은 가이스트를 '마음Mind'으로 번역하는 것을 선호한다. 헤겔은 모든 인류의 단일한 정신 같은 것을 의미한 듯하다. 헤겔은 관념론자였다. 그는 이런 정신 혹은 마음이 근본이고 물리적 세계에서 구현된다고 생각했다(그와 달리 유물론자들은 물질이 기본이라고 믿는다). 헤겔은 개인의 자유가 점차 증가한다는 새로운 관점에서 역사를 설명했다. 우리는 개인의 자유에서 시작하여 일부는 자유롭지만 다른 이들은 그렇지 못한 자유를 거쳐 누구나 그 사회에 기여하는 것이 허용되는 정치적으로 자유로운 세계로 나아가고 있다.

헤겔이 생각하기에 우리의 사유가 진보하는 한 가지 방식은 하나의 관념과 그 반대 관념이 충돌하는 것이다. 헤겔은 변증법적 방법으로 진리에 더 가까이 다가갈 수 있다고 믿었다. 먼저 누군가가 하나의 관념, 즉 정명제를 제시한다. 그런 다음 그것과 모순되는 관념이 등장한다. 첫 번째 관념에 이의를 제기하는 관념, 즉 반명제가 나타난다. 이렇게 두 관념이 충돌하면서 좀 더 복잡한 세 번째 관념이 나타난다. 두 관념 모두를 고려한 명제, 즉 합명제가 등장한다. 그런 다음 대개 이러한 과정이 다시 시작된다. 새로운 합명제는 정명제가 되고, 그에 대한 반명제가 나타난다. 이 모든 것은 정신에 의해 완전한 자기 이해에 도달할 때까지 계속된다.

역사를 이끄는 중요한 추진력은 자기 자신의 자유를 이해하는 정신으로 판명된다. 헤겔은 이러한 과정을 고대 중국과 인도의 포악한 군주 밑에서 자신들이 자유로운 존재라는 것을 모른 채 살았던 사람들의 시대부터 그 자신의 시대에 이르기까지 추적했다. 이들 '동양인Orientals' 중에서는 오직 강력한 군주만이 자유를 경험했다. 헤겔이 보기에 일반 백성들은 자유에 대한 인식이 전혀 없었다. 고대 페르시아인의 자유에 대한 인식도 그리 세련되지 않았다. 그들은 그리스인들에게 패배했고, 그러면서 인식의 진보가 이뤄졌다. 그리스인과 훗날 로마인은 이전 시대 사람들에 비해 자유에 대한 인식이 높았다. 하지만 여전히 노예를 두었다. 이는 그들이 단지 부유층이나 권력층만이 아니라 인류 전체가 자유로워야 한다는 것을 완전히 인식하지 못했음을 보여준다. 헤겔은 저서 『정신현상학The Phenomenology of Spirit』(1807)에서 주인과 노예의 갈등에 대해 논했다. 주인은 자의식이 있는 개인으로 인정받기를 원하고 그렇게 되기 위해서 노예가 필요하다. 그러나 주인은 노예 역시 인정받을 자격이 있다는 사실을 받아들이지 않는다. 이런 불평등한 관계는 충돌로 이어져 한 사람이 죽는 결과를 낳는다. 이것은 자기 파괴적이다. 결국 주인과 노예는 서로가 필요하며, 상대의 자유를 존중할 필요가 있다는 점을 인식하게 된다.

그렇지만 헤겔은 진정한 자유는 정신적 가치에 대한 인식을 촉발시킨 기독교의 등장과 함께 비로소 가능해졌다고 주장했다. 그의 시대에 역사는 그 목표를 실현했다. 정신은 자기 자신의 자유를 인식하게 되었고, 그 결과 사회는 이성의 원리에 의해 질서가 세워졌다. 이것은 헤겔에게 아주 중요했다. 진정한 자유는 오로지 알맞게 조직된 사회에서 나타났다. 헤겔의 저서를 읽은 많은 사람들은 헤겔이 상상한 이상적인 사회에서 강력한 조직자들의 사회관에 부합하지 않은 사람들에게는 자유의 이름으로 이러한 '이성적인rational' 삶의 방식이 강요될 거라고 우려했다. 루소의 역설적인 표현을 빌리자면 그들은 '자유롭도록 강제될' 것이다.('챕터 18' 참조)

모든 역사의 최종 결과는 헤겔 자신이 실재의 구조를 인식하게 되는 것으로 판명되었다. 헤겔은 자신의 저서 중 한 권의 마지막 페이지에서 이를 이뤘다고 생각하는 것 같았다. 그것은 정신이 처음으로 그 자신을 이해한 지점이었다. 그러고 나서 헤겔은 플라톤('챕터 1' 참조)처럼 철학자들에게 특별한 지위를 부여했다. 기억하겠지만, 플라톤은 자신의 이상적인 공화국을 철인왕이 통치해야 한다고 믿었다. 그와 대조적으로 헤겔은 철학자들이 실재와 모든 역사에 대한 이해이기도 한 특정 종류의 자기 이해에 도달할 수 있다고 생각했다. 이런 이해는 델포이의 아폴로 신전에 새겨진 '너 자신을 알라'는 문구를 실행하는 또 다른 방식이기도 했다. 헤겔은 인간사의 궁극적인 전개 양식을 깨닫게 되는 것은 철학자들이라고 믿었다. 철학자들은 변증법을 통해 점진적인 자각에 이르는 방법을 이해한다. 그들에게는 갑자기 모든 것이 분명해지고 인류 전체 역사의 핵심이 명백해진다. 정신은 자기 이해의 새로운 단계에 들어간다. 어쨌든 이론은 그렇다.

헤겔을 숭배하는 사람이 많았지만, 아르투어 쇼펜하우어는 거기에 속하지 않았다. 쇼펜하우어는 헤겔이 주제에 접근하는 방식에 있어 진지함과 정직함이 결여되어 있기 때문에 결코 철학자가 아니라고 생각했다. 쇼펜하우어가 보기에 헤겔의 철학은 허튼소리였다. 헤겔은 그 나름대로 쇼펜하우어를 '혐오스럽고 무지한 인물'이라고 했다.

CHAPTER 23

실재를 힐끗 보다

· 아르투어 쇼펜하우어

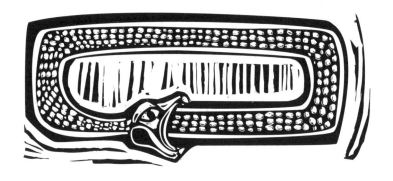

'삶은 고통스러워서 태어나지 않았다면 더 좋았을 것이다.'

대다수 사람들은 이렇게 비관적인 시선으로 세상을 바라보지 않지만, 아르투어 쇼펜하우어(1788~1860)는 예외였다. 쇼펜하우어에 따르면 우리 모두는 어떤 것을 원하고 그것을 얻고 나면 더많은 것을 원하는 절망적인 순환 고리에 갇혀 있다. 이 순환은 우리가 죽을 때까지 멈추지 않는다. 우리는 원하는 것을 얻은 것처럼 보일 때마다 다른 것을 원하기 시작한다. 만일 자신이 백만장자라면 만족할 거라고 생각하겠지만, 그리 오래가지는 못할 것이다. 자신이 아직 갖지 못한 어떤 것을 원하게 된다. 인간이란 그런존재이다. 우리는 결코 만족하지 않으며, 우리가 가진 것 그 이상을 끊임없이 갈망한다. 너무나도 우울한 처지이다.

그렇다고 쇼펜하우어의 철학이 그처럼 아주 어둡지는 않다. 그는 우리가 실재의 진정한 본성을 인식할 수만 있다면 아주 다르게 행동할 것이고, 인간이 처한 조건의 암울한 특징 가운데 일부를 피할 수 있을 거라고 생각했다. 쇼펜하우어의 메시지는 석가모니의 가르침에 아주 가까웠다. 석가모니는 모든 삶에는 고통이 수반되지만 깊은 이면에 '자아the self'와 같은 것은 존재하지 않는다고 가르쳤다. 만약 우리가 이를 인식할 수 있다면 우리는 깨달음을 얻을 수 있다고 했다. 이런 유사성은 결코 우연의 일치가 아니었다. 대부분의 서구 철학자들과 달리 쇼펜하우어는 동양철학을 폭넓게 접했다. 심지어 책상 위에 석가모니의 상을 자신에게 큰 영향을 미친 사상가 중 한 명인 임마누엘 칸트의 조각상과 나란히 놓아두기도 했다.

석가모니나 칸트와 달리 쇼펜하우어는 침울하고 까다롭고 허영심이 강한 인물이었다. 베를린에서 강사 자리를 얻었을 때는 자신의 천재성을 확신해서 자신의 강의가 헤겔의 강의와 정확히 똑같은 시각에 시작되어야 한다고 고집했다. 이것은 결코 좋은 생각이 아니었다. 헤겔은 학생들에게 아주 인기가 있었기 때문이다. 쇼펜하우어의 강의실에는 거의 아무도 나타나지 않은 반면 헤겔의 강의실은 만원이었다. 이후 쇼펜하우어는 대학을 떠나 상속받은 돈으로 여생을 보냈다.

쇼펜하우어의 가장 중요한 저서인 『의지와 표상으로서의 세계The World as Will and Representation』는 1818년에 처음 출간되었지만, 그는 수년간 개정 작업을 한 뒤 1844년에 훨씬 더 긴 판본을 내놓았다. 이 책에서 가장 중요한 개념은 아주 간단하다. 실재는 두 가지 측면이 있다. 실재는 의지Will로 존재하면서 동시에 표상Representation으로 존재한다. 의지는 존재하는 모든 것에서 전적으로 발견되는 맹목적인 원동력이다. 식물과 동물을 자라게 하는 에너지이면서 동시에 자석이 북쪽을 가리키게 하고 화합물에서 결정체가 만들어지게 하는 힘이다. 의지는 자연의 모든 부분에 존재한다. 나머지 측면인 표상으로서의 세계World as Representation는 우리가 경험하는 대로의 세계이다.

표상으로서의 세계는 우리가 정신 속에 구성해놓은 실재이다. 칸트가 말한 현상계이다. 지금 자신의 주변을 둘러보라. 창문을 통해 나무나 사람 혹은 자동차가 보이거나 앞에 놓인 이 책이 보일 것이다. 혹은 새소리나 자동차 소리 또는 다른 방에서 나는 소음이 들릴 수도 있다. 당신의 감각을 통해 경험하는 것이 표상으로서의 세계이다. 이것은 당신이 모든 것을 이해하는 방식이고, 그 방식은 당신의 의식을 필요로 한다. 정신은 모든 것을 이해하기 위해 경험을 체계화한다. 이 표상으로서의 세계는 우리가 살고 있는 세계이다. 하지만 칸트와 마찬가지로 쇼펜하우어는 경험을 넘어서는, 즉 현상의 세계를 넘어서 존재하는 더 심오한 실재가 있다고 믿었다. 칸트는 그것을 예지계라고 불렀고, 우리는 그 세계에 직접 접근하지 못한다고 생각했다. 쇼펜하우어의 의지로서의 세계는 칸트의 예지계와 다소 유사하지만, 중요한 차이점이 있었다.

칸트는 *예지체*noumenon의 복수형인 *예지체들*noumena에 대해 썼다. 그는 실재가 하나 이상의 부분을 가질 수 있다고 생각했다. 칸트 스스로 예지계는 우리가 접근할 수 없다고 단언했다는 점을 고려하면 그가 어떻게 이것을 알았는지는 분명치 않다. 그와 반대로 쇼펜하우어는 예지적 실재가 나누어졌다고 가정할 수 없다고 주장했다. 그런 식으로 분할되려면 시간과 공간이 필요하기 때문이다. 칸트는 시간과 공간이 실재 그 자체에 존재하는 것이 아니라 개인의 정신에 의해 주어진 것이라고 믿었다. 대신에 쇼펜하우어는 의지로서의 세계를 존재하는 모든 것의 이면에 있는 단일하고 통일된, 방향 없는 힘이라고 설명했다. 우리는 이 의지로서의 세계를 우리 자신의 행동을 통해서나 예술 경험을 통해서 힐끗 볼 수 있다.

이 책 읽기를 멈추고 손을 머리 위에 올려놓자. 무슨 일이 일어났는가? 누군가가 당신을 지켜보고 있었다면 당신이 손을 올려 머리 위에 놓는 모습을 보았을 것이다. 거울을 본다면 당신 역시 그 모습을 볼 수 있다. 이것은 현상계, 즉 표상으로서의 세계를 기술한 것이다. 하지만 쇼펜하우어에 따르면 우리 몸을 움직이는 경험에는 내적인 측면, 즉 현상계 일반에 대한 우리의 경험을 다른 식으로 느낄 수 있는 어떤 것이 존재한다. 우리는 의지로서의 세계를 직접 경험하지 못한다. 하지만 의도적인 행동을 실행할 때, 즉 육체적 행동을 하려는 *의지*를 *발휘해서* 실행할 때 그 세계에 아주 가깝게 다가간다. 쇼펜하우어가 실재를 설명하기 위해 '의지Will'라는 단어를 선택한 이유이다. 비록 이런 에너지가 의도적으로 무언가를 하는 것과 관련되는 경우는 인간의 상황에 국한

되지만 말이다. 식물은 의도적으로 자라지 않고, 화학반응 역시 의도적으로 일어나지 않는다. 그러므로 여기서 '의지'라는 단어는 이 용어의 일상적인 용법과 다르다는 것을 깨닫는 일이 중요하다.

누군가가 무언가를 하려는 '의지를 발휘할' 때 그 사람은 마음속에 목적을 갖고 있다. 즉 그는 무언가를 하려고 한다. 하지만 의지로서의 세계 차원에서 실재를 서술할 때 쇼펜하우어가 말한 것은 결코 그런 것이 아니다. 여기서 의지는 목적이 없거나 때로 쇼펜하우어가 표현한 것처럼 '맹목적$_{blind}$'이다. 특정한 결과를 불러오려는 것이 아니다. 어떤 목적이나 목표도 갖고 있지 않다. 어떤 것을 하려는 의지가 반영된 우리의 의식적인 행동뿐 아니라 모든 자연현상에 존재하는 에너지의 엄청난 분출일 뿐이다. 쇼펜하우어가 보기에 의지에 지시를 내리는 신은 존재하지 않는다. 또한 의지 그 자체는 신이 아니다. 인간이 처한 상황이란, 모든 실재와 마찬가지로, 우리 역시 이 무의미한 힘의 일부라는 것이다.

하지만 삶을 견딜 만하게 하는 몇 가지 경험이 존재한다. 이런 경험은 주로 예술에서 비롯된다. 예술은 일종의 정지 지점을 제공해서 잠깐 동안 우리가 무언가를 얻으려는 노력과 욕구의 끝없는 순환에서 벗어날 수 있게 한다. 음악은 이를 위한 최고의 예술형식이다. 쇼펜하우어에 따르면 음악은 의지 그 자체의 모방이기 때문이다. 우리에게 아주 심오한 감동을 주는 음악의 힘이 이것으로 설명된다고 그는 생각했다. 만약 올바른 기분으로 베토벤 교향곡을 듣는다면 단지 감정적으로 자극을 받는 데 그치지 않고 실재 본연의 모습을 힐끗 보게 된다.

그 어떤 철학자도 예술을 이토록 중심에 두지 않았다. 따라서 쇼펜하우어가 다양한 분야의 창의력 넘치는 사람들에게 인기가 있다는 것은 놀라운 일이 아니다. 작곡가들과 연주가들이 쇼펜하우어를 좋아하는 이유는 그가 모든 예술 중에서 음악이 가장 중요하다고 믿었기 때문이다. 또한 그의 사상은 레프 톨스토이, 마르셀 프루스트, 토마스 만, 토마스 하디 등 소설가들에게도 깊은 인상을 남겼다. 딜런 토마스는 의지로서의 세계에 대한 쇼펜하우어의 서술에 영감을 받아 「푸른 도화선 속으로 꽃을 몰아가는 힘이The force that through the green fuse drives the flower」라는 시까지 썼다.

쇼펜하우어는 단지 실재와 실재에 대한 우리의 관계를 서술한 것만이 아니었다. 그는 우리가 어떻게 살아야 하는가에 대한 견해도 밝혔다. 우리 모두가 하나의 에너지의 일부이고 각 개인은 표상으로서의 세계 차원에서만 존재할 뿐이라는 것을 깨닫는다면 우리의 행동은 바뀔 수밖에 없다. 쇼펜하우어가 보기에 다른 사람에게 해를 끼치는 것은 일종의 자해이다. 이것이 모든 도덕의 근본이다. 만약 내가 당신을 죽이면 나는 우리 모두를 하나로 연결하는 생명력의 일부를 파괴하는 것이다. 누군가가 다른 사람에게 해를 가하는 것은 뱀이 독니로 자기 살을 물고 있다는 걸 알지 못한 채 자기 꼬리를 무는 것과 다를 바 없다. 그래서 쇼펜하우어가 가르친 도덕의 근본은 동정심이었다. 이것을 제대로 이해하면 다른 사람들은 나와 상관없는 존재가 아니다. 내가 당신에게 일어난 일에 관심을 갖는 이유는 어떤 점에서 당신은 우리가 모두 속한 것, 즉 의지로서의 세계의 일부이기 때문이다.

이것이 쇼펜하우어의 공식적인 도덕적 입장이다. 하지만 과연 그 스스로 다른 사람에 대해 이 정도의 관심을 보였는지는 의문이다. 한번은 그의 집 문밖에서 수다를 떠는 노파 때문에 너무 화가 난 나머지 쇼펜하우어는 노파를 계단 아래로 밀쳐버렸다. 노파는 다쳤고, 법원은 쇼펜하우어에게 노파의 남은 생애 동안 보상금을 지불하라고 명령했다. 몇 년 뒤 노파가 세상을 떠났을 때 쇼펜하우어는 아무런 동정심도 보이지 않았다. 대신 노파의 사망진단서에 '오비트 아누스, 아비트 오누스*obit anus, abit onus*'(라틴어로 '노파가 가버리니 부담도 사라진다'는 의미이다)라고 운을 맞춘 농담을 휘갈겨 썼다.

욕구의 순환과 타협하는 더 극단적인 또 다른 방법이 있다. 이 모든 욕구에 사로잡히지 않기 위해 세계를 완전히 외면하고 금욕주의자가 되는 것이다. 즉 성적으로 순결하고 청빈하게 살아가는 것이다. 쇼펜하우어는 이것이 존재에 대처하는 이상적인 방법이라고 생각했다. 그것은 동양의 여러 종교가 선택하는 해결책이기도 하다. 하지만 쇼펜하우어는 나이가 들면서 사교 활동을 멀리했음에도 결코 금욕주의자가 되지는 않았다. 살아 있는 동안 그는 교제를 즐겼고 바람을 피웠으며 잘 먹었다. 쇼펜하우어는 위선자였다고 말하는 것은 그럴 만하다. 사실 그의 저술을 관통하는 비관적인 성향이 너무 심한 나머지 일부 독자들은 그가 진심이었다면 자살했을 거라고 생각할 정도였다.

그와 대조적으로 빅토리아 시대의 위대한 철학자 존 스튜어트 밀은 낙관론자였다. 그는 엄격한 사고와 토론이 사회 변화를 촉진해서 더 많은 사람들이 행복하고 성취감을 느끼는 삶을 영위할 수 있는 더 나은 세상을 만들 수 있다고 주장했다.

CHAPTER 24

성장할 수 있는 공간

존 스튜어트 밀

어린 시절 거의 내내 다른 아이들과 떨어져 지냈다고 상상해 보자. 아이들과 놀면서 시간을 보내는 대신 가정교사에게 그리스 어와 대수학을 배우거나 아주 지적인 어른들과 대화를 한다. 당 신은 어떤 사람이 되었을까?

이것은 대략 존 스튜어트 밀(1806~1873)에게 일어났던 일이다. 그는 일종의 교육 실험 대상이었다. 제러미 벤담의 친구였던 그 의 아버지 제임스 밀은 어린아이의 정신은 백지상태와 같다는 존 로크의 견해에 공감했다. 제임스 밀은 아이를 올바른 방식으로 키우면 아이가 천재로 발전할 가능성이 높다고 확신했다. 그래서 또래 아이들과 놀거나 그들의 나쁜 습관을 따라 하면서 시간을 낭비하지 않도록 아들 존을 집에서 가르쳤다. 하지만 단순히 주입식이나 억지로 암기하는 방식의 교육이 아니었다. 소크라테스식 문답법을 이용해서 아들이 자신이 배운 관념을 앵무새처럼 따라 하지 않고 스스로 탐구하도록 용기를 북돋웠다.

존 스튜어트 밀은 세 살 때 고대 그리스어를 공부하는 놀라운 결과를 보였다. 여섯 살 때는 로마 역사를 썼으며, 일곱 살 때는 '플라톤의 대화편'을 원어로 이해했다. 여덟 살 때부터 라틴어를 배우기 시작했고, 열두 살 때는 역사·경제학·정치학에 대한 폭넓은 이해를 갖췄다. 또한 복잡한 수학 방정식을 풀 수 있었고, 과학에 열정적이면서 높은 수준의 관심을 보였다. 그는 영재였다. 밀은 20대에 이미 당대의 가장 뛰어난 사상가 중 한 명이었다. 하지만 기이한 어린 시절을 결코 극복하지 못했으며 평생 사람들과 다소 거리를 둔 채 외롭게 지냈다.

그럼에도 밀은 일종의 천재로 변화했다. 그의 아버지가 실시한 실험이 효과가 있었던 셈이다. 밀은 불의에 저항하는 활동가, 선구적 페미니스트(그는 피임을 장려한다는 이유로 체포되었다), 정치가, 언론인, 위대한 철학자였다. 아마도 19세기의 가장 위대한 철학자일 것이다.

밀이 공리주의자로 길러지는 데는 벤담이 엄청나게 큰 영향력을 끼쳤다. 매년 여름 밀의 가족은 영국 서리 지방에 있는 벤담의 집에 머물렀다. 밀은 올바른 행동은 항상 최대 행복을 산출한다는 벤담의 사상에 동의했지만, 행복을 쾌락으로 설명하는 스승의 견해가 너무 투박하다고 생각했다. 그래서 밀은 상위의 쾌락과 하위의 쾌락을 구분하는 자신만의 공리주의 이론을 발전시켰다.

만약 선택하라고 한다면, 진흙투성이인 돼지우리에서 뒹굴면서 여물통의 먹이를 쩝쩝거리며 먹어대는 만족스러운 돼지가 되는 편이 더 나은가, 아니면 슬픈 인간이 되는 편이 더 나은가? 밀은 행복한 돼지보다 슬픈 인간이 되는 편을 선택하는 것이 당연하다고 생각했다. 하지만 이것은 벤담의 사상과 배치된다. 기억하겠지만, 벤담은 어떻게 만들어지든지 간에 중요한 것은 오직 쾌락을 주는 경험이라고 말했다. 밀은 이에 동의하지 않았다. 밀은 우리가 다양한 종류의 쾌락을 가질 수 있다고 생각했다. 어떤 쾌락은 다른 것보다 훨씬 더 좋고, 하위의 쾌락은 아무리 많아도 최소량의 상위 쾌락에 필적할 수 없다고 보았다. 동물이 경험할 수 있는 것과 같은 하위의 쾌락은 책을 읽거나 음악 연주를 듣는 것과 같은 지적인 상위의 쾌락에 결코 대항할 수가 없다. 밀은 여기서 더 나아가 만족해하는 바보가 되느니 불만족스러워하는 소크라테스가 되는 편이 더 낫다고 말했다. 철학자 소크라테스는 바보가 얻을 수 있는 것보다 훨씬 더 미묘한 쾌락을 자신의 사유를 통해 얻을 수 있었기 때문이다.

왜 밀의 견해를 믿어야 하는가? 밀은 상위의 쾌락과 하위의 쾌락 모두를 경험한 사람은 상위의 쾌락을 선호한다는 답을 내놓았다. 돼지는 책을 읽거나 고전음악을 들을 수 없으므로 이에 대한 돼지의 의견은 중요하지 않을 것이다. 만약 글을 읽을 수 있다면 돼지는 진흙탕에서 뒹구는 것보다 책을 읽는 것을 선호할 것이다.

그것이 밀의 생각이었다. 하지만 일부에서는 밀이 모든 사람이 그 자신처럼 진흙탕에서 뒹구는 것보다 책을 읽는 것을 선호할 거라고 가정한다는 점을 지적했다. 더욱이 밀이 행복의 양뿐 아니라 행복의 질(상위의 쾌락과 하위의 쾌락)도 다르다는 견해를 내놓게 되면서 무엇을 할지 계산하기가 훨씬 더 어려워진다. 벤담이 제시한 행복 계산법의 가장 큰 장점 중 하나는 모든 종류의 쾌락과 고통을 같은 단위로 측정하는 단순함이었다. 밀은 단위가 다른 상위 쾌락과 하위 쾌락 사이의 교환 비율을 어떻게 산정할지 제시하지 않았다.

밀은 자신의 공리주의적 사고를 삶의 모든 측면에 적용했다. 그는 인간이 나무와 비슷하다고 생각했다. 자랄 수 있는 공간을 충분히 확보해주지 않으면 나무는 휘고 약해진다. 하지만 적절한 공간이 주어지면 나무는 자신의 잠재력을 발휘해서 가지를 풍성하게 뻗으며 아주 높이 자랄 수 있다. 마찬가지로 적절한 환경에서 인간은 건강하게 성장한다. 그것은 관련된 개인만이 아니라 사회 전체를 위해 좋은 결과를 낳는다. 즉 행복을 극대화한다. 1859년 밀은 사람들에게 스스로 성장하기에 적합하다고 생각하는 공간을 주는 것이 사회를 조직하는 최고의 방법이라는 자신의 견해를 옹호하는, 짧지만 흥미로운 저서를 출간했다. 바로 지금도 여전히 널리 읽히고 있는 『자유론On Liberty』이다.

아버지를 의미하는 라틴어 '파터pater'에서 유래한 온정주의paternalism는 누군가에게 그 자신의 이익을 위해 어떤 것을 하도록 강요하는 것이다(어머니라는 의미의 라틴어 '마터mater'에서 유래한 모성애 maternalism도 마찬가지다). 어렸을 때 녹색 채소를 억지로 먹었던 기억이 있다면 이 개념을 아주 잘 이해할 것이다. 녹색 채소를 먹는 것이 다른 사람에게 도움이 되지는 않지만, 부모는 여전히 자식의 건강을 위해 억지로 먹게 한다. 밀은 어린이를 향한 온정주의는 괜찮다고 생각했다. 아이들은 그들 자신으로부터 보호되어야 하며 그들의 행동은 다양한 방식으로 통제되어야 한다. 그러나 문명사회에서 성인에 대한 온정주의는 용납될 수 없었다. 그것이 정당한 경우는 한 사람이 다른 사람을 해치는 행동을 할 위험이 있거나 심각한 정신 질환을 갖고 있을 때뿐이었다.

밀의 메시지는 간단했다. 그것은 해악의 원칙Harm Principle으로 알려져 있다. 모든 성인은 그 과정에서 다른 누구에게도 해가 되지 않는 한 자신이 원하는 대로 자유롭게 살 수 있어야 한다. 빅토리아 여왕 시대의 영국에서는 도발적인 발상이었다. 당시 많은 사람들은 국민에게 좋은 도덕적 가치를 부여하는 것도 정부의 역할이라고 생각했기 때문이다. 밀은 그런 생각에 동의하지 않았다. 그는 더 커다란 행복은 행동의 자유가 더 많은 개인으로부터 비롯된다고 생각했다. 밀이 우려한 것은 국민에게 무엇을 하라고 지시하는 정부만이 아니었다. 그는 많은 사람들에게 그들이 하고 싶거나 되고 싶은 것을 못하게 사회적 압력이 행사되는 방식을 싫어했다. 밀은 그것을 '다수의 횡포the tyranny of the majority'라고 불렀다.

어떤 사람들은 무엇이 당신을 행복하게 하는지 안다고 생각한다. 하지만 대개는 잘못 생각하고 있다. 당신의 삶에서 진정 무엇을 하고 싶은지는 그들보다 당신이 훨씬 더 잘 알고 있다. 그리고 비록 당신이 잘 알지 못해도 한 가지 삶의 방식을 따르도록 강요하기보다 우리 각자가 실수를 하도록 내버려두는 편이 더 낫다고 밀은 주장했다. 이것은 그의 공리주의 사상과 일치한다. 밀은 개인의 자유를 제한하는 것보다 확대하는 것이 전반적으로 더 많은 행복을 산출한다고 믿었기 때문이다.

밀(그 자신이 천재였다)에 따르면 천재들은 발전하기 위해 자유가 필요하다. 심지어 나머지 우리들보다 훨씬 더 많은 자유를 필요로 한다. 천재들은 어떻게 행동해야 하는지에 대한 사회의 기대에 좀처럼 적응하지 못하고 흔히 괴짜처럼 보인다. 만약 그들의 발전을 방해한다면 우리 모두에게 손해이다. 그들을 방해하지 않았다면 했을 사회에 대한 공헌을 하지 않을 것이기 때문이다. 그러므로 가능한 최대한의 행복을 얻고 싶다면 간섭하지 말고 사람들이 자신의 삶을 살 수 있게 해야 한다. 물론 그들이 다른 사람을 해치는 행동을 할 위험이 없다면 말이다. 만일 우리가 그들의 행동을 악의적이라고 생각해도 그것이 그들을 그런 식으로 살지 못하게 하는 충분한 이유가 될 수는 없다. 이 점에 대해 밀은 아주 분명한 태도를 취했다. 악의와 해악은 혼동하지 말아야 한다.

자유에 대한 밀의 접근법은 상당히 혼란스러운 결과를 초래한다. 가족이 없는 한 남자가 매일 밤 보드카를 두 병씩 마시기로 결심했다고 상상해보자. 남자는 술을 과하게 마신 탓에 죽을 거라고 쉽게 예측할 수 있다. 법이 개입해서 남자를 막아야 하는가? 밀은 그렇게 해서는 안 된다고 말한다. 물론 남자가 다른 사람을 해칠 위험이 없다면 말이다. 우리는 남자에게 스스로를 망가뜨리고 있다고 언쟁을 벌일 수는 있다. 하지만 아무도 그에게 삶의 방식을 바꾸도록 강요해서는 안 되며, 정부 역시 그가 술로 허송세월하는 것을 막아서는 안 된다. 그것은 그의 자유로운 선택이다. 만약 남자가 어린아이를 돌보고 있다면 그의 자유로운 선택에 맡겨서는 안 되겠지만, 부양할 사람이 없으면 그는 자신이 원하는 대로 할 수 있다.

밀은 삶의 방식에 대한 자유뿐 아니라 모든 사람에게 자신이 원하는 대로 생각하고 말할 수 있는 자유가 주어지는 것이 중요하다고 생각했다. 그는 공개 토론이 사회에 큰 도움이 된다고 보았다. 왜냐하면 사람들은 어쩔 수 없이 자신이 믿는 것에 대해 깊이 생각하게 되기 때문이다. 만약 반대 견해를 가진 사람들이 당신의 견해에 이의를 제기하는 상황을 겪지 않는다면 아마도 당신의 견해는 '죽은 신조dead dogmas', 즉 실제로는 옹호할 수 없는 편견으로 당신에게 남을 것이다. 밀은 폭력을 선동하는 수준에 이를 정도로 언론의 자유를 주장했다. 언론인이라면 '가난한 사람들을 굶어 죽게 하는 것은 옥수수 거래상들이다'라고 주장하는 사설을 자유롭게 쓸 수 있어야 한다고 믿었다. 하지만 옥수수 거래상의 집 앞 계단에 서서 성난 군중을 보면서 똑같은 문구가 쓰인 플래카드를 흔든다면 그것은 폭력을 선동하는 것이므로 밀의 해악의 원칙에 의해 금지될 것이다.

많은 사람들이 밀의 이런 견해에 동조하지 않았다. 일부에서는 자유에 대한 그의 접근법은 개인이 자신의 삶을 어떻게 생각하는지가 중요하다는 점에 지나치게 초점을 맞췄다고 생각했다

(예를 들어 루소의 자유 개념보다 훨씬 더 개인주의적이다. '챕터 18' 참조). 도덕을 영원히 파괴하게 될 관대한 사회의 문을 밀이 열었다고 보는 사람들도 있었다. 동시대에 살았던 변호사 제임스 피츠제임스 스티븐은 대다수 사람들은 활동 반경을 제한하는 쪽으로 몰아가야 하며, 삶의 방식에 대해 너무 많은 선택권을 줘서는 안 된다고 주장했다. 무제한의 자유를 주면 대부분은 결국 스스로에게 해로운 자기 파괴적인 결정을 내릴 것이기 때문이다.

밀은 저술 활동을 하던 당시 특히 페미니즘 분야에서 급진적인 모습을 보였다. 19세기 영국에서 기혼 여성은 재산을 소유할 수 없었고, 남편의 폭력이나 강간에 대해 법적인 보호도 거의 받지 못했다. 밀은 저서 『여성의 종속The Subjection of Women』(1869)에서 남성과 여성은 법 앞에서, 그리고 좀 더 일반적으로 사회에서 동등하게 대우받아야 한다고 주장했다. 그의 주변 일부에서는 여성이 남성보다 태생적으로 열등하다고 주장했다. 밀은 여성들이 잠재력을 온전히 발휘하는 것을 방해받는 일이 흔한 상황에서 그들이 어떻게 그런 사실을 알 수 있느냐고 물었다. 여성들은 고등교육과 많은 직업에서 배제되었다. 무엇보다 밀은 양성평등이 이뤄지기를 바랐다. 결혼은 동등한 사람들 간의 우정이어야 한다고 주장했다. 두 사람의 인생에서 느지막이 있었던 미망인 해리엇 테일러와 밀의 결혼이 그와 같아서 둘 다에게 큰 행복을 가져다주었다. 그녀의 첫 남편이 살아 있는 동안 두 사람은 친한 친구였고(아마 연인이기도 했을 것이다), 밀은 1851년이 되어서야 그녀의 두 번째 남편이 될 수 있었다. 그녀는 밀이 『자유론』과 『여성의 종속』

을 집필하는 것을 도왔지만, 안타깝게도 두 책이 출간되기 전에 세상을 떠나고 말았다.

『자유론』은 1859년에 처음 출간되었다. 같은 해에 훨씬 더 중요한 책이 등장했다. 바로 찰스 다윈의『종의 기원』이었다.

CHAPTER 25

지적이지 않은 설계

찰스 다윈

"당신들 조상 중에 원숭이가 있다는 거군요. 그러면 그 원숭이는 당신들 할아버지 쪽입니까, 아니면 할머니 쪽입니까?"

1860년 옥스퍼드 대학의 자연사박물관에서 새뮤얼 윌버포스 주교가 동물학자 토마스 헨리 헉슬리와의 유명한 토론에서 던진 무례한 질문이었다. 헉슬리는 찰스 다윈(1809~1882)의 견해를 옹호하고 있었다. 윌버포스의 질문에는 모욕과 농담 두 가지 의도가 모두 담겨 있었다. 하지만 그것은 역효과를 가져왔다.

"하느님이 저 양반을 내 손에 넘겨주셨군!"

헉슬리는 그렇게 중얼거리고는 과학적 견해를 조롱하며 토론을 방해하는 인간을 조상으로 두느니 유인원을 조상으로 두겠다고 답했다. 차라리 그는 자신이 할아버지와 할머니 양쪽 모두가 원숭이와 비슷한 조상의 후손이라고 설명하는 편이 나았을지 모른다. 물론 그것이 아주 최근이 아니라 오래전 과거의 일이라고 말이다. 그것이 바로 다윈의 주장이다. 모든 사람의 가계도에는 원숭이와 비슷한 조상이 있다.

이런 견해는 1859년 다윈의 저서 『종의 기원On the Origin of Species』이 출간되는 순간부터 커다란 논란을 불러일으켰다. 그 이후 인간이 동물의 왕국에 있는 나머지 동물과 완전히 다른 존재라고 생각하는 것은 불가능했다. 인간은 더 이상 특별하지 않았다. 다른 동물과 마찬가지로 자연의 일부일 뿐이었다. 이런 생각이 지금 우리에게는 놀라운 일이 아니지만, 빅토리아 시대 사람들 대부분에게는 그렇지 않았다.

우리가 유인원과 가깝다는 점을 깨닫는 데는 침팬지나 고릴라와 몇 분만 같이 있거나 거울을 자세히 들여다보는 것만으로도 충분하다고 생각할 것이다. 하지만 다윈이 살던 시대에 거의 모든 사람은 인간은 여타의 동물과 아주 다르며, 인간이 유인원과 먼 친척 관계라는 생각은 터무니없다고 여겼다. 다윈의 견해는 정상이 아니고 악마의 소행이라고 생각하는 사람이 많았다. 일부 기독교도는 어떻게 하느님이 6일 동안 분주히 모든 동물과 식물을 창조했는지에 대한 진짜 이야기가 창세기Book of Genesis에 담겨 있다는 믿음을 고수했다. 하느님은 세계와 그 안의 모든 것을 설계했고, 그 모든 것은 항상 각자 제자리를 차지하고 있다. 이런 기독교도들은 모든 동식물은 천지창조Creation 이후 변함이 없는 상태라고 믿었다. 오늘날에도 여전히 어떤 사람들은 우리가 현재와 같은 모습이 되는 과정이 진화라는 것을 믿으려 하지 않는다.

다윈은 철학자가 아니라 생물학자이면서 지질학자였다. 그렇다면 이 책에 다윈을 다루는 챕터가 있는 이유가 궁금할 것이다. 그 이유는 다윈의 자연선택에 의한 진화론과 그것을 현대적으로 해석한 이론들이 인류에 대한 과학자들의 생각뿐 아니라 철학자들의 생각에도 지대한 영향을 미쳤기 때문이다. 진화론은 역사상 가장 큰 영향력을 끼친 과학 이론이다. 현대 미국의 철학자 대니얼 데닛은 진화론을 두고 '이제껏 사람이 가졌던 단 하나의 최고 견해'라고 했다. 진화론은 인간과 그 주변의 동식물이 어떻게 현재와 같은 모습이 되었고, 어떻게 여전히 변화하고 있는지를 설명하고 있다.

진화론의 등장으로 나타난 결과 중 하나는 신이 없다고 믿는 것이 그 어느 때보다도 쉬워졌다는 점이다. 동물학자 리처드 도킨스는 이렇게 썼다.

'다윈의 『종의 기원』이 출간된 1859년 이전에는 무신론자라는 것을 상상할 수 없었다.'

물론 1859년 이전에도 무신론자는 있었지만('챕터 17'에서 살펴보았던 데이비드 흄도 그중 한 명일 것이다), 그 이후에는 훨씬 더 많았다. 진화가 사실이라고 믿기 위해 무신론자가 될 필요는 없다. 많은 종교 신자들이 다윈주의자이다. 하지만 다윈주의자이면서 동시에 신이 모든 종을 오늘날과 똑같은 모습으로 창조했다고 믿을 수는 없다.

젊은 시절 다윈은 영국 왕립해군의 군함 HMS 비글Beagle호를 타고 5년간 항해하면서 남아메리카, 아프리카, 오스트레일리아 대륙을 방문했다. 이것은 누구에게나 그렇겠지만, 다윈에게도 일생일대의 모험이었다. 그 전에 다윈은 유난히 촉망받는 학생도 아니었고, 그가 인류의 사고에 그렇게 인상적인 기여를 할 거라곤 아무도 예상하지 않았을 것이다. 그는 학업에 특별한 재능을 보이지 않았다. 다윈의 아버지는 대부분의 시간을 쥐 사냥을 하면서 보내는 아들이 건달이 되거나 가문의 수치가 될 거라고 확신했다. 다윈은 에든버러에서 의사 양성 교육을 받기 시작했지만, 상황이 여의치 않자 진로를 바꿔 교구 목사가 되려고 케임브리지 대학에서 신학 공부를 했다. 여가 시간에는 열정적인 박물학자로서 식물과 곤충을 수집했지만, 역사상 가장 위대한 생물학자가 될 조짐은 보이지 않았다. 여러모로 다윈은 자포자기 상태처럼 보였다. 그는 정말로 자신이 무엇을 하고 싶은지 알지 못했다. 하지만 비글호의 항해로 그는 다른 사람이 되었다.

이 항해는 세계를 일주하는 과학 원정이었다. 또한 원정대가 방문한 지역의 해안선 지도를 만들려는 목적도 있었다. 자격 미달임에도 다윈은 공식 식물학자의 직무를 맡았고, 상륙하는 곳의 돌, 화석, 동물을 자세히 관찰했다. 크지 않은 선체는 금세 다윈이 수집한 표본으로 가득 찼다. 운 좋게도 그는 이 수집 표본을 대부분 영국으로 보내 언제든지 연구할 수 있게 보관해두었다.

지금까지 이 항해에서 가장 높이 평가되는 부분은 갈라파고스 제도를 방문한 일로 밝혀졌다. 갈라파고스 제도는 남아메리카 대륙에서 약 800킬로미터 떨어진 태평양의 화산섬이다. 1835년

비글호는 갈라파고스 제도에 도착했다. 그곳에는 코끼리거북, 바다이구아나 등 연구하기에 흥미로운 동물이 많았다. 당시 그가 보기에는 명백하지 않았지만, 다윈의 진화론에서 가장 중요한 것은 다소 평범해 보이는 핀치류였다. 그는 이 작은 새들을 잡아서 더 자세히 연구하기 위해 영국으로 보냈다. 이후 면밀한 연구를 통해 전혀 다른 13종의 새라는 사실이 드러났다. 그 작은 차이점은 주로 부리에 있었다.

항해에서 돌아온 다윈은 교구 목사가 되려는 계획을 포기했다. 항해 도중 영국으로 보낸 화석, 식물, 죽은 동물 덕분에 그는 과학계에서 상당히 유명해졌다. 그는 상근 박물학자가 되어 수년간 자신의 진화론을 연구하는 동시에 선체나 바위에 붙어사는 조개 모양의 동물인 만각류에 관한 세계적인 전문가의 위치에 올랐다. 다윈은 자신의 진화론에 대해 생각할수록 종들이 자연스러운 과정을 거쳐 진화했으며 영원히 불변하는 것이 아니라 계속해서 변화한다고 더욱더 확신하게 되었다. 마침내 그는 그 환경에 잘 맞는 동물과 식물이 몇 가지 특성을 후손에게 물려줄 만큼 오래 살아남을 가능성이 높다는 가설을 내놓았다. 그것들이 발견된 환경에서 살도록 설계된 것처럼 보이는 동물과 식물은 오랜 세월에 걸쳐 형성된 이런 패턴에 의해 생겨난 것이다. 갈라파고스 제도는 진행 중인 진화에 관한 최고의 증거 몇 가지를 제공했다. 예를 들어 다윈은 과거의 어느 순간 핀치가 어쩌면 강한 바람에 실려 남아메리카 대륙에서 갈라파고스 제도로 왔을 거라고 생각했다. 남아메리카 대륙과 갈라파고스 제도에 사는 핀치들은 수천 세대를 거치면서 각자 사는 곳에 점차 적응했다.

같은 종의 새가 모두 똑같지는 않다. 보통은 그 종류가 아주 다양하다. 예를 들어 다른 새보다 부리가 조금 더 뾰족할 수 있다. 만약 이런 종류의 부리가 더 오래 생존하는 데 도움이 된다면 번식 가능성도 높아질 것이다. 씨앗을 먹기에 좋은 부리를 가진 새는 주변에 씨가 많은 섬에서는 잘 지낼 수 있겠지만, 깨뜨려야만 먹을 수 있는 견과류가 주요 먹이인 섬에서는 잘 지낼 수 없을 것이다. 부리 형태 때문에 먹이를 찾기가 더 어려운 새는 짝짓기를 해서 새끼를 낳을 수 있을 만큼 오래 살기 어려울 것이다. 그러면서 그런 종류의 부리가 후대로 이어질 가능성은 더 낮아지게 된다. 주변에 있는 먹이를 먹는 데 적합한 부리를 가진 새는 그 특성을 후손에게 물려줄 가능성이 높아질 것이다. 따라서 씨앗이 풍부한 섬은 씨앗을 먹기에 좋은 부리를 가진 새가 장악하게 된다. 수천 년이 지나는 동안 이 과정에서 새로운 종의 진화가 이어지고, 애초에 섬에 정착했던 유형과는 아주 다른 종으로 진화한다. 부적합한 유형의 부리를 가진 새는 서서히 멸종했을 것이다. 조건이 다른 섬에서는 약간 다른 유형의 핀치가 진화할 것이다. 오랜 시간에 걸쳐 새의 부리는 환경에 더욱더 잘 적응하게 되었다. 각기 다른 섬의 다양한 환경은 그곳에서 번창한 새야말로 그 조건에 가장 적합하다는 것을 의미했다.

다윈 이전에도 동물과 식물이 진화한다고 주장하는 사람들이 있었다. 그중에는 다윈의 할아버지인 에라스무스 다윈도 있었다. 손자 다윈이 추가한 것은 자연선택에 적응 이론, 즉 생존하기 위해 환경에 가장 잘 적응한 개체가 자신의 특성을 후대에 물려주는 과정에 대한 이론이었다.

모든 것은 이 생존경쟁으로 설명된다. 그것은 단지 다른 종과의 경쟁이 아니다. 같은 종 안에서도 생존경쟁이 벌어진다. 그들은 모두 자신의 특성을 다음 세대에 물려주기 위해 경쟁하고 있다. 지적인 정신에 의해 고안된 것처럼 보이는 동식물의 특성들은 이런 과정으로 생겨났다.

진화는 무의식적인 과정이다. 그 이면에 의식이나 신이 없다. 혹은 적어도 이면에 그런 것이 있을 필요가 없다. 진화는 비인격적이다. 마치 자동으로 계속 작동하는 기계와 같다. 어느 방향으로 진행되는지 모르고, 진화를 통해 새롭게 등장한 동물과 식물에 대해 생각하지 않는다는 점에서 맹목적이다. 또한 그 동식물에 대해 신경 쓰지도 않는다. 진화의 산물인 동물과 식물을 볼 때 누군가가 정교하게 설계했다고 생각하는 것은 어려운 일이 아니다. 하지만 그것은 착각일 것이다. 다윈의 진화론은 훨씬 단순하고 더 명쾌한 설명을 제시한다. 또한 각자 살아가는 환경에 적응한 서로 다른 종을 가진 수많은 유형의 생명체가 존재하는 이유를 설명한다.

1858년 다윈은 여전히 자신의 연구 결과를 발표할 상황이 아니었다. 그는 집필 중이었고, 그 작업을 제대로 마무리하고 싶었다. 박물학자 앨프레드 러셀 월리스(1823~1913)는 다윈에게 진화론과 아주 유사한 자신의 견해를 개략적으로 담은 편지를 보냈다. 이러한 우연의 일치로 인해 다윈은 자신의 이론을 공개하게 되었다. 우선 그는 런던의 린네 학회Linnean Society(박물학 관련 잡지 발행 등의 업무를 하는 영국의 협회 - 옮긴이)에서 구두 발표를 한 뒤 이듬해인 1859년에『종의 기원』을 내놓았다. 진화론 연구에 인생의 대부분을 바친 다윈은 월리스가 자신보다 먼저 결과를 내놓는 것을 원치 않았다.『종의 기원』으로 다윈은 즉시 유명해졌다.

일부 사람들은『종의 기원』을 읽고 납득하지 못했다. 예를 들어 과학자이자 기상예보 시스템을 발명한 비글호의 선장 로버트 피츠로이는 성서의 천지창조 이야기를 신봉하는 인물이었다. 그는 자신이 종교적 믿음을 훼손하는 일에 일조했다면서 낙담했고, 다윈을 배에 태우지 말았어야 했다고 후회했다. 오늘날까지도 창조론자들은 창세기의 이야기가 사실이며 생명의 기원을 정확히 서술한 것이라고 믿고 있다. 하지만 과학자들 사이에서는 다윈의 이론이 진화의 기본 과정을 설명해준다는 확신이 압도하는 분위기이다. 이는 부분적으로 다윈의 시대 이후 그의 진화론과 그 후 새롭게 해석한 이론들을 뒷받침하는 새로운 관찰이 상당히 많이 이뤄졌기 때문이다. 예를 들어 유전학은 유전이 일어나는 과정을 자세히 설명했다. 우리는 유전자와 염색체뿐 아니라 특정 속성을 전달하는 과정과 연관된 화학작용에 대해 알고 있다. 또한 오늘날 화석 증거는 다윈의 시대보다 훨씬 더 신빙성이 있다. 이러한 이유들 때문에 자연선택에 의한 진화론은 '그저 하나의 가설' 그 이상이다. 뒷받침하는 증거의 무게감이 아주 상당한 가설이다.

다윈주의는 전통적인 설계논증을 거의 무너뜨리고 많은 사람들의 종교적 믿음을 뒤흔들었을지 모른다. 하지만 다윈 자신은 신의 존재 여부에 대해 열린 마음을 유지했던 것으로 보인다. 동료 과학자에게 보낸 편지에서 그는 우리가 실제로 이 문제의 결론을 내릴 수 있을 것 같지 않다고 단언했다.

'이 주제 전체는 인간의 지성으로 이해하기엔 너무 심오하네. 개 또한 뉴턴의 정신에 대해 사색하고 있는지도 모르네.'

종교적 믿음에 대해 사색할 자세를 갖췄고, 다윈과 달리 그것을 필생의 핵심 과업으로 삼은 사상가는 쇠렌 키르케고르였다.

CHAPTER 26

삶의 희생

쇠렌 키르케고르

아브라함은 하느님의 계시를 받았다. 외아들 이삭을 제물로 바쳐야 하는 참으로 잔혹한 계시였다. 아브라함은 극심한 고뇌에 빠진다. 그는 아들을 사랑하지만, 또한 독실한 인물이고 하느님의 말씀에 순종해야 한다는 것을 알고 있다. 구약성서 창세기에 나오는 이 이야기에서 아브라함은 하느님이 지시한 대로 아들을 모리아 산의 꼭대기로 데려가 돌로 된 제단에 묶은 다음 칼로 죽이려 한다. 하지만 마지막 순간 하느님은 천사를 보내 살육을 막는다. 그러자 아브라함은 근처 덤불에 걸린 숫양을 제물로 바친다. 하느님은 아들을 살려줌으로써 아브라함의 충절에 보답한다.

이것은 메시지가 있는 이야기이다. 대개 사람들이 생각하는 이 이야기의 교훈은 이렇다.

'믿음을 가지고 하느님이 시키는 대로 하라. 그러면 결국 그 모든 것이 최선이었음이 드러날 것이다.'

요점은 하느님의 말씀을 의심하지 말라는 것이다. 하지만 덴마크의 철학자 쇠렌 키르케고르(1813~1855)에게 그것은 그리 간단하지 않았다. 키르케고르는 저서 『두려움과 떨림Fear and Trembling』(1842)에서 아들 이삭을 제물로 바쳐야 하는 모리아 산으로 향하는 3일의 여정 동안 아브라함의 마음속을 관통했을 의문, 두려움, 괴로움을 상상해보려고 했다.

키르케고르는 그 자신이 살던 코펜하겐에 쉽게 적응하지 못한 아주 특이한 인물이었다. 왜소한 체형의 이 남자는 낮에는 동료와의 대화에 빠져서 도시 주위를 걷는 모습이 종종 목격되었고, 스스로를 덴마크의 소크라테스라고 생각하기를 좋아했다. 저녁에는 촛불로 둘러싸인 책상 앞에 서서 글을 썼다. 그의 기행 중 하나는 연극 막간에 나타나 모든 사람이 그가 외출해서 즐거운 시간을 보내고 있다고 생각하게 만드는 일이었다. 그는 실제로 연극을 전혀 보지 않았고 공연 시간 거의 내내 집에서 글을 쓰느라 바빴다. 키르케고르는 저술가로서 아주 열심히 일했지만, 사생활에서는 괴로운 선택을 내려야만 했다.

키르케고르는 레기네 올센이라는 젊은 여성과 사랑에 빠져 청혼을 했다. 그녀는 승낙했다. 하지만 이후 키르케고르는 자신이 너무 침울하고 신앙심이 깊어서 어느 누구와도 결혼하지 못할까봐 걱정했다. 어쩌면 그는 덴마크어로 '묘지'를 뜻하는 자신의 성 '키르케고르Kierkegaard'에 맞게 행동한 것일 수도 있다. 그는 레기네에게 편지를 써서 그녀와 결혼할 수 없다며 약혼반지를 돌려주었다. 그는 자신의 결정에 두려움을 느꼈고, 그 후 수많은 나날을 침대에서 울며 지냈다. 당연히 레기네는 망연자실해서 그에게 돌아오라고 애원했다. 키르케고르는 거절했다. 이후 그의 저술 대부분이 어떻게 살 것인지를 결정하고 자신의 결정이 옳은지 아는 일의 어려움을 다루고 있다는 점은 결코 우연이 아니다.

키르케고르의 가장 유명한 작품인 『이것이냐 저것이냐Either/Or』(1843)는 제목 자체가 결정을 내리는 행위를 말한다. 이 작품은 독자에게 쾌락과 아름다움을 추구하는 삶과 전통적인 도덕 규칙을 바탕으로 하는 삶 사이의 선택권, 즉 미학과 윤리학 사이의 선택권을 준다. 하지만 그가 작품 전체에서 계속 반복하는 주제는 신에 대한 믿음이었다. 그 핵심에는 아브라함의 이야기가 있다. 키르케고르에게 신을 믿는 것은 단순한 결정이 아니라 어둠 속으로 뛰어들어야 하는 것과 같은 결정이다. 즉 믿음에 대한 결정은 자신이 무엇을 해야 하는지에 대한 전통적인 관념에 반할 수 있다.

만약 아브라함이 하느님의 계시를 그대로 따라 자신의 아들을 죽였다면 도덕적으로 잘못된 일을 한 것이다. 아버지는 아들을 돌봐야 하는 기본적인 의무가 있고, 아들을 제단에 묶고 종교의식 중에 목을 베는 일은 당연히 해서는 안 되는 행위이다. 하느님이 아브라함에게 요구한 것은 도덕을 무시하고 무조건 믿어야 한다는 것이다. 구약성서에서 아브라함은 이런 전형적인 선악 관념을 무시하고 이삭을 제물로 바칠 준비가 되었다는 점에서 존경

받을 만한 인물로 그려진다. 하지만 그는 끔찍한 실수를 할 수 있었던 것이 아닐까? 만약 그 계시가 하느님의 계시가 아니었다면 어땠을까? 어쩌면 망상이었을지도 모른다. 아브라함이 제정신이 아니어서 계시를 들었다고 생각할 수도 있다. 그는 어떻게 확실히 알 수 있었을까? 만약 하느님이 자신의 명령을 끝까지 고수하지 않을 거라는 점을 미리 알았다면 아브라함에게는 수월했을 것이다. 하지만 아들의 피가 흘러내리게 하려고 칼을 들었을 때, 그는 정말로 자신이 아들을 죽이려 한다고 믿었다. 구약성서에 묘사된 것처럼 이 장면의 핵심은 바로 그것이다. 아브라함의 믿음이 인상적인 까닭은 전통적으로 고려해야 하는 윤리적 사항보다는 하느님을 믿었기 때문이다. 그렇지 않았다면 그것은 믿음이 아니었을 것이다. 믿음은 위험을 수반한다. 하지만 비이성적이기도 하다. 믿음은 이성에 근거하지 않는다.

키르케고르는 아버지는 항상 아들을 지켜야 한다는 것과 같은 일반적인 사회적 의무가 때로는 최상의 가치가 아니라고 믿었다. 하느님의 말씀에 복종하는 의무는 좋은 아버지가 되는 의무를 능가하며, 실은 다른 어떤 의무보다 앞선다. 인간의 관점에서 볼 때 아브라함은 심지어 자신의 아들을 희생시키는 것을 고려한다는 점에서 비정하고 비도덕적으로 보일 수 있다. 하지만 그것이 무엇이든 하느님의 명령은 마치 경기를 이기는 최고의 카드패와 같다. 그보다 더 높은 패는 없고, 인간의 윤리는 더 이상 중요하지 않다. 그렇지만 믿음을 위해 윤리를 버린 사람은 그렇게 해서 어떤 이득이 있거나 어떤 일이 벌어질지 알지 못한 채, 그 계시가 진정 신의 계시인지 확실히 알지 못한 채 모든 것을 거는 괴로운 결정을 내린다. 이 길을 선택한 사람은 완전히 혼자이다.

키르케고르는 기독교도였지만, 덴마크 교회를 몹시 싫어했고 주변의 자기만족적인 기독교도들이 행동하는 방식을 받아들일 수 없었다. 그에게 종교란 가슴을 쥐어짜는 듯한 고통스러운 선택이지 교회에서 찬송가를 부르기 위한 속 편한 구실이 아니었다. 키르케고르가 생각하기에 덴마크 교회는 기독교를 왜곡했고 진정한 기독교가 아니었다. 이렇다 보니 키르케고르가 사람들에게 인기가 없는 것은 놀랄 일이 아니었다. 소크라테스와 마찬가지로 그는 그 자신의 비판과 날선 발언을 좋아하지 않는 주변 사람들의 신경을 건드렸다.

지금까지 나는 키르케고르가 무엇을 믿었는지에 대해 확신을 가지고 썼다. 하지만 그가 자신의 저서에서 정말 말하려 한 것을 해석하기란 쉽지 않다. 이는 우연이 아니다. 키르케고르는 독자 스스로 생각하게 만드는 저술가이다. 그는 저서를 발표할 때 자신의 이름을 거의 쓰지 않고 가명을 사용했다. 예를 들어 『두려움과 떨림』은 요하네스 데 실렌티오, 즉 침묵의 요한이라는 이름으로 발표했다. 이것은 그저 키르케고르가 썼다는 것을 사람들이 알아내지 못하게 하는 위장술이 아니었다. 많은 사람들은 저자가 누구인지 즉각 추측했고, 이는 키르케고르도 원한 바였을 것이다. 키르케고르가 만들어낸 이 저자들은 오히려 자기만의 방식으로 세계를 바라보는 인물들이다. 이것은 독자로 하여금 그가 논의하고 있는 입장을 이해하고 책을 읽으면서 집중하도록 유도하는 키르케고르의 작법 기술 중 하나이다. 독자는 인물의 시선을 통해 세계를 보고 삶에 대한 다른 접근 방식의 가치에 대해 스스로 결정하게 된다.

키르케고르의 저술을 읽는 것은 소설을 읽는 것과 다를 바 없다. 그는 종종 발상을 전개하기 위해 허구적인 이야기를 이용했다. 『이것이냐 저것이냐』에서는 책 속의 가상 편집자 빅토르 에레미타가 중고 책상의 비밀 서랍에서 원고를 발견하는 것으로 설정된다. 그 원고가 책의 본문이다. 원고는 서로 다른 두 사람이 쓴 것으로 보인다. 키르케고르는 그 두 사람을 A와 B로 설정한다. 첫 번째 부분은 쾌락을 추구하는 사람의 이야기이다. 그의 삶은 새로운 자극을 찾아서 지루함을 피하는 것을 중심으로 돌아간다. 그가 일기 형식으로 전하는 젊은 여성을 유혹하는 이야기는 단편 소설처럼 읽히고 몇 가지 점에서 레기네와 키르케고르의 관계를 반영하고 있다. 하지만 키르케고르와 달리 이 남자는 오직 자신의 감정에만 관심이 있다. 두 번째 부분은 마치 도덕적 삶의 방식을 옹호하는 판사가 쓴 것 같다. 첫 번째 부분의 문체는 A라는 인물의 관심사를 반영하고 있다. 예술, 오페라, 유혹에 관한 단편들로 구성되어 있다. 마치 저자가 어느 한 가지 주제에 오랫동안 몰두하지 못하는 것 같다. 두 번째 부분은 판사의 인생관을 반영하는 좀 더 냉철하지만 장황한 문체로 쓰였다.

한편 버림받은 불쌍한 레기네 올센의 처지가 딱하다고 생각하는 사람에게 뒷이야기를 전하자면, 그녀는 키르케고르와 만났다 헤어지기를 반복하는 힘든 관계가 끝난 뒤에 공무원과 결혼해서 여생을 충분히 행복하게 지낸 듯 보인다. 하지만 키르케고르는 한 번도 결혼을 하지 않았고, 레기네와 헤어진 뒤에는 여자친구도 사귀지 않았다. 레기네는 그의 진정한 사랑이었고, 두 사람의 실패한 관계는 그가 짧고 고통스러운 삶을 사는 동안 남긴 거의 모든 작품의 원천이었다.

많은 철학자와 마찬가지로 키르케고르는 짧은 생애 동안 제대로 인정받지 못했다. 그는 불과 42세에 세상을 떠났다. 하지만 20세기 들어 그의 작품은 장 폴 사르트르('챕터 33' 참조)와 같은 실존주의자들에게 인기를 얻었다. 실존주의자들은 기존의 삶의 지침이 없는 상황에서 무엇을 할지 선택해야 하는 고뇌에 관한 키르케고르의 사상에 특히 매료되었다.

키르케고르에게는 주관적인 관점, 즉 개인이 선택을 하는 경험이 무엇보다 중요했다. 칼 마르크스는 더 폭넓은 관점을 가졌다. 헤겔과 마찬가지로 마르크스에게는 역사의 전개 방식과 역사를 움직이는 힘에 대한 고매한 통찰력이 있었다. 하지만 키르케고르와 달리 마르크스는 종교에서 어떤 구원의 희망도 보지 못했다.

CHAPTER 27

만국의 노동자여, 단결하라

칼 마르크스

19세기 영국 북부 지역에는 방적 공장이 수천 개에 달했다. 공장의 높은 굴뚝에서 뿜어져 나오는 시꺼먼 연기는 거리를 오염시키고 모든 것을 매연으로 뒤덮었다. 공장 안에서는 남자들과 여자들, 그리고 어린아이들이 방적기를 계속 돌리기 위해 종종 하루 열네 시간씩 일하는 등 장시간 노동에 매달렸다. 그들은 절대 노예가 아니었지만 임금은 매우 낮았고 노동조건은 열악하고 때로 위험했다. 집중하지 않으면 기계에 끼여 들어가 팔다리를 잃거나 심지어 목숨을 잃을 수도 있었다. 이런 상황에서는 의료 처치를 받는 것이 기본이겠지만 그들에게는 선택의 여지가 없었다. 일하지 않으면 굶어 죽을 상황이었다. 공장을 나가면 다른 일자리를 찾을 수 없었다. 이런 조건에서 일하는 사람들은 오래 살지 못했고, 그들의 삶에서 자기 마음대로 할 수 있는 시간은 거의 없었다.

그러는 사이 방적 공장 소유주들은 부를 쌓았다. 그들의 주된 관심사는 이윤을 내는 데 있었다. 그들은 자본(더 많은 돈을 벌기 위해 사용할 수 있는 돈)을 소유했고, 건물과 기계를 소유했으며, 노동자도 소유한 셈이었다. 하지만 노동자에게는 거의 아무것도 없었다. 그들이 할 수 있는 것이라곤 노동력을 팔고 공장 소유주들이 부유해지는 것을 돕는 일뿐이었다. 그들은 공장 소유주들이 구입한 원재료에 자신들의 노동으로 가치를 더했다. 공장에 투입된 목화의 가치는 제품의 가치에 비해 현저히 낮았다. 하지만 목화 제품이 판매될 때 그 부가가치는 주로 방적 공장 소유주들에게 돌아갔다. 공장 소유주는 노동자들에게 되도록 임금을 적게 지불했다. 살아갈 수 있을 정도만큼만 지불하는 일이 흔했다. 노동자들에게는 직업 안정성도 없었다. 그들이 생산하는 것이 무엇이든 그 수요가 줄어들면 해고되고 일을 더 찾지 못하면 죽을 수밖에 없는 처지에 놓였다. 독일 철학자 칼 마르크스(1818~1883)가 1830년대에 저술 작업을 시작했을 때, 산업혁명이 만들어낸 이런 암울한 상황은 영국뿐 아니라 유럽 전역에 만연해 있었다. 산업혁명은 그를 분노하게 했다.

마르크스는 평등주의자였다. 모든 인간은 동등한 대우를 받아야 한다고 생각했다. 그렇지만 자본주의 체제에서는 주로 물려받은 재산 덕에 돈이 있는 사람들은 점점 더 부유해졌다. 반면에 노동력밖에 없는 사람들은 비참하게 살았고 착취당했다. 마르크스에게 인류 전체의 역사는 계급투쟁, 즉 부유한 자본가 계급(부르주아)과 노동자 계급(프롤레타리아)의 투쟁이었다. 이런 관계로 인해 인간은 잠재력을 발휘하지 못했고, 노동은 성취감을 주는 활동이 아니라 고통스러운 것으로 바뀌었다.

대단히 정력적이며 분란을 일으키기로 명성이 자자했던 마르크스는 생애 대부분을 빈곤하게 지냈으며, 박해를 피해 독일에서 파리로, 다시 브뤼셀로 옮겨 다니다가 결국 런던에 정착했다. 그곳에서 아내 예니와 일곱 아이, 가정부 헬레네 데무트와 함께 살았다. 헬레네와의 사이에서는 사생아가 있었다. 친구 프리드리히 엥겔스는 마르크스가 신문에 기고하는 일자리를 찾도록 도왔고, 심지어 체면을 살려주기 위해 그의 사생아까지 입양했다. 하지만 마르크스 가족은 좀처럼 돈이 충분치 않았다. 가족들은 자주 아프고 굶주리고 추위에 떨었다. 안타깝게도 그의 아이들 중 셋은 성인이 되기 전에 죽고 말았다.

만년에 마르크스는 거의 매일 걸어서 런던 대영박물관의 열람실에 가서 연구하고 글을 쓰거나 비좁은 소호 아파트의 집에 머물며 아내에게 글을 받아쓰게 했다. 필체가 너무 엉망이어서 때로는 그 자신도 읽을 수 없었기 때문이다. 이렇게 어려운 여건에서 그는 엄청난 분량의 저서와 논문을 남겼다. 두꺼운 책으로 50권이 넘는 분량이다. 마르크스의 사상은 수백만 명의 삶을 변화시켰다. 일부의 삶은 더 나은 쪽으로 바뀌었고, 의심할 여지 없이 많은 이들의 삶이 더 나쁜 쪽으로 바뀌었다. 당시 마르크스는 기이한 인물로 보였음에 틀림없고, 어쩌면 약간 미친 사람 같았을 것이다. 하지만 그가 얼마나 영향력을 미칠지 예견한 사람은 거의 없었다.

마르크스는 노동자들에게 동질감을 느꼈다. 사회의 전체 구조가 노동자들을 억압했다. 그들은 인간으로서 제대로 살 수 없었다. 곧이어 공장 소유주들은 생산공정을 세분화하면 더 많은 제품을 생산할 수 있다는 것을 깨달았다. 그러면 개별 노동자는 생산 라인에서 특정 업무를 전문적으로 할 수 있었다. 하지만 이것은 노동자의 삶을 한층 더 지루하게 만들었다. 노동자들은 따분하고 반복적인 동작만 거듭해서 실행할 수밖에 없었기 때문이다. 그들은 전체 생산공정을 볼 수 없었고, 겨우 먹고살 만큼밖에 벌지 못했다. 창의적인 존재가 되기는커녕 그저 공장 소유주를 부유하게 만들어주기 위한 거대한 기계장치의 톱니바퀴 같은 존재로 전락해서 마모되었다. 노동자는 결코 인간이 아닌 것 같았다. 생산 라인이 계속 돌아가게 하고 자본가들이 더 많은 이윤, 즉 마르크스가 노동자의 노동으로 창출된 잉여가치surplus value라고 부른 것을 뽑아낼 수 있도록 음식만 채워주면 되는 위장 같았다.

이 모든 과정이 노동자에게 미친 영향을 마르크스는 *인간소외alienation*라고 불렀다. 그는 여러 가지 의미로 이 단어를 말했다. 노동자들은 인간으로서 자신의 진정한 모습에서 소외되거나 멀어졌다. 노동자들이 만든 것 역시 그들을 소외시켰다. 노동자들이 더 열심히 일하고 더 많이 생산할수록 자본가에게 더 많은 이윤을 가져다주었다. 노동자들이 생산한 제품 자체가 노동자들에게 복수를 하는 것 같았다.

하지만 이들 노동자의 삶이 비참하고 완전히 경제적 상황에 의해 규정된다고 해도 어느 정도 희망은 있었다. 마르크스는 결국 자본주의가 자멸할 것이라고 믿었다. 프롤레타리아 계급은 폭력혁명에서 승리할 운명이었다. 그리고 마침내 이 모든 유혈 사태 속에서 더 나은 세상, 즉 사람들이 더 이상 착취당하지 않고 창의적인 존재가 되어 서로 협력할 수 있는 세상이 등장할 것이다. 모든 사람은 각자 할 수 있는 것으로 사회에 기여할 것이고, 사회는 그에 따라 분배할 것이다. '각자 능력에 따라, 각자 필요에 따라'는 마르크스의 이상이었다. 공장을 지배함으로써 노동자들은 모든 사람이 필요한 것을 가지기에 충분하도록 생산할 것이다. 굶주리거나, 적절한 의복이나 쉴 곳 없이 지내는 사람은 아무도 없을 것이다. 이런 미래는 공산주의, 즉 협동으로 얻은 이익을 공유하는 데 바탕을 둔 세상이었다.

마르크스는 사회가 발전하는 방식에 대한 자신의 연구에서 이런 미래는 필연적이라는 것을 보여주었다고 생각했다. 그 미래는 역사의 구조에 속해 있었지만, 조금 촉진시킬 수 있었다. 엥겔스와 함께 쓴 『공산당 선언Communist Manifesto』(1848)에서 마르크스는 만국의 노동자들에게 단결하여 자본주의를 타도할 것을 촉구했다. 장 자크 루소가 쓴 『사회계약론』('챕터 18' 참조)의 첫 문장을 상기시키며 노동자들은 쇠사슬 외에 아무것도 잃을 것이 없다고 선언했다.

역사에 관한 마르크스의 사상은 헤겔('챕터 22' 참조)의 영향을 받았다. 우리가 살펴보았듯이 헤겔은 모든 것에는 근본적인 구조가 존재하고, 우리는 어떻게든 스스로를 인식하는 세계로 점차 전진하고 있다고 주장했다. 마르크스는 헤겔로부터 진보는 불가피하며, 역사는 그저 사건이 연이어 일어나는 것이 아니라 일정한 양식이 있다는 인식을 받아들였다. 하지만 마르크스가 보기에 진보가 일어나는 이유는 근본적인 경제 요인 때문이다.

계급투쟁 대신 마르크스와 엥겔스는 아무도 토지를 소유하지 않고, 상속도 없으며, 교육은 무료이고, 공영 공장에서 생산된 제품이 모든 사람에게 분배되는 세상을 약속했다. 그곳에서는 종교나 도덕도 필요 없을 것이다. 종교는 '인민의 아편the opium of the people'이라고 했던 마르크스의 발언은 유명하다. 다시 말해 종교는 사람들을 나른한 상태로 만들어서 억압받는 자신들의 실제 상태를 깨닫지 못하게 하는 약물과 같다는 것이다. 혁명 이후의 새로운 세상에서 인간은 인간성을 회복할 것이다. 인간의 노동은 의미를 가질 것이고, 사람들은 모두에게 이익이 되는 방식으로 협동할 것이다. 혁명은 이 모든 것을 달성하는 방식이고, 이는 폭력을 의미했다. 투쟁하지 않으면 부자들은 자신들의 부를 포기하지 않을 것이기 때문이다.

마르크스가 생각하기에 과거의 철학자들은 단지 세상을 서술했을 뿐인 데 반해 그 자신은 세상을 바꾸고 싶었다. 이는 이전 철학자들에게는 다소 부당한 평가였다. 그들 중 다수는 도덕적 개혁과 정치적 개혁을 이끌었기 때문이다. 하지만 마르크스의 사상은 그 무엇보다 커다란 영향을 미쳤다. 그의 사상은 사방으로 퍼져나가 1917년 러시아 등지에서 실제 혁명을 일으켰다. 유감스럽게도 러시아와 일부 주변 국가들을 끌어안으며 등장한 거대 국가 소비에트연방은 마르크스주의 노선을 바탕으로 20세기에 세워진 대부분의 공산주의 국가들과 더불어 억압적이고 비효율적이며 부패한 것으로 판명되었다. 국가 차원에서 생산공정을 조직하기가 상상했던 것보다 훨씬 더 어려웠다. 마르크스주의자들은 그것이 마르크스 사상 자체를 훼손시키는 것은 아니라고 주장한다. 일부에서는 여전히 사회에 대한 마르크스의 사상은 기본적으로 옳았으며, 단지 그 통치자들이 공산주의 노선에 따라 국가를 운영하지 않았기 때문이라고 생각한다. 다른 한편에서는 인간의 본성이 마르크스가 감안했던 것보다 더 경쟁적이고 탐욕적이라는 점을 지적한다. 이들의 관점에서는 인간이 공산주의 국가에서 완전히 협동하는 것은 불가능하다. 우리는 전혀 그런 존재가 아니라는 것이다.

1883년 마르크스가 결핵으로 사망했을 때, 이후 역사에 그가 미칠 영향을 예견한 사람은 거의 없었다. 마르크스의 사상은 런던의 하이게이트 묘지에 그의 시신과 함께 묻히는 것처럼 보였다. 무덤가에서 '그의 이름은 세대를 거쳐 이어질 것이며, 그의 저술 역시 그러할 것이다!'라고 했던 엥겔스의 단언은 희망 사항처럼 보였다.

마르크스의 주요 관심사는 경제적 관계였다. 그가 보기에 경제적 관계가 우리의 현재와 미래의 모든 것을 결정하기 때문이다. 실용주의 철학자 윌리엄 제임스는 관념의 '현금 가치'에 대한 저술에서 전혀 다른 의견을 내놓았다. 제임스에게는 단지 그 관념이 어떤 행동으로 이어지고, 세계에 어떤 변화를 일으키는지가 중요했다.

CHAPTER 28

그래서 뭐가 어떻다고?

찰스 샌더스 퍼스와 윌리엄 제임스

다람쥐 한 마리가 커다란 나무의 줄기에 찰싹 달라붙어 있다. 나무의 반대편에는 사냥꾼이 나무줄기에 바짝 다가서 있다. 사냥꾼이 왼쪽으로 움직일 때마다 다람쥐 역시 잽싸게 왼쪽으로 움직이며 나무줄기를 따라 종종걸음으로 달리다가 발톱으로 매달린다. 사냥꾼은 계속 다람쥐를 찾으려 하고, 다람쥐는 그의 시야에서 벗어나려고 애쓸 뿐이다. 이런 상황이 몇 시간이나 이어지고, 사냥꾼은 다람쥐를 얼핏 보지도 못한다. 사냥꾼이 다람쥐의 주위를 돌고 있다고 말하는 게 맞는 걸까? 생각해보자. 사냥꾼은 실제로 사냥감 주위를 돌고 있는 걸까?

'왜 알고 싶은 건데?'라고 답할 수도 있다. 미국의 철학자이자 심리학자인 윌리엄 제임스(1842~1910)는 우연히 친구들이 이런 비슷한 예를 두고 언쟁하는 모습을 보았다. 그는 왜 알고 싶은지 되묻는 대답에 어느 정도 공감했을 것이다. 그의 친구들은 그 대답에 동의하지 못하고는 마치 이 문제에 자신들이 밝혀낼 수 있는 절대적인 진리가 있는 양 토론을 벌였다. 몇몇은 사냥꾼이 다람쥐 주위를 돌고 있었다고 했고, 다른 몇몇은 사냥꾼은 분명 그러고 있지 않았다고 답했다. 친구들은 제임스가 어떻게 해서든 이 질문에 대답하도록 도와줄 수 있다고 생각했다. 제임스의 대답은 그의 *실용주의* 철학을 기반으로 하고 있었다.

제임스는 이렇게 말했다. 만약 주위를 돌고 있다는 뜻을 사냥꾼이 처음에는 다람쥐의 북쪽에 있다가 다음에는 동쪽에, 그다음에는 남쪽에, 마지막에는 서쪽에 있다는 의미로 썼다면 이는 '빙빙 돌다circling'의 한 가지 의미에 해당하므로 사냥꾼은 다람쥐 주위를 돌고 있다는 말이 맞는다는 것이 대답이다. 사냥꾼은 이런 의미에서 다람쥐 주위를 돌고 있다. 하지만 만약 사냥꾼이 처음에는 다람쥐의 정면에 있다가 다음에는 다람쥐의 오른쪽에, 그다음에는 다람쥐의 뒤에, 그러고는 마지막에 다람쥐의 왼쪽에 있다는 의미로 썼다면 이 역시 '빙빙 돌다'의 의미에 해당하지만 대답은 사냥꾼은 다람쥐 주위를 돌고 있지 않다는 것이 맞는다. 다람쥐의 배가 항상 사냥꾼 쪽을 향하고 있기 때문에 그런 의미에서 사냥꾼은 다람쥐의 주위를 돌고 있지 않다. 다람쥐와 나무꾼은 서로의 시야에서 벗어나 돌고 있지만, 나무를 사이에 두고 항상 서로를 마주 보고 있기 때문이다.

이 다람쥐와 사냥꾼의 예에서 핵심은 실용주의는 실제 결과,

즉 사고의 '현금 가치cash value'와 관련되어 있음을 보여주는 것이다. 만약 그 대답과 관련되는 것이 아무것도 없다면 우리가 어떤 결정을 내리든 전혀 중요하지 않다. 모든 것은 우리가 그것을 알고 싶은 이유와 실제로 어떤 차이를 만들어내는지에 달려 있다. 여기에는 그 질문에 대한 인간의 특별한 관심과 우리가 '빙빙 돌다'라는 동사를 서로 다른 맥락에서 사용하는 정확한 방식들이 있다는 점을 제외하고는 어떤 진리도 존재하지 않는다. 만약 실제 차이가 없다면 그 문제의 진리는 존재하지 않는 것이다. 진리는 우리가 발견하기를 기다리며 어떻게든 '저 바깥에out there' 존재하는 것이 아니다. 제임스에게 진리란 단순히 실제적으로 유용한 것, 즉 우리의 삶에 유익한 영향을 미치는 것이다.

실용주의는 19세기 후반 미국에서 유행한 철학 사상으로, 미국의 철학자이자 과학자인 찰스 샌더스 퍼스(1839~1914)로부터 시작되었다. 그는 철학을 이전보다 더 과학적으로 만들고자 했다. 퍼스는 어떤 진술이 참이려면 그것을 뒷받침하는 실험이나 관찰이 가능해야 한다고 생각했다. 만약 '유리는 깨지기 쉽다'라고 말한다면 이는 유리를 망치로 때리면 작은 조각으로 부서질 거라는 의미이다. 바로 그런 이유로 '유리는 깨지기 쉽다'라는 진술은 참이 된다. 유리를 쳤을 때 벌어지는 일에 대한 이런 사실과는 별개로 '깨지기 쉬움'이라는 보이지 않는 속성은 존재하지 않는다. '유리는 깨지기 쉽다'는 그런 실제 결과 때문에 참인 진술이다. '유리는 투명하다'는 진술이 참인 이유는 유리의 어떤 불가사의한 속성 때문이 아니라 유리를 관통해서 볼 수 있기 때문이다. 퍼스는 실제로는 아무런 차이도 없는 추상적인 이론을 싫어했다. 그런 이론은 무의미하다고 생각했다. 퍼스에게 진리란 우리가 이상적으로 원하는 모든 실험과 조사를 실시할 수 있을 때 얻게 되는 것이다. 이것은 '챕터 32'에서 살펴볼 앨프레드 줄스 에이어의 논리실증주의에 아주 가깝다.

퍼스의 저서는 널리 읽히지 않았지만 윌리엄 제임스의 저서는 널리 읽혔다. 제임스는 탁월한 저술가였다. 소설가이자 단편소설 작가로 유명했던 동생 헨리 제임스만큼, 혹은 그 이상의 훌륭한 작가였다. 제임스와 퍼스는 두 사람 모두 하버드 대학의 강사였을 때 함께 실용주의를 논의하면서 많은 시간을 보냈다. 제임스는 자신만의 실용주의 이론을 발전시켜서 논문과 강의를 통해 많은 사람들에게 알렸다. 제임스에게 실용주의는 결국 진리란 실제적으로 유용한 것이라고 요약되었다. 하지만 그는 '실제적으로 유용한 것what works'이 무엇을 의미하는지에 대해서는 약간 모호한 태도를 보였다. 제임스는 초기 심리학자였지만, 과학만이 아니라 옳고 그름의 문제와 종교에도 관심이 있었다. 사실 가장 논란이 된 그의 저술은 종교에 관한 것이었다.

제임스의 접근 방식은 전통적인 진리의 관점과 아주 다르다. 전통적인 관점에서 진리란 사실에 대응한다는 의미이다. 진리대응론에서 어느 문장이 참이 되는 이유는 그 문장이 세계의 모습을 정확히 기술한다는 점 때문이다. '고양이가 깔개 위에 있다'라는 문장은 실제로 고양이가 깔개 위에 있으면 참이고, 예를 들어 쥐를 찾으러 마당으로 나갔다면 거짓이 된다. 제임스의 실용주의 진리론에 따르면 '고양이가 깔개 위에 있다'라는 문장을 참으로 만드는 것은 그 문장을 믿는 것이 우리에게 유용한 실제 결과를 만들어내는 데 달려 있다. 그 문장은 우리에게 실제적으로 유용하다. 예를 들어 '고양이가 깔개 위에 있다'고 믿는 것은 고양이가 다른 곳으로 가기 전까지는 그 깔개 위에서 애완용 햄스터를 데리고 놀지 말아야 한다는 결과를 알려준다.

그러므로 '고양이가 깔개 위에 있다'와 같은 예를 들 때에는 이 실용주의 진리론의 결과가 특별히 당황스럽거나 중요해 보이지 않는다. 하지만 '신은 존재한다'라는 문장으로 생각해보자. 제임스가 이에 대해 어떻게 말할 거라고 예상하는가?

신이 존재한다는 것은 참인가? 당신은 어떻게 생각하는가? 주된 대답은 '그렇다. 신이 존재한다는 것은 참이다', '아니다. 신이 존재한다는 것은 참이 아니다', '나는 모르겠다'이다. 더 읽어 내려가기 전에 내 질문에 답을 했다면 아마도 이 세 가지 중 하나였을 것이다. 이 세 가지 입장을 부르는 각각의 명칭이 있다. 바로 유신론, 무신론, 불가지론이다. '신이 존재하는 것은 참이다'라고 말한 사람들은 대개 어딘가에 최고의 존재Supreme Being가 있고, '신이 존재한다'라는 진술은 살아 있는 인간이 존재하지 않더라도 참이고 인간이 결코 존재한 적이 없었다고 해도 참이라는 의미이다. '신은 존재한다'와 '신은 존재하지 않는다'는 참이거나 거짓인 진술이다. 하지만 이 진술을 참이나 거짓으로 만드는 것은 우리의 생각이 아니다. 우리가 어떻게 생각하든지 이 진술은 참이거나 거짓이다. 우리는 그저 이 진술을 생각할 때 올바르게 이해하기를 바랄 뿐이다.

　제임스는 '신은 존재한다'에 대해 조금 다른 분석을 내놓았다. 그는 이 진술이 참이라고 생각했다. 참이 되는 이유는 그의 생각에 이 진술이 유용한 믿음이기 때문이다. 그와 같은 결론에 도달하기 위해 그는 신이 존재한다고 믿는 것의 이점에 초점을 맞췄다. 이것은 그에게 중요한 문제여서 『종교적 경험의 다양성The Varieties of Religious Experience』(1902)이라는 저서를 남기기도 했다. 이 저서에서 그는 종교적 믿음이 가질 수 있는 광범위한 효과를 살펴보았다. 제임스에게 '신이 존재한다'가 참인 진술이라고 말하는 것은 그렇게 믿는 것이 어쨌든 신자에게 좋다고 말하는 것일 뿐이다. 이것은 상당히 놀라운 입장이다. '챕터 12'에서 살펴본 파스칼의 논증, 즉 불가지론자들은 신이 존재한다고 믿는 것에서 이득을 본다는 논증과 다소 비슷하다. 하지만 파스칼은 '신이 존재한다'가 참이 되는 것은 신을 믿을 때 우리의 기분이 더 좋아지거나 이런 믿음을 지니면 더 나은 사람이 되기 때문이 아니라 신이 실재하는 존재이기 때문이라고 믿었다. 파스칼의 내기는 그가 참이라고 생각한 것을 불가지론자가 믿게 만들려는 하나의 방법일 뿐이었다. 제임스가 보기에 '신이 존재한다'를 참으로 만드는 것은 신에 대한 믿음이 '더할 나위 없이 실제적으로 유용하다'라는 사실의 가정이다.

　이것을 분명히 이해하기 위해 '산타클로스는 존재한다'라는 문장을 예로 들어보자. 이 진술은 참인가? 홍조 띤 유쾌한 표정의 덩치 큰 남자가 크리스마스이브 때마다 선물 보따리를 들고 굴뚝을 타고 내려오는가? 만약 이런 일이 실제로 일어난다고 믿는다면 이 단락의 나머지 부분은 읽지 않아도 된다. 하지만 내 짐작에 당신은 산타클로스가 존재했으면 좋겠다고 생각하기는 해도 실제로 산타클로스가 존재한다고 생각하지는 않는다. 영국 철학자 버트런드 러셀('챕터 31' 참조)은 이 진술은 제임스가 '산타클로스는 존재한다'가 참이라고 믿어야 했다는 것을 의미한다고 말하면서 제임스의 실용주의 진리론을 조롱했다. 러셀이 그렇게 말한 이유는 제임스는 한 문장을 참으로 만드는 것이 다른 게 아니라 그렇다고 믿는 사람에게 미치는 영향이라고 생각하기 때문이다. 그리고 적어도 대부분의 아이들이 산타클로스의 존재를 믿는 것은 좋은 일이다. 산타클로스 덕분에 아이들에게 크리스마스는 아주 특별한 날이 된다. 아이들을 예의 바르게 행동하고 크리스마스까지 말을 잘 듣게 만든다. 산타클로스는 아이들에게 실제적으로 유용하다. 따라서 산타클로스를 믿는 것이 어떤 의미에서 실제적으로 유용하기 때문에 제임스의 이론에 따라 산타클로스는 존재한다는 진술을 참으로 만드는 것 같다. 문제는 참이라면 좋은 것과 실제로 참인 것 사이에 차이가 있다는 점이다. 제임스는 산타클로스를 믿는 것이 어린아이들에게는 실제적으로 유용하지만, 모든 사람에게 그렇지는 않다는 점을 지적할 수 있었다. 만약 부모들이 산타클로스가 크리스마스이브에 선물을 배달할 거라고 믿는다면 아이들의 선물을 사러 밖으로 나가지 않을 것이다. '산타클로스가 존재한다'는 믿음에 따라 실제적으로 유용한 일이 일어나지 않았다는 것을 깨달으려면 크리스마스 아침까지만 기다리면 된다. 그렇다면 이는 산타클로스가 존재한다는 것이 어린아이들에게는 참이지만 대부분의 어른들에게는 거짓이라는 의미일까? 그리고 진리를 주관적인 것, 즉 세계가 존재하는 방식이 아니라 우리가 사물을 어떻게 느끼는가의 문제로 만드는 것은 아닐까?

또 다른 예를 들어보자. 나는 다른 사람들에게 마음이 있다는 것을 어떻게 알 수 있을까? 나는 내가 내면의 삶이 전혀 없는 일종의 좀비 같은 존재가 아니라는 것을 나의 경험을 통해 알고 있다. 나에게는 나만의 생각이나 의도 등이 있다. 하지만 내 주변의 사람들에게 생각이 있는지 어떻게 알 수 있을까? 어쩌면 그들은 의식이 있는 것이 아닐 수도 있다. 자기만의 마음이라는 것이 없이 자동적으로 움직이는 좀비에 불과한 것은 아닐까? 이것은 철학자들이 오랫동안 고민해온 타인의 마음의 문제Problem of Other Minds 이다. 이것은 풀기 어려운 퍼즐이다. 제임스는 다른 사람들에게 마음이 있다는 것은 틀림없이 참이며, 그렇지 않으면 우리는 타인에게 인정받고 존경받으려는 욕구를 충족시킬 수 없을 거라고 답했다. 이것은 이상한 유형의 논증이다. 그의 실용주의를 실제 사실 여부와 상관없이 자신이 사실이기를 바라는 것을 믿는 희망 사항처럼 보이게 할 뿐이다. 하지만 누군가가 당신을 칭찬할 때 그들이 로봇이 아니라 의식이 있는 존재라고 믿는 것이 기분이 좋다고 해서 그들이 의식이 있는 존재가 되는 것은 아니다. 그들은 여전히 어떤 내적인 삶이 결여되어 있을 수 있다.

20세기 미국의 철학자 리처드 로티(1931~2007)는 이런 실용주의적 사고방식을 이어나갔다. 제임스와 마찬가지로 로티는 단어는 세계의 존재 방식을 어떻게든 반영하는 상징이 아니라 우리가 사물을 이해하는 도구라고 생각했다. 단어는 우리가 세상을 모방하는 것이 아니라 대응할 수 있게 한다. 그는 '진리란 동시대 사람들이 당신으로 하여금 그냥 넘어가도록 허용한 것'이며, 역사의 어떤 시기도 실재를 더 면밀히 이해하지는 못한다고 주장했다. 로티는 사람들이 세상을 서술할 때 마치 셰익스피어의 희곡을 해석하는 문학비평가와 비슷하다고 생각했다. 셰익스피어의 희곡을 읽을 때 우리 모두가 동의하는 단 하나의 '정확한correct' 방식은 없다는 뜻이다. 시대와 사람에 따라 각기 다르게 해석한다. 로티는 어느 한 가지 견해가 항상 옳다는 발상을 무조건 거부했다. 적어도 그의 저술에 대한 나의 해석은 그렇다. 로티는 어쩌면 다람쥐가 나무를 기어오를 때 사냥꾼이 다람쥐 주위를 돌고 있었는지에 대한 '올바른right' 답이 존재하지 않는 것과 마찬가지로 자신의 저술에 대한 정확한 해석도 존재하지 않는다고 믿었을 것이다.

그리고 프리드리히 니체의 저술에 대한 정확한 해석이 존재하는지 그렇지 않은지도 흥미로운 문제이다.

CHAPTER 29

신의 죽음

프리드리히 니체

'신은 죽었다.'

독일의 철학자 프리드리히 니체(1844~1900)의 가장 유명한 말

이다. 그러나 어떻게 신이 죽을 수 있을까? 신은 불멸의 존재여야

한다. 불멸의 존재는 죽지 않고 영원히 산다. 하지만 어떤 면에서

는 그것이 핵심이다. 신의 죽음이 그토록 이상하게 들리는 이유

가 바로 거기에 있다. 이것은 의도된 것이다. 니체는 신은 죽을 수

없다는 생각을 의도적으로 이용했다. 말 그대로 신이 한때 살았

다가 지금은 그렇지 않다고 말하는 것이 아니다. 오히려 신에 대

한 믿음이 더 이상 합리적이지 않다고 말하는 것이다. 니체는 저

서 『즐거운 학문Joyful Wisdom』(1882)에서 등불을 들고 사방을 헤매지

만 신을 찾지 못한 인물의 입을 빌려 '신은 죽었다'라고 말했다.

마을 사람들은 그가 미쳤다고 생각한다.

니체는 비범한 인물이었다. 그는 스물네 살의 아주 젊은 나이에 바젤 대학의 교수로 임명되면서 탁월한 학문적 업적을 쌓을 준비가 된 것으로 보였다. 하지만 이 기이하고 독창적인 사상가는 주어진 상황에 적응하거나 순응하지 않았고, 스스로 삶이 힘들어지는 걸 즐기는 것 같았다. 그는 결국 1879년 건강이 좋지 못하다는 부분적인 이유로 대학을 떠나 이탈리아, 프랑스, 스위스 등지를 여행하면서 여러 권의 저서를 썼다. 당시에는 거의 아무도 읽지 않았지만, 지금은 철학 작품뿐만 아니라 문학작품으로도 유명한 저서들이다. 니체는 정신 건강이 점점 나빠져서 만년의 대부분을 보호시설에서 보냈다.

임마누엘 칸트가 관념을 순서대로 제시하는 것과는 완전히 대조적으로 니체는 여러 각도에서 접근하는 방식을 취한다. 대부분의 저술은 짧고 단편적인 단락과 간결한 문장 하나의 논평 형식을 취하고 있다. 그중에는 반어적인 것도 있고 진지한 것도 있지만, 대부분은 오만하고 도발적이다. 때로는 니체가 우리에게 소리치는 것 같고, 때로는 우리 귀에 대고 심오한 이야기를 속삭이는 것 같다. 종종 그는 독자와 공모하기를 원한다. 마치 그와 나는 어떤 상황인지 알고 있지만, 저기에 있는 어리석은 사람들은 모두 망상에 시달리고 있다고 말하는 것 같다. 니체가 항상 되돌아간 한 가지 주제는 도덕의 미래이다.

만약 신이 죽었다면 그다음은 어떻게 될 것인가? 이것은 니체가 스스로에게 던진 질문이다. 그는 우리가 도덕의 토대가 없어진 상태에 처한다고 답했다. 옳고 그름이나 선악에 대한 우리의 관념은 신이 있는 세계에서 의미가 있다. 신이 없는 세계에서는 의미가 없다. 신을 배제하면 어떻게 살아야 하는지, 무엇이 가치 있는지에 관한 명확한 지침의 존재 가능성을 배제하는 것이다. 그것은 불편한 메시지이고, 그의 동시대 사람들 대다수가 듣고 싶어 하지 않은 메시지이다. 니체는 스스로를 '비도덕주의자 immoralist', 즉 의도적으로 악행을 저지르는 사람이 아니라 우리가 모든 도덕을 뛰어넘어야 한다고 믿는 사람이라고 칭했다. 그의 저서 제목을 빌리자면 '선악의 저편beyond good and evil'에 도달해야 한다고 믿는 사람이었다.

니체에게 신의 죽음은 인간에게 새로운 가능성을 열어준 것이다. 이 새로운 가능성은 무서우면서도 신나는 것이다. 나쁜 점은 안전장치, 즉 우리가 어떻게 살거나 존재해야 할지에 관한 규칙이 없다는 것이다. 한때 종교가 도덕적 행동에 의미를 부여하고 경계를 두었던 상황에서 신의 부재로 모든 것이 가능해졌고 모든 경계가 제거되었다. 좋은 점은 적어도 니체의 관점에서 볼 때 이제 개인들은 자신만의 가치를 스스로 창조할 수 있다는 것이다. 그들은 자기 삶의 방식을 발전시킴으로써 삶을 예술 작품 같은 것으로 바꿀 수 있었다.

니체는 일단 신이 없다는 것을 받아들이면 옳고 그름에 대한 기독교의 관점만을 고수할 수 없다고 보았다. 그것은 자기기만일 것이다. 그의 문화가 물려받은 가치, 즉 연민, 친절, 타인의 이익에 대한 고려와 같은 가치가 전부 도전받을 수 있었다. 니체가 그런 가치에 도전하는 방식은 이들 가치가 본래 어디에서 비롯되는지에 대해 깊이 생각해보는 것이다.

니체에 따르면 약자와 기댈 곳 없는 사람들을 돌보는 기독교의 미덕에는 놀라운 기원이 있었다. 연민과 친절은 분명 좋은 것이라고 생각할 수 있다. 아마도 친절을 칭찬하고 이기심을 경멸하는 분위기에서 자랐을 수도 있다. 니체는 우리가 우연히 갖게 된 사고와 감정의 양식에 일종의 역사가 있다고 주장했다. 우리에게 있는 개념을 어떻게 갖게 되었는지 역사나 '계보genealogy'를 알게 된다면 그 개념들이 영원히 변하지 않는다거나 우리가 어떻게 행동해야 하는지에 관한 객관적인 사실이라고 생각하기란 어렵다.

니체는 저서 『도덕의 계보The Genealogy of Morality』(1887)에서 고대 그리스의 상황을 서술했다. 고대 그리스에서 귀족계급의 강력한 영웅들은 친절이나 관대함, 잘못에 대한 죄책감보다 명예나 수치, 전투에서의 용맹함이라는 관념을 중심으로 삶을 구축했다. 이것은 그리스 시인 호메로스가 「오디세이Odyssey」와 「일리아드Iliad」에서 묘사했던 세계이다. 이 영웅들의 세계에서 노예와 약자처럼 힘없는 사람들은 강자들을 시기했다. 노예들은 자신들의 시기와 분노를 강자들을 향해 쏟아냈다. 이런 부정적인 감정에서 그들은 새로운 가치를 창조했다. 귀족들의 영웅적 가치를 뒤집었다. 귀족들처럼 힘과 권력을 찬양하는 대신 노예들은 약자에 대한 관대함과 배려를 도덕으로 삼았다. 니체가 '노예의 도덕slave morality'이라고 부른 이런 도덕은 강자들의 행위를 악으로, 같은 처지에 놓인 사람들의 감정을 선으로 여겼다.

친절이라는 도덕이 시기의 감정에서 비롯된 것이라는 발상은 도발적이었다. 니체는 약자에 대한 연민을 표하는 기독교의 도덕보다 호전적인 강력한 영웅을 찬양하는 귀족의 가치를 더 선호하는 모습을 보였다. 기독교와, 기독교에서 유래된 도덕은 모든 개인을 동일한 가치를 지닌 존재로 여긴다. 니체는 그것이 중대한 착오라고 생각했다. 그가 예술적 영웅으로 생각하는 베토벤이나 셰익스피어 같은 인물은 대중들보다 훨씬 우월했다. 애초에 시기에서 비롯된 기독교의 가치가 인간을 억압하고 있었다는 메시지처럼 보인다. 그 대가로 약자가 짓밟히게 될 수 있지만, 강자에게도 그러한 도덕이 열리는 영광스러운 성취를 위해서라면 치를 가치가 있는 대가였다.

『차라투스트라는 이렇게 말했다Thus Spake Zaruthustra』(1883~1892)에서 니체는 *위버멘시Übermensch*, 즉 '초인Super-Man'에 대해 언급했다. 이는 관습적인 도덕규범에 얽매이지 않고 그것을 뛰어넘어 새로운 가치를 창조하는 상상 속 미래의 인물을 묘사하고 있다. 찰스 다윈의 진화론을 이해하고 그 영향을 받았을 수도 있지만, 니체는 *위버멘시*를 인간 발전의 다음 단계로 보았다. 여기에는 다소 우려되는 점이 있다. 스스로를 영웅이라고 생각하고 타인의 이해는 고려하지 않은 채 자기 생각대로 하려는 사람들을 지지하는 것처럼 보이기 때문이다. 더구나 나치가 지배 민족이라는 왜곡된 견해를 뒷받침하기 위해 니체의 작품에서 가져와 사용한 개념이기도 했다. 물론 대부분의 학자들은 니체가 말한 실제 의미를 나치가 왜곡했다고 주장한다.

니체의 여동생 엘리자베스는 니체가 정신이 이상해지고 나서부터 그가 죽은 뒤 35년이 될 때까지 그의 작품을 관리했다. 그 점에서 니체는 불행했다. 그의 여동생은 가장 극단적인 유형의 독일 민족주의자였으며 반유대주의자였다. 그녀는 오빠의 노트를 뒤져서 자신이 동의하는 구절은 골라내고 독일을 비난하거나 자신의 인종차별적 관점을 지지하지 않는 내용은 빼버렸다. 니체의 사상을 그녀 마음대로 짜깁기해서 발표한 『권력에의 의지The Will to Power』(1901)는 나치즘의 선전 도구가 되었으며, 니체는 제3제국에서 인정받은 저술가가 되었다. 만약 니체가 더 오래 살았다면 나치즘과 관련되었을 가능성은 거의 없다. 그러나 그의 작품에 약자를 무너뜨리는 강자의 권리를 옹호하는 구절이 많다는 것은 부인할 수 없다. 니체는 우리에게 양들이 맹금류를 싫어하는 것은 놀랄 일이 아니라고 말한다. 하지만 그렇다고 해서 우리가 양들을 노략질해서 잡아먹는 맹금류를 경멸해야 한다는 의미는 아니라는 것이다.

이성을 찬양한 임마누엘 칸트와 달리 니체는 어떻게 감정과 비이성적인 힘이 인간의 가치관을 형성하는 데 영향을 미치는지를 강조했다. 니체의 관점은 무의식적인 욕망의 본질과 힘을 탐구한 지그문트 프로이트에게 거의 확실히 영향을 미쳤다.

CHAPTER 30

변장한 생각들

지그문트 프로이트

우리는 과연 자기 자신을 알 수 있을까? 고대 철학자들은 그럴 수 있다고 믿었다. 하지만 만약 그들이 틀렸다면 어떻게 될까? 영구적으로 잠겨 있어서 절대 들어갈 수 없는 방처럼 우리가 결코 직접 도달할 수 없는 부분이 우리의 정신에 있다면 어떻게 될까?

현상은 기만적일 수 있다. 이른 아침에 태양을 보면 지평선 너머에서 떠오르는 것처럼 보인다. 낮 동안에 태양은 하늘을 가로질러 움직이다가 마침내 서쪽으로 진다. 태양이 지구 주위를 돌고 있다고 생각하는 것은 그럴 만하다. 수 세기 동안 사람들은 그렇다고 확신했다. 하지만 태양은 지구 주위를 돌지 않는다. 16세기에 천문학자 니콜라우스 코페르니쿠스는 그것을 깨달았다. 물론

이전에도 다른 천문학자들이 이에 의심을 품었지만 말이다. 코페르니쿠스적 전환, 즉 지구가 태양계의 중심이 아니라는 발상은 충격으로 다가왔다.

앞서 살펴보았듯이('챕터 25' 참조) 19세기 중반에 또 하나의 놀라운 사건이 일어났다. 그 전까지는 인간이 동물과 완전히 다른 존재이며 신에 의해 설계된 존재라는 생각이 진실처럼 여겨졌다. 하지만 찰스 다윈이 주장한 자연선택에 의한 진화론은 인간이 유인원과 같은 조상을 갖고 있으며, 신이 인간을 설계했다고 가정할 필요가 없다는 것을 보여주었다. 진화라는 비인격적인 과정이 관장하는 일이었다. 다윈의 진화론은 우리가 어떻게 유인원 같은 동물의 후손이며 그들과 얼마나 가까운지 설명했다. 다윈 혁명의 영향은 여전히 감지되고 있다.

지그문트 프로이트(1856~1939)에 따르면 인간 사고의 세 번째 일대 혁명은 그 자신의 발견, 즉 무의식의 발견으로 일어났다. 프로이트는 우리의 행동 대부분은 숨겨진 소망에 의해 좌우된다는 것을 깨달았다. 우리는 그 소망을 직접 접할 수 없다. 그렇다고 그 소망이 우리가 하는 일에 영향을 미치지 못하는 것은 아니다. 하고는 싶지만 우리 자신이 그것을 깨닫지 못하는 일들이 존재한다. 이런 무의식적 욕망은 우리의 삶 전체와 우리가 사회를 구성하는 방식에 깊은 영향을 미친다. 또한 인류 문명에서 최고의 측면과 최악의 측면이 유래한 원천이기도 하다. 비슷한 발상이 프리드리히 니체의 저술에서도 발견되지만, 무의식의 개념을 발견한 데는 프로이트의 역할이 컸다.

신경과 의사로 시작해서 정신과 의사가 된 프로이트는 아직 오스트리아가 오스트리아-헝가리 제국의 일부였을 때 빈에서 살았다. 중산층 유대인 집안에서 태어난 프로이트는 19세기 말 이 국제적인 도시에서 흔히 볼 수 있는 교양 있고 평판이 좋은 젊은 이의 전형이었다. 그런데 몇몇 젊은 환자를 진찰하면서 인간의 정신 구조에 대한 관심이 높아졌다. 프로이트는 정신 구조의 특정 부분에서 인간의 행동을 통제하고 인간이 인식하지 못하는 방어기제를 통해 문제를 일으킨다고 생각했다. 그는 히스테리 등 여러 유형의 신경증에 주목했다. 주로 여성인 이런 히스테리 환자들은 흔히 잠결에 걸어 다니고, 환각에 시달리고, 심지어 마비 증세를 보였다. 그럼에도 그 원인이 무엇인지 알려지지 않았다. 의사들은 이런 증상의 육체적 원인을 찾을 수 없었다. 환자들 스스로 설명한 증상 내용과 환자의 이력을 자세히 살펴본 결과, 프로이트는 이 환자들의 문제에서 진짜 원인은 일종의 불안한 기억이나 욕망이라는 생각을 하게 되었다. 이런 기억이나 욕망은 무의식적인 것이었고, 환자들은 자신이 그런 것을 가지고 있다고 전혀 생각하지 못했다.

프로이트는 환자들에게 소파에 누워서 머릿속에 떠오른 것은 무엇이든 이야기하도록 했다. 그렇게 하면 환자들은 자신의 생각에서 벗어날 수 있어서 대체로 기분이 훨씬 더 좋아졌다. 생각이 술술 나오도록 두는 이 '자유연상free association'은 놀라운 결과를 낳으면서 이전에 무의식 속에 있던 것을 의식하게 만들었다. 또한 프로이트는 환자들에게 꿈 이야기를 해보라고 주문했다. 어쨌든 이런 '말하기 치료법talking cure'으로 환자들의 골치 아픈 생각이 드러났고 일부 증상이 없어졌다. 마치 환자 스스로 마주하고 싶지 않은 생각들 때문에 생긴 압박이 말하는 행위를 통해 해소되는 것 같았다. 이렇게 해서 정신분석학이 탄생했다.

그런데 무의식적인 소망과 기억이 신경증 환자와 히스테리 환자에게만 있는 것은 아니다. 프로이트에 따르면 우리 모두 가지고 있다. 인간이 사회를 이루어 살 수 있는 이유이다. 우리는 실제 스스로 느끼는 것과 원하는 것을 숨긴다. 이런 생각 중 일부는 폭력적인 것이고 대부분은 성적인 것이다. 겉으로 드러내기엔 너무 위험한 것들이다. 마음은 그것들을 억압하고, 무의식 속으로 억누른다. 대부분은 우리가 아주 어렸을 때 형성된다. 아주 어린 시절의 사건들이 성인이 되었을 때 다시 나타날 수 있다. 예를 들어 프로이트는 모든 남성은 아버지를 죽이고 어머니와 성관계를 갖고 싶은 무의식적인 소망을 갖고 있다고 생각했다. 유명한 '오이디푸스 콤플렉스Oedipus Complex'이다. 이 명칭은 아버지를 살해하고 어머니와 결혼할 거라는 예언을 이행한(당사자는 두 경우 모두 자신이 그렇게 했다는 것을 알지 못한다) 그리스 신화 속 인물 오이디푸스의 이름에서 따왔다. 어떤 사람들은 그런 무의식적 욕망을 전혀 깨닫지 못한 채 어린 시절의 이 난처한 욕망에 의해 그들의 삶이 완전히 결정되기도 한다. 마음속의 무언가가 이런 어두운 생각들이 인식할 수 있는 형태로 뚫고 나오는 것을 막는다. 하지만 우리 안에서 막는 것이 무엇이건 간에, 다른 무의식적 욕망이 드러나는 것을 막는 데 완전히 성공하는 것은 아니다. 그 생각들은 여전히 어떻게든 벗어나서는 변장을 하고 있다. 예를 들면 꿈속에서 나타난다.

　프로이트에게 꿈은 '무의식으로 가는 지름길', 즉 숨겨진 생각을 알아내는 가장 좋은 방법 중 하나였다. 우리가 꿈속에서 보고 경험하는 것은 겉으로 보이는 그대로가 아니다. 거기에는 표면적인 내용, 즉 무슨 일이 벌어지는 것처럼 보이는 내용이 있다. 하지만 꿈의 실제 의미는 *잠재적인* 내용이다. 바로 정신분석학자들이 이해하려고 하는 내용이다. 우리가 꿈속에서 마주치는 것은 상징이다. 이 상징은 우리의 무의식적인 마음속에 숨어 있는 소망을 나타낸다. 예를 들어 뱀이나 우산 또는 칼이 나오는 꿈은 대개 성적인 꿈이 변장한 것이다. 뱀, 우산, 칼은 남성의 성기를 의미하는 전형적인 '프로이트의 상징Freudian symbols'이다. 마찬가지로 꿈에서 지갑이나 동굴 이미지는 여성의 음부를 나타낸다. 만약 이런 발상이 충격적이고 터무니없다고 생각한다면 아마 프로이트는 당신의 마음이 자기 내면에 그런 성적인 생각들이 존재한다는 것을 인식하지 못하도록 막고 있기 때문이라고 말할 것이다.

　무의식적인 소망을 엿볼 수 있는 또 다른 방법은 말실수를 통해서이다. 소위 '프로이트의 말실수Freudian slips'라고 하는데, 우리 스스로 인식하지 못하는 소망을 무심결에 드러내는 경우를 말한다. 많은 TV 뉴스 진행자들이 이름이나 문구를 더듬다가 의도치 않게 외설적인 단어를 말하기도 한다. 프로이트주의자라면 그저 우연이라기엔 이런 일이 너무 자주 일어난다고 말할 것이다.

　무의식적인 소망이 모두 성적이거나 폭력적인 것은 아니다.

근본적인 갈등을 드러내는 것도 있다. 무의식적 차원에서는 원치 않는 것을 의식적 차원에서는 원할 수도 있다. 대학에 가려면 합격해야 하는 중요한 시험이 있다고 생각해보자. 의식적으로는 시험 준비에 전력을 다한다. 관련된 과거의 시험지를 세세히 살펴보고, 질문에 대한 답을 간략하게 적어보고, 시험장에 제시간에 도착하기 위해 알람시계도 반드시 일찍 맞춰놓는다. 모든 것이 순조로워 보인다. 시간에 맞춰 일어나 아침을 먹은 뒤 버스를 타고 여유 있게 도착하겠다고 생각한다. 이 시점에서 흡족한 마음이 들어 버스에서 깜빡 잠이 든다. 하지만 끔찍하게도 잠에서 깼을 때 버스 번호를 잘못 보고 타는 바람에 완전히 반대 방향으로 와서 제대로 버스를 타고 늦지 않게 시험장에 도착할 가능성이 없다는 것을 알게 된다. 시험 합격의 결과에 대한 두려움이 당신의 의식적인 노력을 압도한 것처럼 보인다. 의식 깊은 곳에서는 시험에 통과하고 싶지 않았던 것이다. 너무 두려운 나머지 스스로 그런 잠재적인 소망을 인정하지 못할 테지만, 당신의 무의식은 그것을 드러내 보였다.

프로이트는 자신의 이론을 신경증 증상을 보이는 개인뿐만 아니라 공통된 문화적 신념에도 적용했다. 특히 그는 사람들이 종교에 끌리는 이유를 정신분석학적으로 설명했다. 누구나 신의 존재를 믿을 수 있다. 어쩌면 삶에서 신의 존재를 느낄 수도 있다. 프로이트는 신에 대한 믿음이 어디에서 비롯되는지 설명했다. 사람들은 신이 존재하기 때문에 신을 믿는다고 생각하겠지만, 프로이트는 신을 믿는 이유를 아주 어린 시절에 받았던 보호 욕구를 여전히 느끼기 때문이라고 생각했다. 프로이트의 관점에서 모든 문명은 이런 환상, 즉 충족되지 않은 보호 욕구를 채워줄 강력한 아버지 같은 인물이 어딘가에 존재한다는 환상에 기반을 두고 있다. 이것은 당신의 마음속에 신이 있어야 한다는 커다란 욕구가 있기 때문에 그런 신이 실제로 존재한다고 믿는 희망 사항인 셈이다. 모든 것은 어린 시절에 나타나는 보호받고 보살핌을 받고 싶은 무의식적인 욕망에서 비롯된다. 신의 관념은 어린 시절의 이런 감정들이 여전히 남아 있는 성인들에게 위안이 된다. 물론 그들은 대개 이 감정들이 어디에서 비롯되었는지 깨닫지 못하고, 종교가 신의 존재에서 비롯된 것이 아니라 전적으로 마음 깊숙한 곳에서 느껴지는 충족되지 않은 심리적 욕구에서 비롯된다는 생각을 적극적으로 억누르고 있지만 말이다.

철학적 관점에서 볼 때, 프로이트의 작업은 르네 데카르트 같은 사상가들이 정신에 대해 내렸던 수많은 가정에 의문을 제기했다. 데카르트는 정신은 그 자체로 투명하다고 생각했다. 만일 우리가 어떤 생각을 하면 그 생각에 대해 인식할 수 있어야 한다고 믿었다. 프로이트 이후에는 무의식적인 정신 활동이 가능하다는 것을 인정해야만 했다.

무의식적인 사고의 가능성을 제기한 것에 대해서는 프로이트가 옳았다고 많은 철학자가 인정했지만, 프로이트 사상의 근간을 모든 철학자가 받아들인 것은 아니다. 일부는 프로이트의 이론이 과학적이지 않다고 주장했다. 그중 가장 유명한 인물인 칼 포퍼('챕터 36' 참조)는 정신분석학의 개념 대부분이 '반증 불가능'하다고 주장했다. 이것은 찬사가 아니라 비난이었다. 포퍼가 보기에 과학적 연구의 본질은 시험해볼 수 있다는 것, 즉 거짓임을 입증할 수 있는 관찰이 가능하다는 데 있었다. 포퍼의 예를 들자면, 아이를 강에 밀어 넣은 남자와 물에 빠진 아이를 구하기 위해 뛰어든 남자의 행동은 인간의 모든 행동과 마찬가지로 똑같이 프로이트 식 설명이 허용된다. 누군가가 아이를 물에 빠뜨리려 했든 살리려 했든 프로이트의 이론은 설명할 수 있다. 아마도 프로이트는 첫 번째 남자는 오이디푸스 콤플렉스에 의한 갈등의 일부 측면을 억누르고 있었다가 그것이 폭력적인 행동으로 이어진 반면, 두 번째 남자는 무의식적인 욕망을 '승화'시켰다고, 즉 사회적으로 유용한 행동으로 유도할 수 있었다고 말할 것이다. 어떤 관찰이든지 그 이론이 참이라는 또 다른 증거로 받아들여지고, 그 이론이 거짓임을 보여줄 수 있는 상상 가능한 증거도 없다면, 이 이론은 전혀 과학적이지 않다고 포퍼는 믿었다. 반면에 프로이트는 포퍼가 정신분석학에 대해 그렇게 공격적인 이유가 어떤 억압된 욕망 때문이라고 주장했을 것이다.

프로이트와 아주 다른 유형의 사상가인 버트런드 러셀은 종교에 대한 프로이트의 반감에 공감을 표했고, 인간이 불행한 주요 원인이 종교에 있다고 믿었다.

CHAPTER 31

현재 프랑스 왕은 대머리인가?

버트런드 러셀

10대 시절 버트런드 러셀의 주요 관심사는 성과 종교, 그리고 수학이었다. 세 가지 모두 이론적인 수준의 관심사였다. 아주 긴 생애(그는 1970년 97세의 나이로 세상을 떠났다)에서 러셀(1872~1970)은 첫 번째 관심사에 대해서는 논란을 불러일으켰고, 두 번째 관심사에는 공격적인 태도를 보였으며, 세 번째 관심사에는 중요한 공헌을 하게 되었다.

성에 대한 러셀의 견해는 그 자신을 곤경에 빠뜨렸다. 러셀은 1929년 출간한 저서 『결혼과 도덕Marriage and Morals』에서 배우자에게 충실할 것을 중시하는 기독교의 견해에 의문을 제기했다. 그는 상대에게 충실해야 한다고 생각하지 않았다. 당시에는 사람들의 눈살을 찌푸리게 하는 주장이었지만, 러셀은 그런 것에 별로

개의치 않았다. 그는 이미 1916년 제1차 세계대전에 반대하는 입장을 공개적으로 밝혀서 6개월간 브릭스턴 교도소에 수감된 바 있었다. 만년에 러셀은 모든 대량 살상 무기에 반대하는 국제단체인 핵무장반대운동CND, Campaign for Nuclear Disarmament의 설립을 도왔다. 이 활기 넘치는 노신사는 1960년대에도 50여 년 전 젊은 시절과 마찬가지로 여전히 전쟁에 반대하면서 대중 집회의 전면에 나섰다. 러셀의 말을 빌리자면 '인류가 전쟁을 없애거나 전쟁이 인류를 없앨 것이다'. 지금까지는 어느 쪽으로도 결과가 나타나지 않았다.

러셀은 종교에 대해서 거침없고 도발적이었다. 러셀이 보기에 신이 인간을 구원하기 위해 개입할 가능성은 전혀 없었다. 우리의 유일한 기회는 우리가 가진 이성의 힘을 사용하는 데 있었다. 사람들이 종교에 끌리는 이유는 죽는 것을 두려워하기 때문이라고 그는 생각했다. 종교는 사람들에게 위안이 되었다. 살인이나 그보다 더한 짓을 저지른 악랄한 사람들이 지구상에서 그 대가를 치르지 않을지라도 그들을 벌할 신이 존재한다고 믿으면 안심이 되었다. 하지만 그것은 사실이 아니었다. 신은 존재하지 않는다. 그리고 종교는 거의 항상 행복보다는 불행을 낳았다. 그는 불교가 대부분의 여타 종교와 다를 수 있다는 점을 인정했지만 기독교, 이슬람교, 유대교, 힌두교는 책임이 크다고 보았다. 이 종교들은 그 역사를 보았을 때 전쟁과 개인의 고통, 증오의 원인이었다. 그로 인해 수백만 명의 사람들이 목숨을 잃었다.

이 모든 것을 고려했을 때 분명한 것은, 러셀은 평화주의자이지만 자신이 옳고 정당하다고 믿는 것을 위해 (적어도 생각을 갖고) 맞서 싸울 준비가 되어 있었다는 점이다. 평화주의자임에도 불구하고 그는 여전히 제2차 세계대전 같은 이례적인 경우에 할 수 있는 최고의 선택은 투쟁이라고 생각했다.

러셀은 영국의 귀족으로 태어났다. 아주 유명한 가문 출신이었고, 공식 직함은 러셀 백작 3세였다. 보기만 해도 그가 귀족이라는 것을 알 수 있을 정도였다. 러셀은 고귀하면서 도도한 분위기의 외모에 장난꾸러기 같은 미소와 빛나는 눈빛의 소유자였다. 목소리에서도 그가 상류층의 일원이라는 것이 드러났다. 녹음 음성을 들어보면 그는 다른 세기에서 온 것처럼 말한다. 사실 그는 다른 세기의 사람이었다. 1872년에 태어났으니 사실 빅토리아 시대 사람이었다. 친할아버지인 존 러셀 경은 총리를 지냈다.

러셀의 비종교적인 '대부'는 철학자 존 스튜어트 밀('챕터 24' 참조)이었다. 안타깝게도 러셀은 밀과 친분을 쌓을 일이 없었다. 밀이 세상을 떠났을 때 러셀은 여전히 걸음마를 배우고 있었기 때문이다. 하지만 밀은 러셀의 성장에 엄청난 영향을 미쳤다. 러셀은 밀의 『자서전Autobiography』(1873)을 읽고 신을 거부하게 되었다. 이전에 그는 제1원인 논증을 믿었다. 이것은 여러 인물들 중 토마스 아퀴나스가 사용했던 논증이다. 모든 것에는 반드시 원인이 있고, 모든 것의 원인, 즉 인과관계의 제일 첫 번째 원인은 신이어야 한다고 주장하는 이론이다. 하지만 밀은 '무엇이 신의 원인이 되었는가?'라는 질문을 했고, 러셀은 제1원인 논증의 논리적 문제점을 알았다. 만약 원인이 없는 한 가지가 있다면 '모든 것은 원인이 있다'라는 명제는 참일 수 없다. 러셀에게는 어떤 것이 다른 원인 없이 존재할 수 있다고 믿는 것보다는 신이라고 해도 원인이 있다고 생각하는 쪽이 더 일리가 있었다.

밀과 마찬가지로 러셀도 평범하지 않고 그리 행복하지 않은 어린 시절을 보냈다. 러셀의 부모는 모두 그가 아주 어렸을 때 세상을 떠났고, 그를 돌봐준 할머니는 엄격하면서 다소 쌀쌀맞았다. 집에서 가정교사들에게 수업을 받은 러셀은 학업에 몰두했고, 뛰어난 수학자가 되어 케임브리지 대학에서 강의를 했다. 하지만 정말 그를 매료시킨 것은 수학이 참이 되는 이유였다. '2+2=4'가 참인 이유는 무엇일까? 우리는 그것이 참이라는 것을 안다. 하지만 왜 그것이 참일까? 이 질문은 그를 아주 빨리 철학으로 이끌었다.

철학자로서 러셀이 진정 사랑한 대상은 논리학, 즉 철학과 수학의 경계에 있는 학문이었다. 논리학자는 추론의 구조를 연구하며, 보통 기호를 사용해서 개념을 표현한다. 러셀은 집합론이라고 불리는 수학과 논리학 분야에 매료되었다. 집합론은 우리의 모든 추론 구조를 설명하는 방법처럼 보였다. 하지만 러셀은 그런 생각에 커다란 문제가 있다는 점을 알아냈다. 집합론은 모순으로 이어진다는 사실이었다. 그는 자신의 이름이 붙은 유명한 '러셀의 역설Russell's Paradox'에서 그 모순을 보여주었다.

다음은 '러셀의 역설'에 해당하는 예이다. 한 마을에 이발사가 있고, 그의 일은 스스로 면도하지 않는 모든 사람(그리고 오직 그 사람들만)을 면도해주는 것이라고 상상해보자. 만약 내가 그 마을에 산다면 아마도 나는 스스로 면도를 할 것이다. 매일 이발사를 찾아갈 만큼 계획적으로 생활하지 않고 완벽하리만큼 스스로 면도를 잘할 수 있기 때문이다. 그리고 나한테는 면도 비용이 너무 부담스러울 것 같다. 하지만 만약 내가 스스로 면도를 하지 않겠다고 결정하면 나를 면도해줄 사람은 이발사뿐이다. 그렇다면 이발사는 어떤 상황에 처하게 될까? 이발사는 스스로 면도하지 않는 사람들만 면도하도록 허용된다. 이 규칙에 따르면 이발사는 *자기 자신*을 면도할 수 없다. 스스로 면도하지 않는 사람들만 면도해줄 수 있기 때문이다. 이발사에게 곤란한 상황이다. 일반적으로 이 마을에서 누군가가 스스로 면도를 할 수 없다면 그 대신 면도를 해주는 사람은 이발사이다. 하지만 이 규칙은 이발사가 그렇게 하도록 허용하지 않는다. 그렇게 되면 이발사는 자기 자신을 면도하는 사람이 될 터인데, 이발사는 오로지 스스로 면도하지 않는 사람들만 면도하기 때문이다.

이것은 어떤 것이 참이면서 동시에 거짓이라고 말하는 완전한 모순으로 이어지는 것 같은 상황이다. 그것이 바로 역설이다. 역설은 우리를 아주 헷갈리게 한다. 러셀은 하나의 집합이 그 집합 자체를 지칭할 때 이런 유형의 역설이 나타난다는 것을 알아냈다. 같은 종류의 또 다른 유명한 예를 살펴보자. '이 문장은 거짓이다.' 이것 역시 역설이다. '이 문장은 거짓이다'라는 말의 의미가 있는 그대로 그 의미라면(그리고 그것이 참이라면) 그 문장은 거짓이다. 그렇다면 그 문장이 진술하는 내용, 즉 그 문장이 거짓이라는 것은 참이라는 의미가 된다. 그 문장이 참이면서 거짓이라고 말하는 듯하다. 하지만 한 문장은 참인 동시에 거짓일 수 없다. 그것은 논리의 기본 규칙이다. 그러므로 여기에 역설이 존재한다.

이런 예들은 그 자체로 흥미로운 수수께끼이다. 손쉬운 해결책은 없고, 이상해 보인다. 하지만 러셀에게는 그보다 훨씬 더 중요한 의미를 담고 있었다. 이 예들은 전 세계의 논리학자들이 집합론과 관련해서 내렸던 기본 가정들 중 일부가 틀렸다는 것을 드러냈다. 일부 가정은 다시 세울 필요가 있었다.

러셀의 또 다른 주요 관심사는 우리가 말하는 것이 세계와 어떻게 관련되는가의 문제였다. 그는 만약 하나의 진술을 참이나 거짓으로 만드는 것이 무엇인지 알아낼 수 있다면 인간의 지식에 엄청난 기여가 될 거라고 생각했다. 다른 한편으로는 우리의 모든 사고 이면에 있는 아주 추상적인 질문에 관심을 가졌다. 러셀의 연구 대부분은 우리가 하는 진술의 기초가 되는 논리적 구조를 설명하는 데 할애되었다. 그는 우리의 언어가 논리학에 비해 정확성이 훨씬 떨어진다고 생각했다. 일상 언어는 그 기초적인 논리 형태를 파악하기 위해 분석, 즉 분해할 필요가 있었다. 그는 철학의 모든 분야에서 진전을 이루는 비결은 이와 같은 언어의 논리적 분석에 있으며, 여기에는 언어를 보다 정확한 용어로 옮기는 것도 포함된다고 확신했다.

예를 들어 '황금 산은 존재하지 않는다'라는 문장을 살펴보자. 모든 사람이 이 문장이 참이라는 데 동의할 것 같다. 세상 어디에도 금으로 만든 산은 없기 때문이다. 이 문장은 존재하지 않는 것에 대해 무언가를 말하는 것처럼 보인다. '황금 산the golden mountain'이라는 문구는 실질적인 무언가를 지칭하지만, 우리는 그것이 존재하지 않는다는 것을 알고 있다. 이것은 논리학자들에게 일종의 수수께끼이다. 어떻게 우리는 존재하지 않는 것에 대해 의미 있게 말할 수 있을까? 왜 이 문장은 완전히 무의미하지 않는 걸까? 오스트리아의 논리학자 알렉시우스 마이농은 우리가 생각할 수 있고 의미 있게 말할 수 있는 모든 것은 존재*한다*는 답을 내놓았다. 마이농의 견해에 따르면 황금 산은 존재해야 하지만, 그가 '존속subsistence'이라고 이름 붙인 방식으로 존재한다. 그는 또한 유니콘과 숫자 '27'은 이런 식으로 '존속한다subsist'고 생각했다.

러셀에게는 논리학에 대한 마이농의 사고방식이 옳지 않은 것처럼 보였다. 아주 이상하게 보였다. 세계는 어떤 의미에서는 존재하지만 다른 의미에서는 존재하지 않는 것으로 가득하다는 의미였다. 러셀은 우리가 말하는 것이 존재하는 것과 어떤 관계가 있는지를 설명하는 더 간단한 방법을 생각해냈다. '기술이론Theory of Descriptions'이라고 알려진 것이다. 다소 이상한 문장(러셀 자신이 가장 좋아한 문장 중 하나)을 예로 들어보자. '현재 프랑스 왕은 대머리이다.' 러셀이 저술 활동을 한 20세기 초에는 프랑스에 왕이 존재하지 않았다. 프랑스 혁명 동안 프랑스에서는 모든 왕과 여왕이 제거되었다. 그렇다면 러셀은 어떻게 그 문장을 이해할 수 있었을까? 러셀의 대답은 일상 언어에서 대부분의 문장과 마찬가지로 이 문장은 보이는 것이 전부가 아니라는 것이었다.

문제는 거기에 있다. 만약 우리가 '현재 프랑스 왕은 대머리이다'라는 문장이 거짓이라고 말하고 싶다면, 이것은 대머리가 아닌 현재 프랑스 왕이 있다는 것을 말해주려는 것처럼 보인다. 하지만 우리는 결코 그런 것을 말하려는 게 아니다. 우리는 현재 프랑스 왕이 존재한다고 믿지 않는다. 러셀의 분석은 이랬다. '현재 프랑스 왕은 대머리이다'와 같은 진술은 사실 일종의 숨겨진 기술이다. 우리가 '현재 프랑스 왕은 대머리이다'에 대해 말할 때 우리 생각의 기초를 이루는 논리 형태는 다음과 같다.

(a) 현재 프랑스 왕인 어떤 존재가 있다.
(b) 현재 프랑스 왕인 단 하나의 존재가 있다.
(c) 현재 프랑스 왕인 어떤 존재는 대머리이다.

이런 복잡한 판독 과정을 통해 러셀은 비록 현재 프랑스 왕은 존재하지 않지만 '현재 프랑스 왕은 대머리이다'라는 문장이 의미가 통할 수 있다는 것을 보여주었다. 이 문장은 의미는 통하지만, 거짓이다. 마이농과 달리 러셀은 우리가 말하고 생각하기 위해 현재 프랑스 왕이 어떤 식으로든 존재(혹은 존속)해야 한다고 상상할 필요가 없었다. '현재 프랑스 왕은 대머리이다'라는 문장이 거짓인 이유는 현재 프랑스 왕은 존재하지 않기 때문이다. 이 문장은 현재 프랑스 왕이 존재한다는 것을 암시한다. 그래서 이 문장은 참이 아니라 거짓이다. '현재 프랑스 왕은 대머리가 *아니다*'라는 문장 역시 같은 이유로 거짓이다.

러셀은 철학에서 '언어적 전회linguistic turn'라고도 불리는 운동을 시작했다. 그것은 철학자들이 언어와 그 밑에 있는 논리적 형식에 대해 진지하게 생각하기 시작한 운동을 말한다. 앨프레드 줄스 에이어도 그 운동에 동참한 인물이었다.

CHAPTER 32

우우! / 우와!

앨프레드 줄스 에이어

누군가가 허튼소리를 하고 있다는 것을 알 수 있는 방법이 있다면 아주 좋지 않을까? 다시는 속을 일이 없을 테니 말이다. 자신이 듣거나 읽은 모든 것을 의미가 있는 진술과 그냥 허튼소리일 뿐 시간을 들일 가치가 없는 진술로 나눌 수도 있을 것이다. 앨프레드 줄스 에이어(1910~1989)는 자신이 그 한 가지 방법을 발견했다고 믿었다. 에이어는 그것을 '검증원리Verification Principle'라고 불렀다.

1930년대 초 에이어는 몇 개월간 오스트리아에서 빈학파라고 알려진 뛰어난 과학자와 철학자의 모임에 참석한 뒤 자신이 강의를 하고 있던 옥스퍼드 대학으로 돌아왔다. 스물네 살의 젊은 나이에 에이어는 대부분의 철학사가 뜻 모를 말로 가득 차 있다고 단언하는 책을 썼다. 철학사는 완전히 허튼소리이고 무의미하다는 주장이 담긴 이 책은 1936년에 출간된 『언어, 진리, 논리 Language, Truth and Logic』였다. 이는 논리실증주의, 즉 과학을 인간의 가장 위대한 업적으로 찬양하는 운동의 일환이었다.

'형이상학metaphysics'은 우리의 감각 너머에 존재하는 실재를 탐구하는 학문을 설명할 때 쓰이는 단어이며 칸트, 쇼펜하우어, 헤겔이 믿었던 철학 사조이다. 하지만 에이어에게 '형이상학'은 일종의 금기어였다. 그는 형이상학을 반대하는 입장이었다. 에이어는 논리나 감각을 통해 알 수 있는 것에만 관심이 있었다. 하지만 형이상학은 흔히 논리나 감각 어느 한쪽을 훨씬 뛰어넘어 과학적으로나 개념적으로 검증할 수 없는 실재들을 기술했다. 에이어에게 이런 형이상학은 전혀 쓸모가 없고 버려져야 할 뿐이었다.

『언어, 진리, 논리』가 사람들의 심기를 불편하게 한 것은 당연했다. 에이어보다 나이가 많은 옥스퍼드 대학의 철학자 대부분은 그 책을 몹시 싫어했고, 그 때문에 에이어는 일자리를 얻기가 어려워졌다. 하지만 사람들의 심기를 불편하게 하는 것은 소크라테스부터 시작된 철학사의 전통에서 철학자들이 수천 년 동안 해온 일이다. 그럼에도 불구하고 과거의 몇몇 위대한 철학자의 업적을 그렇게 드러내놓고 공격하는 책을 쓰는 것은 분명 용감한 일이었다.

의미 있는 문장과 무의미한 문장을 구분하는 에이어의 방식은 이랬다. 어떤 문장이든 택해서 다음과 같은 두 가지 질문을 하는 것이다.

(1) 그 문장은 정의에 의해 참인가?

(2) 그 문장은 경험적으로 검증할 수 있는가?

이 둘 중 어디에도 해당되지 않는다면 그 문장은 무의미했다. 이는 무의미함을 시험하기 위한 양면적 검사법이었다. 정의에 의해 참이거나 경험적으로 검증할 수 있는 진술만이 철학자들에게 쓸모가 있었다. 이것은 약간의 설명이 필요하다. 정의에 의해 참인 진술의 예는 '모든 타조는 새이다' 또는 '모든 남자 형제는 남성이다' 같은 것이다. 임마누엘 칸트('챕터 19' 참조)의 용어로는 *분석적 진술*이다. 타조가 새라는 것을 알기 위해 직접 타조를 조사할 필요는 없다. 타조의 정의에 해당되는 조건이기 때문이다. 그리고 분명 여성인 남자 형제는 가질 수가 없으며, 어느 누구도 여성인 남자 형제를 발견하지 못할 거라고 확신할 수 있다. 어쨌든 어느 시점에서 성전환을 하지 않는다면 말이다. 정의에 의해 참인 진술은 해당 용어에 내포된 조건을 제시한다.

그와 달리 경험적으로 검증 가능한 진술(칸트의 용어로는 '종합적' 진술)은 진정한 지식을 전달한다. 진술이 경험적으로 검증 가능하려면 그것이 참인지 거짓인지를 보여주는 어떤 시험이나 관찰이 있어야 한다. 예를 들어 누군가가 '모든 돌고래는 물고기를 먹는다'라고 말한다면 우리는 돌고래 몇 마리를 잡아서 물고기를 던져주고는 돌고래가 먹는지 확인하면 된다. 만약 물고기를 전혀 먹지 않는 돌고래를 발견했다면 우리는 그 진술이 거짓임을 알게 된다. 그것은 에이어에게 여전히 검증 가능한 진술이 될 것이다.

왜냐하면 그는 '검증 가능한verifiable'이라는 단어를 '검증 가능한
verifiable'과 '반증 가능한falsifiable' 두 가지 모두를 망라해서 사용했
기 때문이다. 경험적으로 검증 가능한 진술은 모두 사실에 입각
한 진술이었다. 그것은 세계의 존재 방식에 관한 것이다. 이 진술
들을 뒷받침하거나 뒤흔들 어떤 관찰이 틀림없이 존재할 것이다.
과학은 우리가 이 진술들을 살펴볼 수 있는 최선의 방식이다.

　만약 그 문장이 정의에 의해 참이지도 않고 경험적으로 검증
가능하지도 않다면 그것은 무의미하다고 에이어는 단언했다. 아
주 단순했다. 에이어 철학의 이런 부분은 데이비드 흄의 사상에
서 직접 차용한 것이다. 흄은 이런 시험에 통과하지 못한 철학 저
서는 '궤변과 착각sophistry and illusion'밖에 담고 있지 않기 때문에 불
태워버려야 한다고 반농담처럼 제안했다. 에이어는 흄의 사상을
20세기에 맞게 고친 셈이었다.

　그렇다면 '어떤 철학자들은 수염이 있다'라는 문장을 살펴볼
때 이것은 정의에 의해 참이 아닌 것이 아주 명백하다. 어떤 철학
자들은 얼굴에 털이 있어야 한다는 것이 철학자의 정의에 해당되
지 않기 때문이다. 하지만 우리가 나가서 증거를 얻을 수 있는 것
이기 때문에 경험적으로 검증될 수 있다. 우리가 할 일은 그저 다
양한 철학자를 살펴보는 것뿐이다. 그럴 가능성이 아주 높겠지
만, 만약 수염이 있는 몇몇 철학자를 찾는다면 우리는 그 문장이
참이라고 결론 내릴 수 있다. 혹은 수백 명의 철학자들을 살펴보
고 나서 수염이 있는 철학자를 단 한 명도 찾을 수 없다면 우리는
'어떤 철학자들은 수염이 있다'라는 문장이 아마도 거짓일 거라

고 결론 내릴 수도 있다. 비록 존재하는 모든 철학자를 조사하지 않은 상태에서 확신할 수는 없지만 말이다. 참이나 거짓 어느 쪽이든 이 문장은 의미가 있다.

'내 방은 흔적을 남기지 않는 보이지 않는 천사로 가득 차 있다'라는 문장과 비교해보자. 이 문장 역시 정의에 의해 참이 아니다. 그렇다면 경험적으로 검증 가능한가? 그런 것 같지 않다. 만약 정말로 흔적을 남기지 않는다면 눈에 보이지 않는 이 천사들을 탐지할 수 있는 방법은 전혀 생각할 수 없다. 당신은 천사들을 만지거나 냄새를 맡을 수 없다. 천사들은 발자국을 남기지도 않고, 시끄러운 소리를 내지도 않는다. 따라서 이 문장은 마치 의미가 있는 것처럼 보이지만 허튼소리에 불과하다. 문법적으로는 옳은 문장이지만, 세계에 대한 진술로서는 참도 아니고 거짓도 아니다. 무의미하다.

이것은 이해하기 상당히 어려울 수 있다. '내 방은 흔적을 남기지 않는 보이지 않는 천사로 가득 차 있다'라는 문장은 뭔가 의미가 있는 것 같다. 하지만 에이어가 지적하는 점은 이 문장이 시적으로 들리거나 소설 작품에 도움이 될 수는 있겠지만, 인간의 지식에는 기여하는 바가 전혀 없다는 것이다.

에이어가 형이상학만 공격한 것은 아니었다. 윤리학과 종교 역시 그의 표적이었다. 예를 들어 그의 가장 도발적인 결론 가운데 하나는 도덕적 판단이 말 그대로 허튼소리라는 것이다. 이것은 터무니없는 말처럼 들린다. 하지만 도덕적 진술을 시험하는 에이어의 양면적 검사법을 사용하면 도출되는 결론이었다. 만약

'고문은 잘못된 것이다'라고 말한다면 우리가 하는 것이라곤 '고문, 우우!'라고 말하는 것과 다를 바 없다고 에이어는 생각했다. 참이거나 거짓일 수 있는 진술을 하는 게 아니라 고문이라는 문제에 대한 개인적 감정을 드러내고 있는 것이다. '고문은 잘못된 것이다'라는 진술은 정의에 의해 참이 아니기 때문이다. 또한 우리가 사실로 증명하거나 반증할 수 있는 진술도 아니다. 그는 이 문제를 해결하기 위해 할 수 있는 검사가 없다고 생각했다. 제러미 벤담이나 존 스튜어트 밀처럼 결과적으로 나타나는 행복을 측정하는 공리주의자들은 이의를 제기했을 것이다.

그러므로 에이어의 분석에 따르면 '고문은 잘못된 것이다'라는 문장은 결코 참이거나 거짓이 될 수 없는 유형의 문장이기 때문에 그 문장을 말하는 것은 완전히 무의미하다. '연민은 좋은 것이다'라는 말은 단지 자신의 기분을 보여주는 것이다. '연민, 우와!'라고 말하는 것과 마찬가지일 뿐이다. 정의주의emotivism라고 알려진 에이어의 윤리 이론을 종종 야유와 환호를 의미하는 우우!/우와!Boo!/Hooray! 이론으로 칭하는 것은 놀랍지 않다. 일부에서는 에이어가 도덕은 중요하지 않고 자신이 원하는 것은 무엇이든 선택할 수 있다고 말한 것으로 이해했다. 하지만 에이어의 주장은 그게 아니었다. 우리가 이런 문제를 가치관의 측면에서 의미 있게 논의할 수 없다는 말이었고, 우리가 무엇을 해야 하는지에 관한 논쟁에서는 주로 사실이 논의되고 있으며 이 사실들은 경험적으로 검증할 수 있다고 믿었다.

『언어, 진리, 논리』의 또 다른 챕터에서 에이어는 우리가 신에 대해 의미 있는 이야기를 할 수 있다는 견해를 공격했다. 그는 '신은 존재한다'라는 진술은 참도 아니고 거짓도 아니라고 주장했다. 역시나 말 그대로 무의미하다고 느꼈다. 정의에 의해 참이 아니기 때문이었다(비록 어떤 사람들은 성 안셀무스를 따라 존재론적 증명을 이용해서 신은 반드시 존재해야 한다고 말했지만 말이다). 그리고 그는 설계논증을 받아들이지 않았기 때문에 신이 존재하거나 존재하지 않음을 증명하기 위해 할 수 있는 검사가 없었다. 따라서 에이어는 신이 존재한다고 믿는 유신론자도, 신이 존재하지 않는다고 믿는 무신론자도 아니었다. 오히려 그는 '신은 존재한다'라는 문장은 또 다른 의미 없는 진술에 불과하다고 생각했다. 어떤 사람들은 이런 입장에 '무지론igtheism'이라는 이름을 붙인다. 그렇다면 에이어는 무지론자였다. 즉 신이 존재하는지 존재하지 않는지에 관한 모든 이야기는 완전히 허튼소리라고 생각하는 특별한 범주에 속했다.

그럼에도 만년에 에이어는 연어 뼈가 목에 걸려 숨이 막히는 바람에 의식을 잃고 거의 죽을 뻔한 경험을 했을 때 충격을 받았다. 그의 심장은 4분 동안 멈췄다. 그 시간 동안 에이어는 붉은빛과 두 '우주의 주인Masters of the Universe'이 이야기를 나누는 모습을 분명히 보았다. 그렇다고 해서 에이어가 신을 믿게 된 것은 아니었다. 대신 죽음 이후에도 정신은 계속 존재할 수 있는지에 관한 자신의 확신을 의심하게 되었다.

에이어의 논리실증주의는 안타깝게도 자기 파괴적인 수단을 제공했다. 이 이론은 그 자체 검사를 통과하지 못할 것 같았다. 첫째, 이 이론은 정의에 의해 참인지가 명백하지 않다. 둘째, 이 이론을 증명하거나 반증할 수 있는 관찰이 존재하지 않는다. 따라서 그 자체 기준으로 볼 때 에이어의 논리실증주의는 무의미하다.

어떻게 살 것인가에 대한 질문에 답하기 위해 철학으로 눈을 돌린 사람들에게 에이어의 철학은 거의 쓸모가 없었다. 제2차 세계대전 기간과 그 직후 유럽에서 부상한 실존주의가 여러 면에서 더 도움이 되었다.

CHAPTER 33

자유의 고통

장 폴 사르트르, 시몬 드 보부아르, 알베르 카뮈

만약 1945년으로 시간을 거슬러 올라가 파리의 레 두 마고Les Deux Magots('현명한 두 남자'라는 뜻의 프랑스어)라는 카페에 갈 수 있다면 눈을 휘둥그레 뜨고 있는 작은 남자 옆에 앉아 있을 수도 있다. 남자는 파이프 담배를 피우면서 노트에 글을 쓰고 있다. 바로 가장 유명한 실존주의 철학자 장 폴 사르트르(1905~1980)이다. 사르트르는 소설가이자 극작가이면서 전기 작가이기도 했다. 그는 인생의 대부분을 호텔에서 지냈고 카페에서 거의 모든 글을 썼다. 그는 우상과 같은 존재처럼 보이지 않았지만, 몇 년 안에 그렇게 되었다.

아름답고 매우 지적인 한 여성이 자주 사르트르와 동석했다. 바로 시몬 드 보부아르(1908~1986)였다. 두 사람은 대학 시절부터 서로 알고 지냈다. 그녀는 그의 오랜 동반자였지만, 두 사람은 결코 결혼하거나 동거하지 않았다. 또한 각자의 연인도 있었지만, 두 사람의 관계는 오래 지속되었다. 두 사람은 자신들의 관계는 '필수적essential'이고, 다른 모든 관계는 '부수적contingent('필연적이지 않은not necessary'이라는 의미에서)'이라고 표현했다. 사르트르와 마찬가지로 보부아르는 철학자였고 소설가였다. 그녀는 중요한 초기 페미니즘 저서인『제2의 성The Second Sex』(1949)을 썼다.

이제 막 끝난 제2차 세계대전 동안 파리는 거의 내내 나치 독일에 점령당한 상태였다. 프랑스인들의 삶은 몹시 어려웠다. 레지스탕스에 가담하여 나치 독일에 맞서 싸운 사람들이 있는가 하면 자신의 목숨을 구하기 위해 나치에 부역하고 친구들을 배신한 사람들도 있었다. 식량이 부족했다. 거리에서는 총격전이 벌어졌다. 사람들이 사라지고 다시는 볼 수 없었다. 파리의 유대인들은 강제수용소로 보내졌고, 대다수가 거기서 살해되었다.

나치 독일이 연합군에 패망했으므로 삶을 새로이 시작할 때였다. 전쟁이 끝났다는 안도감과 동시에 과거는 잊어야 한다는 인식이 있었다. 어떤 사회를 세워야 하는지를 곰곰이 생각해 볼 때였다. 전쟁에서 벌어졌던 끔찍한 일들을 겪은 뒤 모든 계층의 사람들이 철학자가 하던 질문들을 스스로에게 던지고 있었다. '삶의 목적은 무엇인가?' '신은 존재하는가?' '나는 항상 타인이 나에게 기대하는 것을 해야만 하는가?'

사르트르는 이미『존재와 무Being and Nothingness』(1943)라는 길고 어려운 저서를 전쟁 중에 출간했다. 그 중심 주제는 '자유'였다. 인간은 자유로운 존재라는 메시지는 나치 독일에 점령된 프랑스

에서는 어색했다. 대다수 프랑스인들은 자신의 조국에서 죄수가
된 기분이 들거나 실제 죄수의 처지였기 때문이다. 하지만 사르
트르가 말하려 했던 것은, 이를테면 주머니칼과 달리 인간은 어
떤 특별한 일을 하도록 설계되지 않았다는 점이었다. 사르트르는
우리를 설계했을 신이 존재한다고 믿지 않았기 때문에 신은 우리
에게 목적을 가지고 있다는 견해를 받아들이지 않았다. 주머니칼
은 자르도록 설계되었다. 그것이 주머니칼을 주머니칼로 만드는
본질이다. 하지만 인간은 무엇을 하도록 설계되었는가? 인간은
어떤 본질을 갖고 있지 않다. 우리는 어떤 이유가 있어서 여기에
존재하는 것이 아니라고 그는 생각했다. 우리에게 인간이 되기
위해 어떻게 존재해야만 하는 특별한 방식이 있는 것도 아니다.
인간은 무엇을 할지, 무엇이 될지 선택할 수 있다. 우리는 모두 자
유롭다. 당신이 아닌 어느 누구도 당신의 삶을 어떻게 만들어갈
지 결정할 수 없다. 만약 다른 사람들에게 당신이 어떻게 살 것인
지 결정하게 한다면 그것 또한 하나의 선택이다. 다른 사람들이
기대하는 유형의 사람이 되는 선택인 셈이다.

　분명 어떤 일을 하기로 선택한다고 해서 항상 성공하는 것은
아닐 것이다. 그리고 성공하지 못한 이유가 완전히 자신의 통제
밖에 있을지도 모른다. 하지만 그 일을 하고 싶고, 그 일을 시도하
고, 그 일을 할 수 없을 때 어떻게 대응할지에 대한 책임은 자신에
게 있다.

　자유는 다루기 어렵고 우리들 대다수는 자유를 피하려 한다.
자유로부터 숨는 한 가지 방법은 전혀 자유롭지 않은 척하는 것

이다. 만약 사르트르의 견해가 옳다면 우리는 변명할 수 없다. 즉 우리가 매일 하는 일과 그 일에 대한 우리의 생각은 모두 우리가 책임져야 한다. 우리의 감정까지도 마찬가지다. 만약 지금 슬프 다면, 사르트르에 따르면 그것은 자신의 선택이다. 슬퍼할 필요 는 없다. 슬프다면 그에 대한 책임을 져야 한다. 이런 상황은 너무 무섭고, 어떤 사람들은 아주 고통스럽기 때문에 그 선택을 인정 하지 않을 것이다. 사르트르는 인간은 '자유롭도록 저주받은' 존 재라고 말한다. 우리는 좋든 싫든 이 자유와 떨어질 수 없다.

사르트르는 어느 카페 웨이터의 상황을 설명했다. 이 카페 웨 이터는 아주 틀에 박힌 방식으로 움직이면서 일종의 꼭두각시인 것처럼 행동한다. 그의 모든 것은 마치 그가 자신에게는 어떤 선 택권도 없다는 듯이 그 자신을 전적으로 웨이터 역할에 의해 규 정된 존재로 생각한다는 것을 암시한다. 그가 쟁반을 들고 있는 방식이나 테이블 사이를 오가는 방식 모두 일종의 춤, 즉 그 춤 을 추는 인간으로서가 아니라 웨이터라는 자신의 직업에 따라 안 무를 짠 춤의 일부분이다. 사르트르는 이 남자가 '잘못된 믿음bad faith' 속에 있다고 말한다. 잘못된 믿음은 자유로부터 도망치는 것 이다. 그것은 스스로에게 말하면서 거의 믿는 일종의 거짓말이 다. 사르트르에 따르면 좋든 싫든 스스로 선택할 수 있을 때에도 자신의 삶을 어떻게 살 것인지 선택할 자유가 없다고 말하는 거 짓말이다.

전쟁 직후 「실존주의는 인본주의다Existentialism is a Humanism」라 는 강연에서 사르트르는 인간의 삶이 고통으로 가득 찼다고 말했다. 이 고통은 우리가 하는 모든 것에 대해 어떤 변명도 할 수 없지만 책임을 져야 한다는 것을 이해하는 데서 비롯된다. 하지만 사르트르에 따르면 내가 인생에서 하는 모든 것이 다른 사람들이 그들의 인생에서 해야 하는 일의 일종의 원형이기 때문에 이 고통은 한층 심해진다. 만약 결혼을 결심한다면 나는 모든 사람이 결혼해야 한다고 제안하고 있는 것이다. 게으름을 피우기로 결심한다면 그것은 내가 생각하는 인간 존재의 모습에서 모든 사람이 따라야 하는 것이 된다. 인생에서 내가 하는 선택을 통해 나는 인간이 어떤 존재여야 하는지에 대한 나의 생각을 그리고 있는 것이다. 만약 내가 이런 일을 진지하게 하고 있다면 그것은 커다란 책임을 지는 것이다.

사르트르는 전쟁 중에 그의 조언을 구하러 온 학생의 실화를 통해 선택의 고통이 의미하는 바를 설명했다. 이 젊은이는 아주 어려운 결정을 내려야 했다. 집에 머물면서 어머니를 돌보거나, 집을 떠나 프랑스 레지스탕스에 가담하여 나치 독일로부터 조국을 지키기 위해 싸우거나. 이것은 그의 인생에서 가장 어려운 결정이었고, 그는 어떻게 할 것인지 확신하지 못했다. 만약 어머니를 떠난다면 그가 없는 어머니는 속수무책일 것이다. 그는 나치 독일군에 잡혀서 레지스탕스에 합류하지 못할 수도 있다. 그러면 고귀한 일을 하려는 모든 시도는 정력과 인생의 낭비가 될 것이다. 하지만 어머니와 함께 집에 머문다면 다른 사람들로 하여금 그를 위해 싸우게 하는 셈이다. 그는 어떻게 해야 할까? 당신이라면 어떻게 할 것인가? 그에게 어떤 조언을 할 것인가?

사르트르의 조언은 조금 실망스러웠다. 그는 학생에게 우리는 자유로운 존재이고 스스로 선택해야 한다고 말했다. 사르트르가 어떻게 해야 할지를 두고 실질적인 조언을 했어도 그 학생은 여전히 그 조언을 따를지 말지 결정해야 했다. 인간이라는 존재에게 따라오는 책임의 무게에서 벗어날 길은 없다.

'실존주의Existentialism'는 다른 사람들이 사르트르의 철학에 붙인 명칭이었다. 그 명칭은 우리는 무엇보다 자기 자신이 세계에 *실존하는* 것을 깨닫게 되고, 그런 다음 우리의 삶을 어떻게 살 것인지 결정해야 한다는 견해에서 비롯되었다. 그와 반대일 수도 있다. 즉 우리는 주머니칼처럼 특정한 목적을 위해 설계된 것일 수도 있다. 하지만 사르트르는 우리는 그런 존재가 아니라고 믿었다. 그의 표현 방식에 따르면 우리의 실존은 본질에 앞서는 데 반해 설계된 사물은 실존보다 본질이 우선한다.

시몬 드 보부아르는『제2의 성』에서 여성은 여성으로 태어나는 것이 아니라 여성으로 만들어진다고 주장하면서 이런 실존주의를 다르게 해석했다. 보부아르의 말은 여성은 여성이라는 존재에 대한 남성의 견해를 받아들이는 경향이 있다는 뜻이었다. 남성이 기대하는 존재가 되는 것은 하나의 선택이다. 하지만 자유로운 존재로서 여성은 자신이 무엇이 되고 싶은지 스스로 결정할 수 있다. 여성은 본질, 즉 어떻게 존재해야 한다고 선천적으로 주어진 방식을 갖고 있지 않다.

실존주의의 또 다른 중요한 주제는 우리 존재의 부조리였다. 삶은 우리가 선택함으로써 그 의미를 부여하기 전까지는 아무런 의미도 없다. 그러다가 곧이어 죽음이 다가와 우리가 부여할 수 있는 모든 의미를 제거한다. 이에 대한 사르트르의 해석은 이것을 인간 존재를 '쓸모없는 열정'으로 묘사한 것이다. 즉 우리의 존재는 아무런 의미가 없다는 것이다. 우리 각자가 선택을 통해 만들어내는 의미만 존재할 뿐이다. 소설가이자 실존주의와도 연관되어 있는 철학자 알베르 카뮈(1913~1960)는 그리스 신화에 등장하는 시시포스를 이용해서 인간의 부조리를 설명했다. 시시포스는 신들을 속인 죄로 거대한 바위를 산꼭대기까지 밀어 올려야 하는 벌을 받는다. 산꼭대기에 도달하면 바위는 굴러 내려가고 시시포스는 처음부터 다시 시작해야 한다. 그는 이 일을 영원히 반복해야 한다. 인간의 삶은 완전히 무의미하다는 점에서 시시포스의 노역과 같다. 아무런 의미가 없고, 모든 것을 설명해줄 답도 전혀 없다. 부조리하다. 하지만 카뮈는 우리가 절망해서는 안 된다고 생각했다. 우리는 자살해서는 안 된다. 대신 시시포스가 행복하다는 것을 인정해야 한다. 그는 왜 행복할까? 거대한 바위를 산꼭대기까지 밀어 올리는 무의미한 노고에는 그의 삶을 살 만한 가치가 있게 하는 무언가가 존재하기 때문이다. 그것은 죽음보다 훨씬 낫다.

실존주의는 일종의 신앙이 되었다. 수많은 젊은이들이 실존주의에 빠져서 밤늦게까지 인간 존재의 부조리에 대해 토론했다. 실존주의는 소설, 연극, 영화에 영감을 주었다. 실존주의는 사람들이 살아가고 결정을 내리는 데 적용할 수 있는 철학이었다. 사르트르 자신은 나이가 들어감에 따라 점점 더 정치적으로 관여하고 더욱 좌파의 성향을 드러냈다. 그는 마르크스주의의 통찰을 자신의 초기 사상과 결합하는 어려운 과제를 시도했다. 1940년대에 그의 실존주의는 스스로 선택을 하는 개인에게 초점을 맞추고 있었다. 하지만 후기 사상에서는 우리는 어떻게 더 큰 집단의 일부분이며 사회적 요소와 경제적 요소가 우리의 삶에 어떤 역할을 하는지 이해하는 데 중점을 두었다. 유감스럽게도 그의 저술은 한층 이해하기 어려워졌다. 아마도 대부분이 그가 암페타민 amphetamines(중추신경과 교감신경을 흥분시키는 각성제 - 옮긴이)에 취해 있을 때 쓰였던 것도 부분적인 이유일 것이다.

사르트르는 아마도 20세기의 가장 유명한 철학자였을 것이다. 하지만 철학자들에게 지난 세기의 가장 중요한 사상가가 누구냐고 묻는다면 많은 이들이 루트비히 비트겐슈타인이라고 말할 것이다.

CHAPTER 34

언어의 마법에 빠진

루트비히 비트겐슈타인

　　1940년 케임브리지 대학에서 열린 루트비히 비트겐슈타인 (1889~1951)의 세미나에 있었다면 아주 별난 사람과 같이 있었다는 것을 금방 깨달았을 것이다. 비트겐슈타인을 만난 사람들 대다수는 그가 천재라고 생각했다. 버트런드 러셀은 그를 '혈기왕성하고 진중하고 열성적이며 분위기를 압도하는' 인물이라고 평했다. 밝은 푸른 눈과 자신에 대해 아주 진지한 태도를 가졌던 빈 태생의 이 작은 남자는 서성거리다 학생들에게 질문을 던지거나 생각에 잠겨 몇 분씩 말을 멈추곤 했다. 아무도 방해할 엄두를 내지 못했다. 그는 준비된 원고대로 강의를 하는 게 아니라 청중들 앞에서 여러 문제를 곰곰이 생각하고 여러 사례를 들어가며 무엇이 중요한지 하나하나 파헤쳐나갔다. 그는 학생들에게 철학책을 읽느라 시간을 낭비하지 말라고 말했다. 만약 그런 책을 진지하게 받아들였다면 책을 방 저편으로 던져버리고 책에서 제기된 수수께끼 같은 문제들을 곰곰이 생각해보라고 했다.

비트겐슈타인의 첫 번째 저서인 『논리철학논고Tractatus Logico-Philosophicus』(1922)는 번호가 매겨진 짧은 단락 형태로 쓰였다. 대부분의 단락은 철학이라기보다 시처럼 읽힌다. 이 책의 핵심 메시지는 윤리와 종교에 관한 가장 중요한 질문은 우리가 이해할 수 있는 한계 너머에 있으며, 만약 우리가 윤리와 종교에 대해 의미 있는 이야기를 할 수 없다면 우리는 침묵을 지켜야 한다는 것이다.

그 이후 비트겐슈타인의 연구에서 중심 주제는 '언어의 마법bewitchment by language'이었다. 비트겐슈타인은 언어가 철학자를 온갖 종류의 혼동으로 이끈다고 생각했다. 철학자들은 언어의 마법에 빠진다. 비트겐슈타인은 자신의 역할이 이런 수많은 혼동을 사라지게 하는 일종의 치료사라고 보았다. 우리는 그가 신중하게 선택한 다양한 사례의 논리를 따라야 하고, 그렇게 하면 우리의 철학적 문제들이 사라질 것이라는 발상이었다. 너무나 중요하게 보였던 것이 더 이상 문제가 되지 않을 거라는 의미였다.

비트겐슈타인은 철학적 혼동을 일으키는 한 가지 원인이 모든 언어가 동일한 방식으로 작용한다는 가정, 바로 단어들이 단순히 사물을 명명한다는 생각이라고 보았다. 그는 독자들에게 많은 '언어 게임language games', 즉 우리가 단어를 이용해서 수행하는 다양한 활동을 보여주려고 했다. 언어의 '본질essence'은 존재하지 않는다. 다시 말해 언어의 사용 범위 전체를 설명하는 하나의 공통된 특징이란 존재하지 않는다.

예를 들어 결혼식에서 서로 친척이 되는 사람들의 무리를 보면 신체적 유사성에 의해 가족 구성원을 알아볼 수 있을 것이다. 그것이 바로 비트겐슈타인이 말한 '가족 유사성family resemblance'이다. 말하자면 당신은 머리카락과 눈 색깔이 같아서 어머니를 약간 닮았을 수도 있고, 키가 크고 날씬하다는 점에서 할아버지를 약간 닮았을 수도 있다. 또한 머리카락 색깔과 눈 모양은 여동생하고 같지만, 여동생은 당신이나 어머니와 눈 색깔이 다를 수도 있다. 모든 가족 구성원이 가지고 있어서 동일한 유전자로 연결된 가족의 일원이라는 것을 한눈에 알아볼 수 있게 하는 단 하나의 특징은 존재하지 않는다. 대신 가족 일부는 어떤 특징을 공유하고 다른 일부는 또 다른 특징을 공유하는 것처럼 서로 중복되는 유사성의 방식은 존재한다. 비트겐슈타인의 관심을 끈 것은 그 중복되는 유사성의 방식이었다. 그는 언어의 작용 방식과 관련하여 중요한 점을 설명하기 위해 이 가족 유사성 은유를 사용했다.

'게임'이라는 단어를 생각해보자. 체스 같은 보드게임이나 브리지나 페이션스 같은 카드 게임, 축구 같은 스포츠 등 우리가 게임이라고 부를 수 있는 종류는 아주 다양하다. 또한 숨바꼭질이나 속임수 게임처럼 우리가 게임이라고 부를 수 있는 다른 놀이들도 있다. 대부분의 사람들은 이 모든 것을 아우르기 위해 우리가 '게임'이라는 동일한 단어를 사용하기 때문에 모두 공통적으로 가지고 있는 단 하나의 특징, 즉 '게임'이라는 개념의 '본질'이 있어야 한다고 가정할 뿐이다. 하지만 비트겐슈타인은 그런 공통분모가 존재할 거라고 그냥 가정할 것이 아니라 독자들에게 '자세히 들여다보라Look and see'고 충고한다. 게임에는 모두 승자와 패자가 있다고 생각할 수 있지만, 솔리테르(혼자서 하는 카드놀이의 일종 - 옮긴이)나 벽에 공을 던지고 받는 놀이는 어떤가? 두 가지 다 게임이지만, 분명 패자는 없다. 혹은 게임에는 공통적으로 일련의 규칙이 있다는 생각은 어떤가? 하지만 속임수 게임 같은 것은 규칙이 없는 듯하다. 모든 게임의 공통된 특징이 될 수 있는 요소마다 비트겐슈타인은 반례, 즉 게임의 요소이지만 모든 게임의 '본질'이라고 제시된 요소를 공유하지 않는 것처럼 보이는 경우를 내놓는다. 모든 게임은 한 가지 공통점을 가지고 있다고 가정하는 대신 비트겐슈타인은 '게임' 같은 단어를 '가족 유사성 용어family resemblance terms'로 봐야 한다고 생각한다.

비트겐슈타인은 언어를 일련의 '언어 게임'이라고 말하면서 우리가 언어로 사용하는 다양한 것들이 있다는 사실과 대체로 철학자들은 모든 언어가 동일한 기능을 한다고 생각하기 때문에 혼동을 일으킨다는 점에 주목했다. 그가 철학자로서 자신의 목표를 밝히면서 파리에게 유리병에서 빠져나가는 길을 보여주고 싶다고 말한 것은 유명하다. 전형적인 철학자는 유리병에 갇힌 파리처럼 사방으로 부딪치며 부산하게 돌아다닐 것이다. 철학적 문제를 '해결'하는 방법은 코르크 마개를 벗겨서 파리를 유리병 밖으로 내보내는 것이다. 즉 비트겐슈타인은 철학자들이 엉뚱한 질문을 해왔거나 언어에 현혹되어 있었다는 것을 보여주고 싶다는 의미였다.

언어의 마법에 빠진   273

성 아우구스티누스가 자신이 말을 배운 방법에 대해 설명한 것을 예로 들어보자. 그는 저서 『고백록』에서 주변의 어른들이 사물을 가리키며 이름을 말해주었다고 했다. 그가 사과를 보면 누군가가 사과를 가리키며 '사과'라고 말하는 식이다. 차츰 아우구스티누스는 단어들이 의미하는 것을 이해했고 자신이 원하는 것을 다른 사람에게 말하기 위해 단어들을 사용할 수 있었다. 비트겐슈타인은 이 설명을 모든 언어에는 하나의 본질, 즉 단일한 기능이 있다고 가정하는 사람의 사례로 받아들였다. 그 단일한 기능은 대상에 이름을 붙이는 것이다. 아우구스티누스에게 모든 단어는 그것이 상징하는 의미를 갖고 있다. 이런 언어의 그림 대신 비트겐슈타인은 우리에게 언어 사용을 화자의 실제 삶과 연관된 일련의 활동으로 보라고 주문한다. 우리는 언어를, 가령 항상 드라이버의 기능만 수행하는 것이 아니라 온갖 종류의 도구가 들어 있는 공구 가방과 유사하다고 생각해야 한다.

우리가 아파서 그 통증에 대해 말할 때 우리에게 있는 특정 감각을 나타내는 단어를 사용하는 것이 당연하게 보일 수 있다. 하지만 비트겐슈타인은 감각의 언어에 대한 그런 관점을 뒤흔들려고 한다. 우리에게 감각이 없다는 게 아니다. 논리적으로 보았을 때, 우리가 사용한 단어는 감각의 이름이 될 수 없다는 것뿐이다. 만약 모든 사람이 누구에게도 보여준 적이 없는 딱정벌레가 들어 있는 상자를 가지고 있다면 서로 자신의 '딱정벌레'에 대해 이야기할 때 상자 속에 무엇이 들어 있는지는 중요하지 않을 것이다. 언어는 공적인 것이며, 우리가 제대로 이해하고 있는지 공개적으로 확인할 수 있는 방법을 필요로 한다. 아이가 자신의 통증을 '설명'하는 법을 배울 때 부모는 아이에게 '아파요' 같은 다양한 말을 하도록 권한다고 비트겐슈타인은 말한다. '아파요'라는 말은 여러 가지 점에서 '으악!'이라는 무척 자연스러운 표현과 비슷하다. 여기에는 '나는 아프다'라는 말을 개인적인 느낌에 이름을 붙이는 방식으로 생각하면 안 된다는 그의 메시지도 담겨 있다. 만약 고통과 느낌이 정말로 개인적이라면 우리는 그것들을 설명할 특별한 사적 언어가 필요할 것이다. 하지만 비트겐슈타인은 그런 생각은 타당하지 않다고 보았다. 그가 제시한 또 다른 예를 보면 왜 그렇게 생각했는지 이해하는 데 도움이 될 것이다.

어떤 사람이 이름이 없는 특이한 느낌, 가령 따끔거리는 것 같은 느낌이 들 때마다 기록을 하기로 결심한다. 그는 이 특이한 따끔거리는 느낌이 들 때마다 일기장에 'S'라고 기록한다. 'S'는 그의 사적 언어에서 하나의 단어이다. 하지만 다른 누구도 그것이 무슨 뜻인지 알지 못한다. 이런 일이 가능한 것처럼 보인다. 이와 똑같은 일을 하고 있는 사람을 상상하는 것은 어렵지 않다. 하지만 여기서 조금 더 깊이 생각해보자. 만약 그는 따끔거리는 느낌이 있을 때 다른 종류의 따끔거림이 아니라 자신이 기록하기로 결정한 'S' 유형의 느낌이라는 것을 어떻게 알 수 있을까? 그는 앞서 경험한 'S' 유형의 따끔거림에 대한 기억 외에 되짚어 확인해볼 대상이 없다. 하지만 그 정도로도 충분치는 않다. 왜냐하면 그가 그 느낌을 완전히 오해할 수도 있기 때문이다. 그 단어를 동일한 방식으로 사용하고 있다고 말할 수 있는 믿을 만한 방법이 아니다.

비트겐슈타인이 이 일기의 예를 통해 주장하려는 점은 우리가 경험을 설명하기 위해 단어를 사용하는 방식이 그 단어에 대한 사적인 연결고리에 기반을 두지 않는다는 것이다. 단어의 사용 방식에는 반드시 어떤 공적인 것이 있어야 한다. 우리는 자신만의 사적 언어를 가질 수 없다. 만약 그것이 사실이라면 마음은 다른 누구도 그 안으로 들어갈 수 없도록 문이 잠긴 극장과 같다는 말은 어폐가 있다. 그러므로 비트겐슈타인이 보기에 느낌에 관한 사적 언어라는 발상은 전혀 이치에 맞지 않는다. 이 점은 중요하면서도 역시나 이해하기 어려운 점이다. 왜냐하면 비트겐슈타인 이전의 많은 철학자는 개인의 마음이 완전히 사적이라고 생각했기 때문이다.

종교적으로는 기독교도였지만, 비트겐슈타인의 가족은 나치 법률에 따라 유대인으로 간주되었다. 비트겐슈타인은 제2차 세계대전 때 런던의 한 병원에서 잡역부로 일하며 지냈고, 그의 가족들은 모두 운 좋게도 빈에서 탈출할 수 있었다. 만약 그렇지 않았다면 아돌프 아이히만이 그들을 죽음의 수용소로 강제 송환하는 것을 감독했을지도 모른다. 아이히만이 홀로코스트Holocaust(제2차 세계대전 중 나치 독일이 자행한 유대인 대학살 - 옮긴이)에 관여하고 훗날 반인륜적 범죄를 저지른 죄목으로 재판을 받은 사건은 한나 아렌트가 악의 본질을 성찰하게 된 주요한 계기가 되었다.

CHAPTER 35

질문하지 않는 남자

한나 아렌트

나치 친위대 중령 아돌프 아이히만은 근면한 관리자였다. 1942년부터 그는 유럽의 유대인들을 아우슈비츠를 포함한 폴란드의 여러 강제수용소로 수송하는 일을 맡았다. 이것은 아돌프 히틀러의 '최종 해결Final Solution', 즉 나치 독일군이 점령한 지역에 살고 있는 모든 유대인을 죽이려는 계획의 일환이었다. 아이히만은 이 계획적 말살 정책에 책임이 없었다. 그것은 그의 생각이 아니었다. 하지만 이 정책을 가능하게 만든 철도망을 조직하는 데 깊이 관여했다.

1930년대부터 나치 독일은 유대인의 권리를 박탈하는 법률을 도입하고 있었다. 히틀러는 독일에 좋지 않은 거의 모든 일을 유대인의 탓으로 돌렸고 그들에게 복수하겠다는 터무니없는 의도를 내비쳤다. 이러한 법률에 따라 유대인들은 공립학교에 가는 것이 금지되고, 돈과 재산을 강제로 넘겨야 했으며, 옷에 노란 별을 달아야 했다. 유대인들은 붙잡혀서 강제로 게토ghettos에 살게 되었다. 게토는 유대인들에게 감옥이 되어버린 도시의 인구 밀집 지역이었다. 식량은 부족했고 삶은 고단했다. 하지만 '최종 해결' 정책으로 새로운 차원의 악evil이 등장했다. 단지 유대 인종이라는 이유만으로 수백만 명을 살해하겠다는 히틀러의 결정에 따라 나치 독일군은 유대인을 도시 밖의 대량 살상이 가능한 곳으로 이동시킬 필요가 있었다. 기존의 강제수용소는 하루에 수백 명을 독가스로 질식시키고 화장시키는 살상의 온상으로 바뀌었다. 이러한 수용소는 대부분 폴란드에 있었기 때문에 누군가가 유대인들을 사지로 수송할 철도망을 조직해야 했다.

아이히만이 사무실에 앉아 서류들을 들추며 중요한 통화를 하는 동안 그가 한 일의 결과로 수백만 명이 죽었다. 장티푸스에 걸리거나 굶어서 죽은 사람도 있고 강제 노동을 하다가 죽은 사람도 있었지만, 대부분은 독가스에 질식되어 목숨을 잃었다. 나치 독일에서 열차는 제시간에 운행되었다. 아이히만과, 그와 같은 사람들이 그 과업을 빈틈없이 수행했다. 효율적으로 운행하기 위해 더럽고 허름한 객차는 항상 꽉 채워졌다. 객차 안에는 남자와 여자, 그리고 아이들이 실려 있었다. 보통 음식이나 물도 없이, 때로는 극심한 더위나 모진 추위를 견디며 모두 죽음을 향한 길고 고통스러운 여정에 올랐다. 많은 사람들, 특히 늙고 병든 사람들이 도중에 죽었다.

그 여정에서 살아남은 자들은 쇠약하고 겁에 질린 상태로 도착해서는 샤워실로 가장한 가스실에 강제로 끌려 들어가 발가벗겨진 채로 갇혔다. 모든 문은 잠겼다. 바로 거기서 나치 독일군은 사이클론(청산을 함유한 살충제 - 옮긴이) 가스로 그들을 살해했다. 그들의 시신은 불태웠고 소지품은 약탈했다. 이런 식의 즉사 대상으로 선별되지 않은 이들 중 건강한 사람들은 먹을 것도 거의 없는 끔찍한 조건에서 강제 노역에 처해졌다. 나치 경비대원들은 유대인 수용자들을 재미삼아 구타하거나 심지어 총을 쏘기도 했다.

아이히만은 이러한 범죄행위들이 자행되는 데 중요한 역할을 했다. 이후 제2차 세계대전이 끝나자 그는 연합군으로부터 가까스로 탈출했고, 결국 아르헨티나에 도착해 수년간 신분을 숨긴 채 살았다. 그러나 1960년 이스라엘의 비밀 정보기관인 모사드Mossad의 조직원들이 부에노스아이레스까지 그의 행적을 추적해서 붙잡았다. 그들은 아이히만을 법정에 세우기 위해 이스라엘로 압송했다.

아이히만은 사악한 짐승 같은 사람, 이를테면 타인의 고통을 즐기는 사디스트였을까? 재판이 시작되기 전에 대다수 사람들은 그렇게 생각했다. 그렇지 않다면 어떻게 홀로코스트에서 그런 역할을 할 수 있었겠는가? 수년 동안 그가 한 일은 사람들을 죽음으로 내몰 수 있는 효율적인 방법을 찾는 것이었다. 분명 괴물만이 그런 일을 하고도 밤에 잠을 잘 수 있을 터였다.

미국으로 망명한 독일계 유대인 철학자 한나 아렌트(1906~1975)는 주간지 〈뉴요커〉의 특파원 자격으로 아이히만의 재판을 취재했다. 그녀는 나치 독일이라는 전체주의 국가, 즉 스스로 생각할 자유가 거의 없던 사회가 낳은 산물을 대면하는 데 관심이 있었다. 아렌트는 이 남자를 이해하고 싶었다. 어떤 사람인지 파악하고, 어떻게 그런 끔찍한 일들을 할 수 있었는지 알아보고 싶었다.

아이히만은 아렌트가 만난 첫 번째 나치가 아니었다. 그녀는 나치를 피해 독일을 떠나 프랑스로 갔고 결국 미국 시민이 된 처지였다. 마르부르크 대학 시절, 그녀를 가르친 교수는 철학자 마르틴 하이데거였다. 아렌트는 불과 열여덟 살이었고 하이데거는 유부남이었지만 두 사람은 잠시 연인 관계를 맺었다. 하이데거는 『존재와 시간Being and Time』(1926)을 집필하느라 바빴다. 철학사에 중요한 공헌을 했다고 생각하는 사람이 있는가 하면 고의적으로 모호하게 썼다고 평가하는 사람이 있는 엄청나게 난해한 책이다. 이후 하이데거는 나치당의 열렬한 당원이 되어 반유대 정책을 지지했다. 심지어 유대인이라는 이유로 오랫동안 친분을 유지했던 철학자 에드문트 후설의 이름을 『존재와 시간』의 헌사에서 삭제했다.

이제 아렌트는 예루살렘에서 전혀 다른 유형의 나치를 만나게 되었다. 거기에는 자신이 하는 일에 대해 너무 깊이 생각하지 않기로 결정한 다소 평범한 남자가 있었다. 그의 결정은 비참한 결과를 초래했다. 하지만 그는 아렌트가 볼 수 있을 거라고 기대했던 사악한 사디스트가 아니었다. 그는 훨씬 더 흔하지만 위험하기는 마찬가지인 인물, 즉 생각하지 않는 사람이었다. 최악의 인종차별주의가 법률로 규정된 나치 독일에서 그는 자신이 하는 일이 옳다고 쉽게 스스로를 설득할 수 있었다. 상황은 그에게 성공적인 경력을 쌓을 수 있는 기회를 주었고, 그는 그 기회를 잡았다. 히틀러의 '최종 해결' 정책은 아이히만이 성공할 수 있는 기회, 다시 말해 그 자신이 잘해낼 수 있다는 것을 보여주기에 좋은 기회였다. 이는 상상하기 어려운 일이어서 아렌트를 비판하는 많은 사람들은 그녀가 옳다고 생각하지 않았다. 하지만 아렌트는 아이히만이 자신의 본분을 다하고 있었다고 주장했을 때 그의 말이 진심이라고 느꼈다.

일부 나치와 달리 아이히만은 유대인에 대한 강한 증오심에 내몰린 것 같지 않았다. 그에게는 히틀러가 지닌 악의가 전혀 없었다. 수많은 나치들이 '하일 히틀러Heil Hitler!'라는 나치 경례를 하지 않는다는 이유로 길거리에서 유대인을 때려 숨지게 하는 데에 거리낌이 없었지만, 아이히만은 그런 부류가 아니었다. 그럼에도 불구하고 그는 나치의 공식 노선을 택해서 받아들였다. 그보다 훨씬 더 나쁜 것은 수백만 명을 죽음으로 내모는 데 일조했다는 점이다. 자신에게 불리한 증거를 듣고 있을 때도 그는 자신이 한 일의 잘못된 점을 알지 못하는 것 같았다. 그가 생각하기에 자신은 어떤 법도 어기지 않았고, 스스로 누군가를 직접 죽이거나 다른 사람에게 대신 부탁한 적도 없었기 때문에 합리적으로 행동했을 뿐이었다. 그는 법을 준수하도록 양육되었고 명령을 따르도록 훈련받았다. 주변의 모든 사람이 그와 똑같이 행동하고 있었다. 타인의 명령을 받음으로써 그는 자신이 수행한 일상 업무의 결과에 대해 책임감을 느끼지 않았다.

아이히만은 사람들을 더럽고 허름한 객차에 몰아넣는 모습을 보거나 집단 살상이 벌어지는 강제수용소를 방문할 필요가 없었기 때문에 그렇게 하지 않았다. 법정에서 자신은 피를 보는 것이 두려워서 의사가 될 수 없었다고 말하는 사람이었다. 그의 손에는 수많은 사람들의 피가 묻어 있는데도 말이다. 그는 자신의 행동과, 그 행동으로 인해 실제 사람들에게 발생하는 결과에 대해 비판적으로 생각하지 못하도록 방해하는 체제의 산물이었다. 아이히만은 타인의 감정을 전혀 상상할 수 없는 것 같았다. 그는 재판 내내 자신의 결백을 주장하는 기만적인 소신을 고수했다. 그런 게 아니라면 아이히만은 자신은 단지 법을 지켰을 뿐이라고 말하는 것이 최선의 방어책이라고 결정한 것 같았다. 만약 그렇다면 그는 아렌트의 견해를 받아들인 셈이었다.

아렌트는 자신이 아이히만에게서 본 것을 설명하기 위해 '악의 평범성banality of evil'이라는 말을 사용했다. 어떤 것이 '평범하다'는 것은 흔하고 따분하고 추종적이라는 것이다. 아이히만의 악은 악마의 악이 아니라 관료, 즉 관리자의 악이라는 점에서 평범하다고 아렌트는 주장했다. 나치의 견해가 자신이 하는 모든 일에 영향을 미치도록 허용했던 아주 평범한 유형의 남자가 거기에 있었다.

아렌트의 철학은 그녀 주변에서 벌어진 사건에서 영감을 받았다. 그녀는 안락의자에 앉아 온전히 추상적인 관념에 대해 생각하거나 단어의 정확한 의미에 대해 끝없이 토론하며 시간을 보내는 유형의 철학자가 아니었다. 그녀의 철학은 최근의 역사나 체험한 사건과 연결되어 있었다. 아렌트의 저서 『예루살렘의 아이히만Eichmann in Jerusalem』(1963)은 그녀가 한 남자를 관찰한 일과 그가 내세운 자기 행위의 정당성이나 그가 사용한 언어 등을 바탕으로 쓴 것이다. 아렌트는 자신이 본 것으로부터 전체주의 국가의 악과, 그 악이 전체주의적 사고방식에 저항하지 않는 사람들에게 미친 영향에 대해 보다 더 일반적인 설명을 전개시켜나갔다.

그 시대의 많은 나치와 마찬가지로 아이히만은 다른 사람의 관점에서 사물을 보지 못했다. 그는 자신에게 주어진 규칙에 의문을 제기할 만큼 용감하지 못했다. 그는 단지 그 규칙을 따르는 최선의 방법을 찾았을 뿐이다. 그는 상상력이 부족했다. 아렌트는 그를 천박하고 어리석다고 평했다. 하지만 그런 것 역시 일종의 행위일 수 있었다. 만약 그가 괴물이었다면 무서운 존재였을 것이다. 그러나 적어도 괴물은 흔하지 않으며 대개는 쉽게 알아볼 수 있다. 어쩌면 더 무서운 것은 그가 아주 평범해 보였다는 사실이다. 그는 자신이 하고 있는 일에 의문을 제기하지 않음으로써 인류에게 알려진 가장 사악한 행위 가운데 일부에 동참했던 평범한 사람이었다. 만약 나치 독일에 살지 않았다면 그는 악인이었을 것 같지 않았다. 상황이 그에게 좋지 못했다. 그렇다고 그의 범죄행위가 사라지는 것은 아니다. 그는 비도덕적인 명령에 순응했다. 그리고 아렌트가 생각하기에 나치의 명령에 복종한 것은 '최종 해결' 정책을 지지한 것과 마찬가지였다. 자신이 받은 명령에 의문을 제기하지 못하고 그 명령을 수행함으로써 그는 대량 살상에 가담했다. 비록 그의 관점에서는 열차 시간표를 만들었을 뿐이라고 해도 말이다. 재판 도중 어느 순간에는 마치 자신은 명령을 따름으로써 옳은 일을 했다는 듯이 임마누엘 칸트의 도덕적 의무론에 따라 행동했다는 주장까지 했다. 아이히만은 칸트가 인간을 존중하고 존엄하게 대하는 것이 도덕의 근본이라고 믿었다는 사실을 전혀 이해하지 못했다.

칼 포퍼는 홀로코스트와 아이히만이 잘 짜놓은 열차 시간표를 피할 만큼 운이 좋았던 빈 출신의 지성인이었다.

CHAPTER 36

잘못을 통해 배우기

칼 포퍼와 토마스 쿤

 1666년 한 젊은 과학자가 정원에 앉아 있을 때 사과 하나가 땅에 떨어졌다. 그는 왜 사과가 옆이나 위로 가지 않고 곧장 아래로 떨어지는지 궁금해졌다. 이 과학자는 아이작 뉴턴이었고, 이 사건은 그에게 중력 이론, 즉 사과뿐만 아니라 행성의 움직임을 설명하는 이론을 생각해내는 영감을 주었다. 그런데 그다음에는 무슨 일이 일어났을까? 뉴턴이 아무런 의심 없이 자신의 이론이 참이라는 것을 증명하는 증거를 모았다고 생각하는가? 칼 포퍼 (1902~1994)에 따르면 그렇지 않다.

 '우리 모두와 마찬가지로 과학자들은 잘못을 통해 배운다. 우리가 실재에 대한 특정한 사고방식이 거짓이라는 것을 깨달을 때 과학은 발전한다.' 이 두 문장은 세계에 대한 지식을 얻기 위해 인류가 가진 최고의 희망이 어떻게 기능하는지에 관한 칼 포퍼의 견해였다. 포퍼가 이런 의견을 개진하기 전에 대다수 사람들은 과학자들이 세계의 존재 방식에 대한 일종의 예감에서 시작하여 그 예감이 옳다는 것을 보여주는 증거를 모은다고 믿었다.

포퍼에 따르면 과학자들이 하는 일은 자신의 이론이 *거짓*이라는 것을 증명하려는 시도이다. 이론을 시험하는 것은 그 이론이 *반박될* 수 있는지(거짓이라는 것을 보여주는지) 알아보는 것을 포함한다. 전형적인 과학자는 대담한 추측이나 짐작에서 출발하여 그 기반을 실험이나 관찰을 통해 무너뜨리려 한다. 과학은 창의적이고 흥미진진한 활동이지만, 어떤 것이 참이라는 것을 증명하지 못한다. 단지 잘못된 견해를 배제하고 그 과정에서 진리를 향해 나아가기를 바랄 뿐이다.

포퍼는 1902년 오스트리아 빈에서 태어났다. 가족이 기독교로 개종했지만, 그는 유대인의 후손이었다. 1930년대에 아돌프 히틀러가 권력을 잡자 포퍼는 현명하게도 오스트리아를 떠나 처음에는 뉴질랜드로 이주했다가 이후 영국으로 건너가 정착한 뒤 런던정치경제대학LSE에서 자리를 잡았다. 젊은 시절에는 과학, 심리학, 정치학, 음악에 폭넓은 관심을 보였지만 그가 정말로 좋아한 학문은 철학이었다. 삶의 마지막까지 그는 과학철학과 정치철학 양쪽에 중요한 공헌을 했다.

포퍼가 과학적 방법에 대한 글쓰기를 시작하기 전까지 많은 과학자들과 철학자들은 자신의 가설을 뒷받침하는 증거를 찾는 것이 과학이라고 믿었다. 모든 백조는 흰색이라는 것을 증명하고 싶다면 흰 백조를 많이 관찰하면 된다. 만약 살펴본 모든 백조가 흰색이었다면 '모든 백조는 흰색이다'라는 가설은 참이라고 생각하는 것이 타당해 보였다. 이런 추론 방식은 '내가 본 모든 백조는 흰색이다'에서 '모든 백조는 흰색이다'라는 결론으로 이어진다. 그러나 관찰하지 못한 백조 한 마리가 검은색이라고 확인될 수도 있다. 예를 들어 오스트레일리아와 전 세계의 많은 동물원에 검은 백조가 있다. 그러므로 '모든 백조는 흰색이다'라는 진술은 증거로부터 논리적으로 이어지지 않는다. 수천 마리의 백조를 살펴보았고 모두 다 흰색이었다고 해도 그 진술은 여전히 거짓일 수 있다. 모든 백조는 흰색이라고 확실하게 증명할 수 있는 유일한 방법은 모든 백조를 빠짐없이 살펴보는 것이다. 검은 백조가 단 한 마리라도 존재한다면 '모든 백조는 흰색이다'라는 결론은 거짓임이 입증될 것이다.

이것은 18세기에 데이비드 흄이 다뤘던 귀납의 문제Problem of Induction에 해당하는 경우이다. 귀납은 연역과 아주 다르다. 바로 그것이 문제의 근원이다. 연역은 전제(출발하는 가정)가 참이면 결론이 참일 수밖에 없는 논리적 증명의 형식이다. 유명한 예를 들자면 '모든 사람은 죽는다'와 '소크라테스는 사람이다'는 '그러므로 소크라테스는 죽는다'라는 논리적 결론으로 이어지는 두 가지 전제이다. 만약 '모든 사람은 죽는다'와 '소크라테스는 사람이다'라는 진술에는 동의하지만 '그러므로 소크라테스는 죽는다'라는 진술이 참이라는 것을 부인한다면 자기모순에 빠질 것이다. 그것은 '소크라테스는 죽는 동시에 죽지 않는다'라고 말하는 것과 같다.

즉 연역에서는 결론의 진실이 어떤 식으로든 전제에 포함되어 있고 논리로 그것을 밝혀낼 뿐이라고 생각할 수 있다. 다음은 연역의 또 다른 예이다.

전제 1 : 모든 물고기는 아가미가 있다.

전제 2 : 존은 물고기이다.

결론 : 그러므로 존은 아가미가 있다.

'전제 1'과 '전제 2'가 참이지만 결론은 거짓이라고 말하는 것은 어불성설일 것이다. 이는 완전히 비논리적이다.

귀납은 이와 아주 다르다. 귀납은 보통 선별적인 관찰에서 일반적인 결론에 이르는 논증 과정이다. 4주 동안 화요일마다 비가 왔다는 것을 알게 된다면 이것으로부터 화요일에는 항상 비가 온다고 일반화할 수 있을 것이다. 그렇게 하면 귀납의 예가 된다. 화요일에는 항상 비가 온다는 주장을 무너뜨리기 위해서는 비가 내리지 않는 화요일이 단 한 번만 있으면 된다. 4주 연속으로 비가 내린 화요일은 가능한 모든 화요일의 작은 표본이다. 하지만 흰 백조의 경우처럼 무수히 관찰한다고 해도 자신의 일반화에 맞지 않는 단 한 번의 경우, 예를 들어 비가 내리지 않는 화요일이나 흰색이 아닌 백조 한 마리가 존재하면 그 주장은 여전히 반박될 수 있다. 그것이 바로 귀납의 문제점이다. 즉 그다지 신뢰할 수 없어 보이는데 귀납의 방식에 의지해서 정당화를 하는 것이 문제점이다. 당신이 다음에 마실 물 한 잔이 당신을 독살하지 않을 거라고 어떻게 알 수 있는가? 답은 과거에 마신 모든 물이 괜찮았다는 것이다. 그래서 당신은 이번의 물 한 잔도 괜찮을 거라고 가정한다. 우리는 이런 종류의 추론을 항상 사용한다. 하지만 그런 추론 방식을 신뢰하는 것이 완전히 정당화되지는 않은 것 같다. 우리는 자연 속에 실제로 존재할 수도 있고 존재하지 않을 수도 있는 양식을 가정하기 때문이다.

많은 철학자가 그랬던 것처럼 만약 과학이 귀납에 의해 발전한다고 생각한다면 귀납의 문제점에 직면할 수밖에 없다. 어떻게 과학이 그렇게 신뢰할 수 없는 추론 방식에 바탕을 둘 수 있는가? 과학의 발전 방식에 대한 포퍼의 견해는 이런 문제를 깔끔하게 피한다. 포퍼에 따르면 과학은 귀납에 의존하지 않기 때문이다. 과학자들은 가설, 즉 실재의 본성에 대한 정보에 입각한 추측으로 시작한다. 예를 들어 '모든 기체는 가열하면 팽창한다'라는 진술을 생각해보자. 이것은 단순한 가설이지만, 실제 과학은 이 단계에서 엄청난 창의력과 상상력을 동반한다. 과학자들은 다양한 곳에서 발상을 얻는다. 예를 들어 독일의 화학자 아우구스트 케쿨레가 뱀이 자신의 꼬리를 무는 꿈을 꾸고는 벤젠 분자의 구조가 육각형 고리라는 가설의 발상을 얻었다는 것은 유명한 일화이다. 이 가설은 그것이 거짓임을 증명하려는 과학자들의 시도를 지금까지 잘 견뎌왔다.

그런 다음 과학자들은 이 가설을 시험하는 방법을 찾는다. 이 경우에는 수없이 다양한 종류의 기체를 찾아내어 가열하는 것이다. 하지만 '시험하는 것'은 가설을 뒷받침하기 위한 증거를 찾는다는 의미가 아니라 가설이 그것을 *반증*하려는 시도를 이겨낼 수 있는지 증명하려는 것을 의미한다. 이상적으로 말하자면 과학자들은 이 가설에 맞지 않는 기체를 찾을 것이다. 앞서 언급한 백조의 예에서 검은 백조가 한 마리만 있어도 모든 백조는 흰색이라는 일반화를 무너뜨릴 수 있다는 것을 기억하자. 마찬가지로 '모든 기체는 가열하면 팽창한다'는 가설을 무너뜨리려면 가열했을 때 팽창하지 않는 기체를 하나만 찾아내면 된다.

만약 한 과학자가 어떤 가설을 반박한다면, 즉 그 가설이 거짓이라는 것을 보여준다면, 그 결과로 새로운 지식을 얻는다. 바로 그 가설이 거짓이라는 지식이다. 인류가 진보하는 것은 무언가를 배우기 때문이다. 가열했을 때 팽창하는 수많은 기체를 관찰한다고 해서 가설에 대한 확신이 조금 더 생기는 것을 제외하면 우리에게 지식을 주는 것은 아니다. 하지만 반례는 실제로 우리에게 무언가를 가르쳐준다. 포퍼가 보기에 어떤 가설이든 중요한 특징은 그것이 *반증 가능*해야 한다는 것이다. 그는 이 발상을 이용해서 과학과 그가 '유사과학pseudo-science'이라고 부르는 것의 차이점을 설명했다. 과학적 가설은 잘못이라고 입증될 수 있는 것이며, 거짓이라고 증명될 수 있는 예측을 하는 것이다. 만약 내가 '눈에 보이지 않고 감지할 수 없는 요정들이 있어서 내가 이 문장을 타이핑하도록 시킨다'라고 말한다면 내 진술이 거짓임을 입증하기 위해 당신이 할 수 있는 관찰은 없다. 요정들이 눈에 보이지 않고 아무런 흔적도 남기지 않는다면 요정들이 존재한다는 주장이 거짓임을 보여줄 방법이 없다. 그것은 거짓이라고 입증할 수 없으므로 전혀 과학적 진술이 아니다.

　포퍼는 정신분석학('챕터 30' 참조)과 관련된 많은 진술이 이런 식으로 거짓임을 입증할 수 없다고 생각했다. 그 진술들은 시험할 수 없다고 보았다. 예를 들어 누군가가 모든 사람은 무의식적인 소망에 의해 자극을 받는다고 말하면 그것을 증명할 시험은 없다. 포퍼에 따르면 무의식적인 소망에 의해 자극을 받는 것을 부인한 사람들을 포함하여 모든 증거 하나하나는 단지 정신분석이 타당하다는 추가 증거로만 받아들여질 뿐이다. 정신분석학자는 '무의식을 부정한다는 사실은 아버지에게 도전하고 싶은 강렬한 무의식적인 소망이 있다는 것을 증명한다'라고 말할 것이다. 하지만 이 진술은 시험할 수가 없다. 그것이 거짓임을 보여줄 수 있는 상상 가능한 증거가 없기 때문이다. 그러므로 정신분석학은 과학이 아니라고 포퍼는 주장했다. 정신분석학은 과학적 방식으로 우리에게 지식을 줄 수 없다. 포퍼는 마르크스의 역사 설명을 같은 방식으로 공격하며, 마르크스주의에서는 모든 가능한 결과가 인류의 역사는 계급투쟁의 역사라는 견해를 뒷받침하는 것으로 간주될 수 있다고 주장했다. 마르크스의 설명 역시 거짓임을 입증할 수 없는 가설에 바탕을 두고 있기 때문이다.

　그에 반해 빛은 태양에 의해 휘어진다는 앨버트 아인슈타인의 이론은 반증될 수 *있었다*. 그렇게 해서 아인슈타인의 이론은 과학적 이론이 되었다. 1919년 일식이 벌어지는 동안 별들의 외관상 위치를 관찰했지만 아인슈타인의 이론을 반박하지는 못했다. 하지만 그 이론을 반박할 수 있었을지 모른다. 별에서 나오는 빛은 보통 눈에 보이지 않지만, 일식이라는 이례적인 조건에서 과학자들은 별들의 외관상 위치가 아인슈타인의 이론에서 예측한 곳에 있는지 확인할 수 있었다. 만약 별들이 다른 곳에 있는 것처럼 보였다면 빛은 아주 무거운 물체 쪽으로 휘어진다는 아인슈타인의 이론을 무너뜨렸을 것이다. 포퍼는 이러한 관찰이 아인슈타인의 이론이 참이라는 것을 증명한다고 생각하지는 않았다. 하지만 이 이론이 검증 가능하고 과학자들이 그것이 거짓임을 보여 줄 수 없었다는 사실은 이 이론에 유리하게 작용했다. 아인슈타인은 잘못일 수 있는 예측을 했지만, 그 예측은 잘못되지 않았다.

많은 과학자들과 철학자들은 과학적 방식에 대한 포퍼의 설명에 깊은 인상을 받았다. 예를 들어 노벨 의학상을 받은 영국의 생물학자 피터 메더워는 '나는 칼 포퍼가 이제껏 존재했던 어느 누구와도 비교할 수 없을 만큼 가장 위대한 과학철학자라고 생각한다'고 말했다. 과학자들은 특히 자신들의 행위를 창의적이고 상상력이 풍부하다고 평한 것을 좋아했다. 또한 그들은 포퍼가 자신들이 실제로 어떻게 연구를 진행하는지 이해했다고 생각했다. 철학자들은 포퍼가 귀납의 문제라는 난제를 성공적으로 해결한 방식에 기뻐했다. 하지만 1962년 미국의 과학사학자이자 물리학자인 토마스 쿤(1922~1996)이 『과학혁명의 구조The Structure of Scientific Revolutions』라는 저서를 발표해서 과학의 발전 방식에 대해 다른 이야기, 즉 포퍼가 상황을 잘못 이해했다는 것을 암시하는 내용의 이야기를 했다. 쿤은 포퍼가 과학의 역사를 자세히 들여다보지 않았다고 생각했다. 만약 그렇게 했다면 포퍼가 일정한 양식을 보았을 거라고 했다.

포퍼가 '정상과학normal science'이라고 부른 것은 보통 계속 이어진다. 과학자들은 당대의 과학자들이 공유하는 사고의 틀이나 '패러다임paradigm' 안에서 연구한다. 예를 들어 사람들이 지구가 태양 주위를 돈다는 사실을 깨닫기 전에는 태양이 지구 주위를 돈다는 것이 패러다임이었다. 천문학자들은 그 사고의 틀 안에서 연구를 하고 그 체계에 맞지 않는 것 같은 증거가 나오면 그에 대해 설명하는 식이다. 이 패러다임 안에서 연구하게 되면 지구가 태양 주위를 돈다는 발상을 한 코페르니쿠스 같은 과학자는 계산에서 실수한 것으로 여겨질 것이다. 쿤에 따르면 발견되기를 기다리는 사실은 없다. 대신 사고의 틀이나 패러다임이 우리가 생각할 수 있는 것을 어느 정도 고정시킨다.

쿤이 말한 '패러다임의 전환paradigm shift'이 나타날 때 상황은 흥미로워진다. 패러다임의 전환은 이해 방식 전체가 뒤집히는 것이다. 이것은 과학자들이 기존의 패러다임과 맞지 않는 것, 가령 태양이 지구 주위를 돈다는 패러다임 속에서 이치에 닿지 않는 관측 결과를 발견할 때 일어날 수 있다. 그렇더라도 사람들이 그들의 낡은 사고방식을 버리기까지는 오랜 시간이 걸릴 수 있다. 하나의 패러다임 안에서 일생을 보낸 과학자들은 보통 세계를 바라보는 다른 방식을 환영하지 않는다. 그들이 결국 새로운 패러다임으로 전환하면 정상과학의 기간이 다시 시작되어 이번에는 새로운 틀 안에서 연구하게 되는 것이다. 그렇게 이 새로운 패러다임은 이어진다. 바로 그것이 지구가 우주의 중심이라는 견해가 뒤집혔을 때 벌어진 일이다. 사람들이 태양계에 대해 그런 식으로 생각하기 시작하자 태양 주위를 도는 행성들의 경로를 이해하기 위해 할 수 있는 정상과학이 훨씬 더 많이 존재했다.

포퍼가 '정상과학'의 개념이 유용하다는 데는 동의했지만, 과학사에 대해 이렇게 설명한 것에 동의하지 않은 것은 놀랄 일이 아니었다. 그 자신이 구시대적 패러다임을 가진 과학자였는지, 혹은 쿤보다 실재의 진실에 더 가까이 접근했는지는 흥미로운 문제이다.

과학자들은 실제 실험을 이용한다. 반면에 철학자들은 자신의 논증을 합리화하기 위해 사고실험을 고안해내는 경향이 있다. 필리파 풋과 주디스 자비스 톰슨은 우리가 가진 도덕적 사고의 중요한 특징을 드러내기 위해 치밀하게 구성한 수많은 사고실험을 개발했다.

CHAPTER 37

폭주하는 열차와 원치 않은 바이올리니스트

필리파 풋과 주디스 자비스 톰슨

어느 날 당신은 산책하러 나갔다가 폭주하는 열차가 다섯 명의 노동자를 향해 선로를 따라 돌진하는 모습을 보게 된다. 기관사는 아마도 심장마비로 인해 의식불명에 빠진 것 같다. 아무것도 하지 않으면 모두 죽게 될 것이다. 열차가 노동자들을 압살하고 말 것이다. 열차가 너무나도 빨리 달리는 탓에 그들은 선로에서 벗어날 수 없다. 하지만 한 가지 희망이 있다. 다섯 사람이 있는 지점 바로 앞에 선로가 갈라지는 분기점이 있고, 반대편 선로에는 노동자가 단 한 명밖에 없다. 당신은 열차의 방향을 다섯 명의 노동자가 있는 선로에서 단 한 명의 노동자가 있는 선로로 바꿀 수 있을 만큼 선로전환기와 가까운 곳에 있다. 이 무고한 한 사람을 죽이는 것은 옳은 일인가? 숫자로 따지면 분명히 옳은 일이다. 단 한 명만 죽게 함으로써 다섯 명을 구하는 것이다. 이는 분명 행복을 최대화한 것이다. 대부분의 사람들에게 이렇게 하는 것이 옳은 일처럼 보인다. 현실에서는 선로전환기를 누르고 그로 인해 누군가가 죽는 모습을 보는 것이 너무 힘들겠지만, 망설이다가 그보다 다섯 배나 많은 사람이 죽는 모습을 지켜보는 것은 훨씬 더 나쁜 일이 될 것이다.

이것은 영국의 철학자 필리파 풋(1920~2010)이 처음 고안해낸 사고실험의 변형 중 하나이다. 그녀는 선로에 있는 다섯 명의 노동자를 구하는 것은 받아들일 수 있으면서도 많은 사람을 구하기 위해 한 사람을 희생시키는 다른 경우는 받아들이지 못하는 이유에 관심이 있었다. 건강한 사람이 병동으로 걸어 들어온다고 상상해보자. 이 병동에는 저마다 장기가 절실하게 필요한 다섯 명의 사람이 있다. 한 사람은 심장이식을 받지 못하면 틀림없이 죽을 것이다. 그 외에도 간이 필요한 사람, 신장이 필요한 사람 등이 있다. 건강한 사람을 죽이고 해부해서 건강하지 못한 다섯 사람에게 장기를 제공하는 것은 받아들일 수 있을까? 전혀 그렇지 않다. 건강한 한 사람을 죽여서 심장, 폐, 간, 신장을 적출하고 그것들을 다섯 사람에게 이식하는 것이 용납될 거라고 믿는 사람은 아무도 없다. 그렇지만 이것 또한 한 명을 희생하여 다섯 명을 구하는 경우이다. 폭주하는 열차의 경우와 다른 점은 무엇인가?

사고실험이란 특정한 문제에 대해 우리의 감정, 즉 철학자들이 '직관intuitions'이라고 부르는 것을 드러내도록 고안된 가상의 상황을 말한다. 철학자들은 사고실험을 많이 사용한다. 사고실험은 우리가 문제의 핵심에 더 면밀히 집중하게 한다. 이 경우에 제기되는 철학적 문제는 '더 많은 생명을 구하기 위해 한 생명을 희생하는 것은 언제 받아들일 수 있는가?'이다. 폭주하는 열차에 관한 이야기는 우리에게 이 점을 생각해보게 한다. 핵심 요소들을 떼어내어 우리가 그런 행동이 잘못이라고 느끼는지 아닌지를 보여준다.

어떤 사람은 절대 선로전환기를 눌러서는 안 된다고 말한다. 그것은 '신의 역할을 하는 것playing God', 즉 누가 죽어야 하고 누가 살아야 하는지를 결정하는 일이 될 것이기 때문이다. 하지만 대부분의 사람들은 선로전환기를 눌러야 한다고 생각한다.

그렇다면 이와 관련된 또 다른 경우를 상상해보자. 미국의 철학자 주디스 자비스 톰슨(1929~)이 변형한 탈주하는 열차의 사고 실험이다. 이번에는 탈주하는 열차가 일직선의 선로 위를 달리고 있고, 그 선로 위에 있는 다섯 명의 불운한 노동자는 당신이 아무 것도 하지 않으면 죽을 것이 확실하다. 당신은 구름다리 위에 서 있고, 당신 옆에는 덩치가 아주 큰 사람이 있다. 그 사람은 만약 당신이 구름다리 위에서 선로로 밀어 떨어뜨린다면 열차의 속도를 늦추고 다섯 명의 노동자를 치기 전에 열차를 멈추게 할 만큼 육중하다. 이 사람을 열차 앞으로 밀어 떨어뜨릴 힘이 있다고 가정한다면 그렇게 해야 할까?

많은 사람들은 이 경우가 더 어렵다고 생각하고, '아니다'라고 말하는 경향을 더 많이 보인다. 선로 위에 분기점이 있고 가까이에 선로전환기가 있는 경우와 마찬가지로 이 경우에도 당신의 행동에 따라 다섯 사람이 아니라 한 사람이 죽는 결과가 나온다고 해도 말이다. 사실 덩치가 큰 사람을 구름다리에서 밀어 떨어뜨리는 것은 살인과 아주 유사해 보인다. 만약 이 두 경우에서 결과가 동일하다면 어떤 논란도 있어서는 안 된다. 첫 번째 경우에서 선로전환기를 누르는 것이 옳은 일이었다면 두 번째 경우에서 덩치가 큰 사람을 열차 앞으로 밀어 떨어뜨리는 것도 분명 옳은 일이어야 한다. 참으로 곤혹스러울 따름이다.

누군가를 다리 위에서 밀어 떨어뜨리는 가상의 상황이 육체적으로 불편하거나 누군가를 죽이기 위해 몸싸움을 해야 하는 잔인한 상황 때문에 쉽사리 결정을 내리기 어렵다면 구름다리 위에 뚜껑문이 있는 경우로 수정할 수 있다. 첫 번째 경우의 선로전환기와 마찬가지로 동일한 종류의 지렛대를 이용해서 최소한의 힘으로 덩치가 큰 사람을 선로 위로 떨어뜨릴 수 있다. 지렛대를 누르면 된다. 많은 사람들은 이것이 선로에 있는 분기점과는 도덕적으로 전혀 다른 것으로 생각한다. 왜 그런 것일까?

이른바 이중 효과의 법칙Law of Double Effect은 우리가 분기점이 있는 선로의 경우와 구름다리 위에 있는 덩치 큰 남자의 경우를 다르게 생각하는 이유에 대한 한 가지 설명이 된다. 이것은 예를 들어 누군가를 죽일 만큼 세게 때리는 것이 단지 자기방어의 의도였으며 상대를 가볍게 때려서는 자기방어가 되지 못하는 경우라면 충분히 괜찮다는 믿음이다. 좋은 의도(이 경우에는 자기방어)를 가지고 한 행동의 예측 가능한 부작용은 받아들일 수 있지만, 고의적인 해악은 받아들일 수 없다. 당신을 죽이려는 계획을 가진 누군가를 찾아가 독살하는 것은 옳지 않다. 첫 번째 경우에 당신은 받아들일 수 있는 의도를 가지고 있었고, 다만 그 의도를 끝까지 지키려다 보니 누군가가 죽는 결과가 나타났을 뿐이다. 두 번째 경우에 당신에게는 그 사람을 죽일 의도가 있었으며, 그것은 받아들일 수 없다. 일부에서는 이것으로 문제가 해결되었다고 보지만, 다른 한편에서는 이 이중 효과의 법칙이 잘못되었다고 생각한다.

앞서 예로 든 경우들이 너무 억지스럽고 일상생활과 아무런 관계가 없는 것처럼 보일 수 있다. 어떤 의미에서는 맞는 말이다. 실제 경우를 보여주려는 것이 아니라 우리의 신념을 명확하게 밝히기 위해 고안된 사고실험들이다. 하지만 때로 비슷한 결정을 내려야 하는 실제 상황이 발생한다. 예를 들어 제2차 세계대전 중 나치는 런던의 일부 지역에 비행폭탄을 발사하고 있었다. 한편 이중 스파이가 된 독일 스파이가 있었다. 영국은 독일로 비행폭탄이 의도한 목표 지점보다 훨씬 북쪽으로 떨어지고 있다는 잘못된 정보를 보낼 기회가 생겼다. 이렇게 하면 독일이 목표를 바꾸는 결과를 가져와 폭탄이 런던의 인구 밀집 지역 대신 더 남쪽의 켄트나 서리 지역에 떨어지게 될 것이다. 다시 말해 사망자를 더 적게 낼 수 있는 정보를 줄 가능성이 있었다. 이 경우에 영국은 신의 역할을 하지 않기로 결정했다.

다른 종류의 실제 상황에서는 참가자들이 행동을 취하기로 결정했다. 1987년 제브뤼헤 참사에서 카페리가 침몰해 수십 명의 승객이 얼음장처럼 차가운 바다에서 나오려고 사투를 벌이고 있을 때, 줄사다리를 타고 안전한 곳까지 올라가서는 공포에 질려 움직일 수 없었던 한 청년이 있었다. 그는 적어도 10분간 그 자리에 머물면서 다른 사람들이 바다에서 빠져나오는 것을 막고 있었다. 사람들이 서둘러 바다에서 빠져나오지 못하면 익사하거나 얼어 죽을 터였다. 결국 바닷속에 있는 사람들이 청년을 줄사다리에서 끌어내리고 어렵사리 안전하게 빠져나올 수 있었다. 청년은 바다로 떨어져 익사했다. 청년을 사다리에서 끌어내리기로 한 결정은 틀림없이 고통스러웠을 테지만, 탈주하는 열차의 경우처럼 이런 극단적인 상황에서는 많은 사람들을 구하기 위해 한 사람을 희생시키는 것이 아마도 옳은 일이었을 것이다.

철학자들은 탈주하는 열차의 예를 두고 어떻게 해결해야 하는지 여전히 논쟁을 벌이고 있다. 또한 주디스 자비스 톰슨이 고안한 또 다른 사고실험에 대해서도 논쟁 중이다. 이것은 피임법을 사용했지만 임신을 하게 된 여성에게 배 속의 태아를 낳을 도덕적 의무가 없다는 것을 보여주는 사고실험이다. 그녀가 낙태를 한다면 그것은 도덕적으로 잘못된 일이 아니다. 그런 상황에서 아기를 낳는 것은 자비심에서 비롯된 행위이지 의무가 아니다. 전통적으로 낙태의 도덕성에 대한 논쟁은 태아의 관점에 초점을 맞춰왔다. 톰슨의 주장은 여성의 관점에 상당히 무게를 두었다는 점에서 중요했다. 다음은 그 예이다.

신장 질환을 앓고 있는 유명한 바이올리니스트가 있다. 그가 생존할 수 있는 유일한 기회는 아주 희귀한 그의 혈액형과 같은 사람에게 그의 혈관을 연결하는 것이다. 당신은 그와 같은 혈액

형이다. 어느 날 아침 눈을 떠보니 당신이 잠든 사이 의사들이 그 바이올리니스트의 혈관을 당신의 신장에 연결했다는 것을 알게 된다. 톰슨은 그런 상황에서 그 바이올리니스트의 혈관을 계속 연결해둘 의무가 당신에게 없다고 주장한다. 당신이 연결 튜브를 빼버리면 그가 죽게 될 거라는 사실을 알고 있다고 해도 말이다. 마찬가지로 한 여성이 피임법을 사용했는데도 임신을 했다면 그녀의 배 속에서 자라고 있는 태아에게는 그녀의 신체를 이용할 수 있는 자동적인 권리가 없다고 지적한다. 태아는 바이올리니스트와 같은 처지이다.

톰슨이 이 예를 제시하기 전에 많은 사람들이 생각한 중요한 질문은 '태아는 사람인가?'였다. 그들은 태아가 사람*이라*는 것을 보여줄 수 있다면 어떤 경우에서나 낙태는 분명히 비도덕적일 것이라고 믿었다. 톰슨의 사고실험은 태아가 사람이라고 해도 그것으로는 문제가 해결되지 않다는 점을 시사했다.

물론 모든 사람이 이 대답에 동의하지는 않는다. 아침에 눈을 떠보니 그 바이올리니스트의 혈관이 당신의 신장에 연결되어 있다고 해도 신의 역할을 해서는 안 된다는 생각을 여전히 갖고 있는 사람들이 있다. 만약 바이올린 음악을 진정 사랑하는 사람이 아니라면 그것은 어려운 일이다. 하지만 그 바이올리니스트를 돕지 않기로 결정했다고 해도 그를 죽이는 것은 여전히 잘못된 일이 될 것이다. 마찬가지로 많은 사람들은 임신할 생각이 없었고 피임 조치를 취했다고 해도 절대 고의적으로 건강한 태아를 중절해서는 안 된다고 믿는다. 하지만 정교하게 구성된 이 사고실험의 의도는 이런 의견 불일치의 근간을 이루는 원리를 끌어내는 데 있다.

정치철학자 존 롤스 또한 사고실험을 사용했다. 그의 경우에는 정의의 본질과 사회 구성을 위한 최선의 원칙을 살펴보려는 목적이었다.

CHAPTER 38

무지에 의한 공정

존 롤스

　어쩌면 당신은 부유할 것이다. 아니면 더 엄청난 부자일 수도 있다. 하지만 우리는 대부분 부자가 아니고, 어떤 사람들은 너무 가난한 나머지 그 짧은 삶의 대부분을 굶주리고 병든 채 지낸다. 이것은 공정하거나 옳게 보이지 않는다. 분명 그렇지 않다. 만약 세상에 진정한 정의가 존재한다면 돈이 너무 많은 나머지 그 돈으로 무엇을 할지 모르는 사람들이 있는 반면 어떤 아이들은 굶어 죽는 일은 없을 것이다. 아픈 사람은 누구나 제대로 된 치료를 받을 수 있을 것이다. 아프리카의 가난한 사람들이 미국이나 영국의 가난한 사람들보다 훨씬 더 형편이 나빠지는 않을 것이다. 서구의 부자들은 아무런 잘못도 없이 불리한 여건으로 태어난 사람들보다 수천 배 이상 부유하지는 않을 것이다. 정의는 사람들을 공정하게 대하는 것의 문제이다. 우리 주위에는 삶이 좋은 일로 가득한 사람들도 있지만, 아무런 잘못이 없는데도 자신의 생존 방식에 대해 선택권이 거의 없는 사람들도 있다. 후자의 사람들은 직업을 선택할 수 없고, 심지어 사는 곳도 선택할 수 없다. 이런 불평등에 대해 일부 사람들은 '그렇지 뭐. 인생은 공정하지 않아'라고 말하고는 어깨를 으쓱하고 말 것이다. 이들은 대체로 유독 운이 좋았던 사람들이다. 또 다른 사람들은 어떻게 하면 사회가 더 잘 조직될 수 있을지 생각하는 데 시간을 들일 것이며, 어쩌면 사회를 더 공정하게 만들기 위해 사회를 바꾸려는 시도를 할 것이다.

겸손하고 조용한 하버드 대학의 교수 존 롤스(1921~2002)는 사람들이 이런 문제에 대해 생각하는 방식을 바꾼 저서를 남겼다. 바로 『정의론A Theory of Justice』(1971)이다. 그것은 거의 20년에 걸친 깊은 사유의 결과였다. 실제로는 교수들을 위한 책이어서 다소 건조한 학술적 문체로 쓰였다. 하지만 이런 종류의 대다수 책들과 달리 『정의론』은 도서관에서 자리만 차지한 채 먼지를 뒤집어쓰고 있지 않았다. 오히려 그 반대였다. 베스트셀러가 되었다. 어떤 면에서는 그렇게 많은 사람들이 이 책을 읽은 것이 놀라울 따름이다. 하지만 그 핵심 사상이 아주 흥미로워서 『정의론』은 매우 빠르게 20세기의 가장 영향력 있는 책 가운데 하나로 뽑혔고 철학자, 변호사, 정치인을 비롯해 수많은 사람들이 이 책을 읽었다. 롤스 자신이 전혀 꿈꾸지 않았던 일이 벌어진 것이다.

롤스는 제2차 세계대전에 참전했고, 일본의 히로시마에 원자

폭탄이 투하된 1945년 8월 6일에는 태평양에 있었다. 전시의 경험은 롤스에게 깊은 영향을 미쳤고, 그는 핵무기를 사용하는 것은 잘못이라고 믿었다. 그 시기에 살았던 많은 사람들과 마찬가지로 롤스는 더 나은 세계, 더 나은 사회를 만들고 싶어 했다. 하지만 그가 사회를 변화시키는 방식은 정치 운동이나 집회 참여가 아니라 사유와 저술을 통해서였다. 그가 『정의론』을 집필하는 동안 베트남 전쟁이 일어났고, 미국에서 대규모 반전시위가 벌어졌다. 모든 시위가 평화로운 것은 아니었다. 롤스는 당대의 문제에 휩쓸리기보다는 추상적이고 보편적인 정의의 문제에 대해 저술하기로 결정했다. 그 저술의 핵심에는 우리가 함께 어울려 사는 방법과 국가가 우리의 삶에 영향을 미치는 방식에 대해 명확하게 생각해야 한다는 견해가 자리하고 있었다. 우리의 삶이 견딜 만해지기 위해서 우리는 협력할 필요가 있다. 하지만 어떻게 협력할 것인가?

새롭고 더 좋은 사회를 설계해야 한다고 상상해보자. 당신이 던질 수 있는 한 가지 질문은 '누가 무엇을 갖는가?'이다. 만약 당신이 실내 수영장과 하인들이 있는 아름다운 대저택에 살고 있고 언제든지 열대 섬으로 떠날 수 있게 대기 중인 전용 제트기를 갖고 있다면, 어떤 사람들은 아주 부유하고(어쩌면 이들은 아주 열심히 일하는 사람들일 것이다) 다른 사람들은 훨씬 더 가난하게 지내는 세계를 떠올릴 것이다. 하지만 만일 당신이 지금 가난하게 살고 있다면 어느 누구도 엄청나게 부자가 되는 것이 허용되지 않는 사회, 즉 이용할 수 있는 모든 것에 대해 사람들이 보다 공평한 몫을 가지는 사회를 설계할 것이다. 전용 제트기는 허용되지 않지만, 불행한 사람들에게 더 좋은 기회가 주어지는 사회를 생각할 것이다. 인간의 본성은 그런 것이다. 사람들은 더 좋은 세상을 설명할 때 스스로 의식하든 의식하지 못하든 간에 자신의 위치를 생각하는 경향이 있다. 이런 선입견과 편견이 정치적 사고를 왜곡한다.

롤스는 우리 모두가 갖고 있는 이기적 편견을 비꼬는 사고실험을 생각해내는 천재적 솜씨를 발휘했다. 그가 '원초적 입장The Original Position'이라고 부른 이 사고실험의 핵심 발상은 아주 간단하다. '더 나은 사회를 설계하라. 하지만 자신이 사회에서 어떤 위치를 차지하게 될지 모르는 상태에서 설계하라.' 자신이 과연 부유해질지 가난해질지, 장애를 가지게 될지, 잘생겼을지 못생겼을지, 남성일지 여성일지, 머리가 좋을지 나쁠지, 재주가 뛰어날지 서툴지, 동성애자일지 양성애자일지 혹은 이성애자일지 알지 못한다. 롤스는 우리가 이 가상의 '무지의 장막veil of ignorance' 뒤에서 훨씬 더 공정한 원리를 선택할 거라고 생각한다. 결국 자신이 어떻게 될 것인지, 즉 어떤 유형의 사람이 될 것인지 알지 못하기 때문이다. 자신의 위치를 알지 못한 채 선택한다는 이 단순한 장치로부터 롤스는 자신의 정의론을 전개했다. 이것은 그가 합리적인 사람이라면 누구나 받아들일 거라고 생각한 두 가지 원리, 즉 자유의 원리와 평등의 원리가 바탕이 되었다.

롤스의 첫 번째 원리는 자유의 원리Liberty Principle이다. 모든 사람은 신앙의 자유, 투표할 자유, 광범위한 표현의 자유처럼 결코 박탈당해서는 안 되는 기본적인 자유를 누릴 권리를 가져야 한다는 것이다. 롤스는 이런 자유 가운데 일부를 제한하는 것이 대다수 사람들의 삶을 향상시킨다고 해도 자유는 너무 중요해서 무엇보다도 보호되어야 한다고 생각했다. 모든 자유주의자와 마찬가지로 롤스는 이런 기본적인 자유를 아주 높이 평가했으며, 모든 사람은 자유로울 권리를 가지며 누구도 그 권리를 빼앗아서는 안 된다고 믿었다.

롤스의 두 번째 원리인 차등의 원리Difference Principle는 전적으로 평등에 관한 것이다. 사회는 가장 혜택 받지 못한 사람들에게 보다 동등한 부와 기회를 부여하는 분위기가 조성되어야 한다. 만약 사람들이 서로 다른 금액의 돈을 받는다면 이런 불평등은 경제적으로 가장 열악한 사람들에게 직접적인 도움이 있을 때만 허용된다. 은행가가 임금이 가장 적은 노동자보다 급여를 1만 배 더 많이 받을 수 있을 때는 그로 인해 임금이 가장 적은 노동자가 직접적인 혜택을 얻을 때, 즉 은행가가 급여를 덜 받았다면 노동자 역시 받지 못했을 금액이 더해진 급여를 받을 때뿐이다. 만약 롤스에게 권한이 있었다면 가장 가난한 사람이 결과적으로 더 많은 돈을 받지 않는 한 누구도 막대한 보너스를 받지 못했을 것이다. 롤스는 합리적인 사람이라면 자신이 부유할지 가난할지 모를 때 이런 종류의 세계를 선택할 거라고 생각한다.

롤스 이전에 누가 무엇을 갖는가에 대해 생각했던 철학자들과 정치인들은 흔히 평균이 가장 높은 금액의 부를 창출하는 상황을 옹호하는 주장을 펼쳤다. 그것은 일부 사람들은 엄청나게 부유할 수 있고, 많은 사람들은 적당히 부유하고, 소수의 사람들은 아주 가난할 수 있다는 의미였다. 하지만 롤스가 보기에 그러한 상황보다는 비록 부의 평균 금액이 더 낮아도 엄청나게 부유한 사람은 아무도 없고 모든 사람이 더 공평한 몫을 갖는 상황이 훨씬 나았다.

이것은 도발적인 견해이다. 지금과 같은 세계에서 높은 급여를 받을 수 있는 사람들에게는 특히 그렇다. 미국의 중요한 정치 철학자이면서 롤스에 비해 정치적으로 좀 더 우파인 로버트 노직(1938~2002)은 그런 견해에 이의를 제기했다. 뛰어난 농구 선수를 보러 온 팬들이 티켓 값의 일부를 해당 선수에게 자유롭게 줄 수 있는 것은 당연하다. 이런 식으로 돈을 쓰는 것은 그들의 권리이다. 만약 수백만 명의 팬이 그 농구 선수를 보러 온다면 그 선수는 수백만 달러를 벌게 될 것이고, 노직은 그것이 공정하다고 생각했다. 롤스는 이런 견해에 전혀 동의하지 않았다. 가장 가난한 사람이 이러한 거래의 결과로 더 부유해지지 않는다면 그 농구 선수의 개인소득이 그렇게 높은 수준으로 증가하는 것을 허용해서는 안 된다고 롤스는 주장했다. 논란의 여지가 있지만, 롤스는 타고난 재능이 있는 운동선수나 지능이 아주 뛰어난 사람이라고 해서 더 많은 소득을 올릴 자격이 자동적으로 부여되는 것은 아니라고 생각했다. 운동 능력이나 지능은 행운의 문제라고 믿었던 것도 부분적인 이유였다. 단지 아주 머리가 좋거나, 혹은 뛰어난 육상선수나 훌륭한 구기 종목 선수가 될 만큼 운이 좋다는 이유만으로 돈을 더 많이 받을 자격이 있는 것은 아니다. 지능이 뛰어나거나 운동에 재능이 있는 것은 '자연적 복권natural lottery'에서 당첨된 결과이다. 많은 사람들은 롤스의 견해에 강하게 이의를 제기하며 탁월함은 보상을 받아야 한다고 생각한다. 하지만 롤스는 어떤 것을 잘하는 것과 돈을 더 많이 받을 자격이 있는 것 사이에 어떤 자동적인 연관성이 있다고 생각하지 않는다.

그런데 만약 어떤 사람들이 무지의 장막 뒤에서 도박을 하려고 한다면 어떻게 될까? 만약 그들이 삶은 일종의 복권이라고 생각하고 사회에서 차지하고 싶은 아주 매력적인 자리가 있도록 설계하고 싶어 한다면 어떻게 될까? 아마도 도박꾼들은 엄청난 부자가 될 기회가 있다면 가난해지는 위험도 감수할 것이다. 그래서 롤스가 묘사했던 것보다 경제적 가능성의 범주가 더 넓은 세계를 선호할 것이다. 롤스는 합리적인 사람이라면 자신의 삶을 가지고 이런 식으로 도박을 하려 들지 않을 거라고 믿었다. 아마도 이러한 롤스의 생각은 잘못되었을 것이다.

20세기 거의 내내 철학자들은 과거의 위대한 사상가들의 명맥을 잇지 못했다. 롤스의 『정의론』은 아리스토텔레스, 홉스, 로크, 루소, 흄, 칸트의 저서에 바로 연이어서 언급할 가치가 있는 20세기의 몇 안 되는 정치철학서 중 하나이다. 롤스 자신은 너무 겸손해서 이에 동의하지 않았을 것이다. 하지만 그의 저서는 마이클 샌델(『정의란 무엇인가』, 『완벽에 대한 반론』 등을 쓴 미국의 철학자 - 옮긴이), 토마스 포기(『세계의 정의』, 『세계의 빈곤과 인권』 등을 쓴 독일의 철학자 - 옮긴이), 마사 누스바움(『정의의 최전선』, 『분노와 용서』 등을 쓴 미국의 철학자 - 옮긴이), 윌 킴리카(『현대정치철학』, 『다문화 오디세이』 등을 쓴 캐나다의 철학자 - 옮긴이) 등 오늘날 저술 활동이 활발한 철학자들에게 영감을 주었다. 이들 모두는 철학이 우리가 어떻게 함께 살 수 있고, 또한 함께 살아야 하는지에 관한 심오하고 어려운 질문들을 다뤄야 한다고 믿는다. 이전 세대의 일부 철학자들과 달리 그들은 그런 질문에 대한 답을 구하면서 사회 변화를 촉진하는 데 주저하지 않는다. 철학이 단지 삶의 방식을 논의하는 방법을 변화시키는 데 그치는 것이 아니라 실제로 우리가 사는 방식을 변화시켜야 한다고 믿는다.

이런 종류의 견해를 가진 또 다른 철학자는 피터 싱어이다. 그는 이 책의 마지막 챕터에서 다룰 인물이다. 싱어의 사상을 살펴보기 전에 일상에서 점점 더 중요해지는 문제를 알아보려고 한다. '컴퓨터는 생각할 수 있는가?'

CHAPTER 39

컴퓨터는 생각할 수 있는가?

앨런 튜링과 존 설

　당신은 방 안에 앉아 있다. 이 방에는 우편물 투입구가 달린 문이 있다. 이따금 구불구불한 선 모양이 그려진 카드 한 장이 문을 통해 들어와 문 앞 매트에 떨어진다. 당신이 할 일은 방 안의 탁자 위에 놓인 책에서 그 구불구불한 선 모양을 찾아내는 것이다. 책에는 각각의 구불구불한 선 모양과 짝지어진 기호가 나와 있다. 책에서 구불구불한 선 모양을 찾아 그와 짝지어진 기호를 살펴본 다음, 방에 있는 꾸러미에서 일치하는 기호를 가진 카드를 찾아야 한다. 그런 다음 그 카드를 우편물 투입구를 통해 밖으로 조심스럽게 내보낸다. 그러면 끝이다. 한동안 이 일을 하고는 무슨 일이 벌어지는지 궁금증이 생긴다.

　이것은 미국의 철학자 존 설(1932~)이 고안한 '중국어 방

Chinese Room'사고실험이다. 이 방은 컴퓨터가 생각하는 것처럼 보인다고 해도 실제로는 생각할 수 없다는 것을 보여주기 위해 고안된 가상의 상황이다. 방 안에서 벌어지고 있는 일을 알기 위해서는 튜링 테스트Turing Test를 이해할 필요가 있다.

앨런 튜링(1912~1954)은 현재의 컴퓨터를 발명하는 데 일조한 뛰어난 수학자였다. 제2차 세계대전 중에 영국 블레츨리 파크 안에 설치된 그의 연산 기계들은 독일의 잠수함 지휘관들이 사용한 암호 체계 '에니그마Enigma'를 해독했다. 그 덕분에 연합군은 암호문을 가로채어 나치가 무엇을 계획하고 있는지 알 수 있었다.

언젠가 컴퓨터가 암호 해독보다 더 많은 기능을 수행하고 정말로 지능적일 수 있을 거라는 생각에 호기심이 동한 튜링은 1950년에 그러한 컴퓨터라면 통과해야 하는 시험을 생각해냈다. 이것은 인공지능을 위한 튜링 테스트라고 알려지게 되었지만, 튜링이 처음에 붙인 이름은 '모방 게임Imitation Game'이었다. 이 시험은 뇌의 흥미로운 점은 차갑게 식은 죽과 같은 점성을 지닌 덩어리가 아니라는 그의 믿음에서 비롯되었다. 뇌의 기능은 머리에서 뇌를 떼어냈을 때 흔들리는 방식이나 뇌가 회색이라는 사실보다 더 중요하다. 컴퓨터는 단단하고 전자 부품으로 만들어지지만, 여전히 뇌가 수행하는 많은 기능을 해낼 수 있다.

한 사람의 지능이 높은지 낮은지를 알아볼 때 우리는 그 사람의 뇌를 열어서 뉴런들이 어떻게 연결되어 있는지 살펴보지 않고 질문에 대한 그 사람의 답변을 바탕으로 판단한다. 그러므로 컴퓨터의 지적 능력을 판단할 때 컴퓨터가 어떻게 구성되어 있는지에 집중할 게 아니라 그 외적인 증거에 초점을 맞춰야만 공정하다. 우리는 뇌 속의 혈액이나 신경, 즉 컴퓨터 내부의 배선이나 트랜지스터가 아니라 입력과 출력을 살펴봐야 한다. 튜링이 제안한 방법은 이렇다. 시험 참가자가 방 안에서 컴퓨터 화면에 대화를 타이핑한다. 시험 참가자는 자신이 화면을 통해 다른 방에 있는 사람과 대화하는지, 아니면 스스로 답을 만들어내는 컴퓨터와 대화하는지 알지 못한다. 만약 대화 도중에 시험 참가자가 대답을 하는 상대가 사람인지 컴퓨터인지 구분하지 못한다면 컴퓨터는 튜링 테스트를 통과한다. 컴퓨터가 이 테스트를 통과했을 때 그저 비유적으로가 아니라 인간처럼 지능이 있다고 말하는 것은 합리적이다.

설의 중국어 방 사고실험, 즉 구불구불한 선 모양이 그려진 카드 시나리오에서 보여주려는 것은 어떤 컴퓨터가 튜링의 인공지능 테스트를 통과했다고 해서 그 컴퓨터가 진정 어떤 것을 이해했음을 증명하지는 않는다는 것이다. 당신은 이 방에서 우편물 투입구를 통해 들어오는 이상한 기호를 전달받아서 다시 그것을 통해 다른 기호를 밖으로 전달하며, 규칙서의 지시를 받는다는 점을 기억하자. 이것은 당신에게 무의미한 일이며, 당신은 왜 그 일을 하고 있는지 알지 못한다. 하지만 자신도 깨닫지 못하는 사이에 당신은 중국어로 된 질문에 답을 하고 있다. 당신은 영어만 할 수 있고 중국어는 전혀 모른다. 하지만 우편물 투입구를 통해 들어오는 기호는 중국어로 된 질문이고, 당신이 내보내는 기호는 그 질문에 어울리는 답이다. 당신이 참여한 중국어 방 사고실험은 모방 게임을 통과한다. 당신은 밖에 있는 누군가에게 당신 자신이 이야기하는 것을 정말로 이해하고 있다고 착각하게 만드는 답을 제시한다. 그러므로 이것은 튜링 테스트를 통과한 컴퓨터가 반드시 지능이 있는 것은 아니라는 점을 시사한다. 방 안에서 보았을 때 당신은 어떤 내용이 오가는지 전혀 이해하지 못하기 때문이다.

설은 컴퓨터가 중국어 방 안에 있는 사람과 같다고 생각한다. 컴퓨터는 실제로 지능이 없으며 생각하지 못한다. 컴퓨터를 만든 사람이 설정해놓은 규칙에 따라 기호를 전달할 뿐이다. 컴퓨터가 이를 처리하는 과정은 소프트웨어 안에 구축되어 있다. 그러나 이것은 어떤 것을 진정 이해하거나 진짜 지능을 갖고 있는 것과 사뭇 다르다. 이를 다른 식으로 표현하자면 컴퓨터를 설정한 사람들이 '통사론*syntax*'을 추가한 것이다. 즉 기호를 처리하는 올바른 순서의 규칙을 제시한 것이다. 하지만 '의미론*semantics*'을 추가하지는 않았다. 다시 말해 기호에 의미를 부여하지는 않은 것이다. 인간이 말을 할 때는 *의미하*는 것이 있으며, 인간의 사고는 다양한 방식으로 세계와 연관되어 있다. 의미하는 바가 있는 듯 보이는 컴퓨터는 인간의 사고를 모방하고 있을 뿐이어서 어딘가 앵무새와 같다. 앵무새는 말소리를 흉내 낼 수 있지만, 실제로 자신이 말하는 내용을 결코 이해하지 못한다. 마찬가지로 설에 따르면 컴퓨터는 실제로 어떤 것도 이해하거나 생각하지 못한다. 통사론만으로는 의미를 파악할 수 없다.

설의 사고실험은 그 방 안에 있는 사람이 무슨 일이 벌어지는지 이해하느냐 아니냐의 문제를 살펴보는 것이라는 비판을 받는다. 하지만 그것은 잘못된 생각이다. 그 사람은 전체 시스템의 일부일 뿐이다. 비록 그 사람이 무슨 일이 벌어지는지 이해하지 못한다고 해도 전체 시스템(방, 기호 책, 기호 등)은 이해하고 있을 것이다. 이런 비판에 대한 설의 반응은 사고실험의 변경이었다. 방 안에서 한 사람이 기호를 찾아 전달한다고 상상하는 대신 이 사람이 기호 책 전체를 암기한 뒤 밖으로 나가 벌판 한가운데에서 알맞은 기호 카드를 건네준다고 상상하는 것이다. 중국어로 물어본 질문에 대해 올바른 답을 준다고 해도 이 사람은 여전히 개별 질문의 내용은 이해하지 못할 것이다. 이해하는 것은 단지 올바른 답을 주는 것 그 이상을 의미한다.

하지만 일부 철학자들은 여전히 인간의 정신이 틀림없이 컴퓨터 프로그램과 같다고 확신한다. 그들은 컴퓨터가 실제로 생각할 수 있고 생각한다고 믿는다. 만약 그들이 옳다면 아마도 언젠가 인간의 정신을 뇌에서 컴퓨터로 옮길 수 있을 것이다. 우리의 정신이 일종의 프로그램이라면, 지금 우리의 머릿속에 있는 질척한 뇌 조직 덩어리 속에서 작동하고 있다고 해서 미래에 어딘가 다른 곳에 있는 크고 빛나는 컴퓨터에서 작동하지 못할 거라는 의미는 아니다. 슈퍼컴퓨터의 도움을 받아 누군가가 우리 정신을 구성하는 수십억 개의 기능적 연계 부분을 지도로 그릴 수 있다면 언젠가 인간의 정신은 죽음을 뛰어넘어 살아남을 것이다. 인간의 정신은 육체가 매장되거나 화장된 뒤에도 계속 작동할 수 있도록 컴퓨터에 업로드될 수 있을 것이다. 그것이 좋은 생존 방법인지는 별개의 문제이다. 그러나 만약 설이 옳다면 업로드된 정신이 육체가 살아 있을 때의 정신처럼 의식이 있을 거라는 보장은 없을 것이다. 아무리 그 업로드된 정신이 의식이 있는 것 같은 반응을 나타낸다고 해도 말이다.

튜링은 이미 그 당시에 컴퓨터가 생각할 수 있다고 확신했다. 만약 그의 확신이 맞는다면 머지않아 우리는 컴퓨터가 철학에 대해 생각하는 것을 보게 될 것이다. 그것은 컴퓨터의 도움을 받아 우리의 정신을 죽음을 뛰어넘어 살아남게 하는 것보다 더 가능성이 높은 일이다. 아마도 언젠가 컴퓨터는 우리가 어떻게 살아야 하는지, 혹은 실재의 본질에 대한 근본적인 질문처럼 철학자들이 수천 년 동안 고심해온 질문에 대해 흥미로운 답을 내놓을 수도 있다. 그러나 그동안 우리는 이러한 영역에서 생각을 명확히 하기 위해 피와 살이 있는 철학자들에게 의존해야 한다. 그런 철학자들 중 가장 영향력이 있으며 논쟁적인 인물이 피터 싱어이다.

CHAPTER 40

현대의 등에

피터 싱어

당신은 연못이 있는 정원에 있다. 물이 튀고 누군가가 외치는 소리가 들린다. 알고 보니 어린아이가 물에 빠져 죽을지도 모르는 상황이다. 당신은 어떻게 할 것인가? 그냥 지나칠 것인가? 친구와 만나기로 약속했고 가던 길을 멈추면 약속 시간을 지키지 못한다 해도 분명 당신은 어린아이의 생명을 제시간에 도착하는 일보다 더 중요하게 여길 것이다. 연못은 아주 얕지만 진흙투성이다. 만약 돕기로 한다면 당신이 신고 있는 가장 좋은 구두가 엉망이 될 것이다. 하지만 당신이 뛰어들지 않는다고 다른 사람이 이해해줄 리 없다. 이것은 인간적이고 생명을 소중히 여기는 자세에 관한 문제이다. 어린아이의 생명은 아주 비싼 구두라고 해도, 아니 그 어떤 구두 한 켤레보다 훨씬 더 가치가 있다. 다르게 생각하는 사람이 있다면 그 사람은 일종의 괴물이다. 당신은 연못으로 뛰어들 것이다. 그렇지 않은가? 당연히 그럴 것이다. 하지만 당신은 또한 아프리카의 한 아이가 굶주림이나 치료 가능한 열대 질병으로 죽어가는 것을 막을 수 있을 만큼 부유할 것이다. 아마도 물에 빠진 아이를 구하느라 엉망이 될 것을 각오한 구두 한 켤레 가격보다 더 많은 돈이 들지는 않을 것이다.

아프리카의 그 아이를 돕지 않았다면 당신은 왜 그랬는가? 적당한 자선단체에 소액만 기부해도 최소한 그 생명을 구했을 것이다. 백신 접종과 약품 구매에 들어가는 비교적 적은 금액으로 쉽게 예방할 수 있는 소아질환이 너무나 많다. 하지만 어째서 당신 앞에서 물에 빠져 죽어가는 아이에 대해 느끼는 것과 동일한 감정을 아프리카에서 죽어가는 누군가에게 느끼지 않는가? 만약 동일한 감정을 느낀다면 당신은 특이한 사람이다. 우리들 대부분은 그런 사실에 대해 마음이 불편하다고 느낄지언정 동일한 감정을 느끼지 않는다.

오스트레일리아의 철학자 피터 싱어(1946~)는 당신 앞에서 물에 빠져 죽어가는 아이와 아프리카에서 굶어 죽어가는 아이는 그리 다르지 않다고 주장해왔다. 우리는 전 세계에서 우리가 구할 수 있는 사람들에 대해 지금보다 더 많은 관심을 기울여야 한다. 다른 상황이라면 살았을 수도 있을 아이들이 우리가 무언가를 하지 않는다면 분명 일찍 죽고 말 것이다. 이것은 추측이 아니라 사실이다. 우리는 매년 수천 명의 아이들이 빈곤과 관련된 원인으로 죽는다는 사실을 알고 있다. 어떤 사람들이 굶어 죽는 동안 선진국에서는 미처 먹지 못해서 냉장고에서 썩어가는 음식을 내다버리고 있다. 깨끗한 식수조차 얻지 못하는 사람들이 있다. 따라서 우리는 불행히도 그런 환경에서 태어난 사람들을 돕기 위해 실제로는 필요하지 않은 사치품 한두 가지를 포기해야 한다. 이것은 실행하기 어려운 인생철학이다. 하지만 우리가 무엇을 *해야 하는지*에 대해 싱어의 말이 틀렸다는 의미는 아니다.

내가 자선단체에 기부하지 않으면 다른 누군가가 그렇게 할 거라고 말할지도 모르겠다. 여기서 위험 요소는 우리 모두는 누군가가 필요한 일을 할 거라고 제각각 짐작하는 방관자나 다를 바 없다는 점이다. 전 세계의 수많은 사람들이 극심한 빈곤 속에서 살고 있으며 매일 굶주린 채로 잠자리에 들기 때문에 소수의 사람들에게 자선 행위를 맡기는 것으로는 그들의 궁핍을 채워주지 못할 것이다. 사실 당신 앞에서 물에 빠져 죽어가는 아이의 경우에는 다른 누군가가 그 아이를 도우러 오는지 그렇지 않은지 아주 쉽게 알 수 있다. 반면 멀리 떨어진 나라에서 고통받고 있는 사람들의 경우 우리가 하는 일이나 다른 사람들의 행동이 미치는 효과를 알기가 더 어려울 수 있다. 하지만 그것이 아무 일도 하지 않는 것이 최선의 해결책이라는 의미는 아니다.

거기에는 두려움이 연결되어 있을 수도 있다. 멀리 떨어져 있는 사람들을 돕기 위해 기부하는 것은 가난한 사람들을 부자들에게 의존하게 만들고, 스스로 식량을 재배하고 우물을 파거나 살 곳을 마련하는 방법을 찾지 못하게 할 거라는 두려움이다. 시간이 흐르면서 이런 것이 실제로 아무것도 기부하지 않은 것보다 상황을 더 악화시켰을 수 있다. 나라 전체가 외국의 원조에 의존하게 된 경우들도 있다. 하지만 이는 우리가 자선단체에 기부해서는 안 된다는 의미가 아니라 자선단체에서 제공하는 원조의 방식을 신중하게 생각해볼 필요가 있다는 의미이다. 도와주려고 해서는 안 된다는 결론은 절대 나오지 않는다. 일부 기본적인 의료원조는 가난한 사람들에게 외부의 도움에서 벗어나는 좋은 기회가 될 수 있다. 현지 사람들이 자립하도록 교육하거나 깨끗한 식수를 제공하는 우물을 파거나 건강교육을 실시하는 데 아주 뛰어난 자선단체들이 있다. 싱어의 주장은 단순히 다른 사람들을 돕기 위해 기부해야 한다는 것이 아니라 세계에서 가장 열악한 상황에 처한 사람들에게 그들이 자립할 수 있는 방식으로 혜택을 줄 가능성이 가장 높은 자선단체에 기부해야 한다는 것이다. 싱어의 메시지는 분명하다. 우리는 거의 확실히 다른 사람들의 삶에 진정한 영향을 미칠 수 *있다*. 그리고 그렇게 *해야* 한다.

싱어는 현존하는 가장 유명한 철학자 중 한 명이다. 여기에는 그가 널리 알려진 몇몇 견해에 이의를 제기한 것도 한몫했다. 그가 믿고 있는 견해 중 일부는 극도로 논쟁적이다. 많은 사람들은 인간 생명의 절대적인 신성함을 믿는다. 이를테면 다른 사람을 죽이는 일은 항상 잘못된 것이다. 싱어는 그렇게 생각하지 않는다. 예를 들어 누군가가 되돌릴 수 없는 영구적인 식물인간 상태라면, 다시 말해 의식이 있는 의미 있는 상태나 언젠가 회복될 거라는 가능성이나 희망 없이 단지 육체만 살아 있는 상태라면 싱어는 안락사 혹은 자비로운 살인이 적절할 수 있다고 주장했다.

철학의 역사

그런 상태로 살아 있게 하는 것은 아무런 의미가 없다고 생각한다. 그 사람은 즐거움을 느끼거나 삶의 방식을 선택할 수 없기 때문이다. 삶을 이어가려는 강한 희망도 없다. 희망을 전혀 가질 수 없기 때문이다.

이런 견해들 때문에 싱어는 일부 사람들에게 인기가 없었다. 심지어는 그의 부모가 나치를 피해 탈출하여 빈에 정착한 유대인이라는 사실에도 불구하고 특수한 상황에서 안락사를 옹호한다는 이유로 나치로 불리기까지 했다. 이런 비난은 나치가 병에 걸리거나 육체적으로나 정신적으로 장애가 있는 수천 명의 사람들을 살 가치가 없다는 이유로 죽였다는 사실과 연관되어 있다. 하지만 나치의 계획을 '자비로운 살인'이나 '안락사'라고 부르는 것은 잘못이다. 불필요한 고통을 막기 위해서가 아니라 일할 수 없고 아리안 인종을 오염시킨다는 이유로 나치에 의해 '쓸모없이 식량만 축내는 부류'로 낙인찍힌 사람들을 없애버리려는 의도였기 때문이다. 거기에는 '자비'의 개념이 전혀 없었다. 그와 달리 싱어는 당사자들의 삶의 질에 관심이 있고, 나치의 정책은 결코 조금도 지지하지 않았을 것이다. 물론 그를 비판하는 사람들 중 일부는 그의 견해가 나치의 정책과 아주 유사해 보이도록 희화화하지만 말이다.

처음에 싱어는 동물에 대한 처우를 다룬 그의 영향력 있는 저서들 때문에 유명해졌다. 특히나 1975년에 출간된 『동물 해방 Animal Liberation』의 힘이 컸다. 19세기 초에 제러미 벤담이 동물의 고통을 진지하게 다루어야 한다고 주장한 적이 있었지만, 싱어가 처음 이 주제로 글을 쓰기 시작한 1970년대에는 그 문제를 이런 식으로 바라본 철학자가 거의 없었다. 벤담과 밀(각각 '챕터 21'과 '챕터 24' 참조)처럼 싱어는 결과론자였다. 이는 그가 최선의 행위는 최선의 결과를 가져오는 것이라고 믿는다는 의미이다. 그리고 최선의 결과를 만들어내기 위해 우리는 동물의 이익을 포함하여 모든 당사자에게 최선의 이익이 되는 것이 무엇인지 고려해야 한다. 벤담과 마찬가지로 싱어는 대부분의 동물들에게 기본적으로 중요한 특징은 고통을 느낄 수 있는 능력이라고 믿는다. 인간으로서 우리는 때로 비슷한 상황에서 동물이 느끼는 것보다 훨씬 더 커다란 고통을 경험한다. 왜냐하면 우리는 무슨 일이 벌어지는지 이성적으로 추론하고 이해할 수 있는 능력이 있기 때문이다. 이점 역시 고려할 필요가 있다.

싱어는 동물의 이익을 크게 중시하지 않는 사람들을 '종차별주의자speciesist'라고 불렀다. 이것은 인종차별주의자나 성차별주의자와 같은 맥락이다. 인종차별주의자들은 자신들의 인종 구성원들을 차별대우, 즉 특별대우를 한다. 다른 인종의 구성원들에게는 그들이 마땅히 받아야 할 대우를 하지 않는다. 예를 들어 백인 인종차별주의자는 더 나은 자격을 갖춘 흑인 지원자가 있는데도 일자리를 백인 지원자에게 준다. 그것은 분명 공정하지 않고 잘못된 일이다. 종차별주의는 인종차별주의와 다를 바 없다. 오직 자신이 속한 종의 관점에서 보거나 자기 종에 유리한 아주 편향된 태도를 갖는 데서 비롯된다. 인간으로서 우리들 대부분은 무엇을 할지 결정할 때 다른 인간들만 생각한다. 하지만 이것은 잘못이다. 동물들도 고통을 겪을 수 있고, 그들의 고통도 고려되어야 한다.

동등하게 존중한다는 것이 모든 동물종을 정확히 동일한 방식으로 대한다는 의미는 아니다. 그것은 전혀 납득되지 않을 것이다. 맨손으로 말의 엉덩이를 찰싹 때린다고 말에게 대단한 고통을 주지는 않을 것이다. 말은 피부가 두껍기 때문이다. 하지만 같은 행위를 인간의 아기에게 한다면 엄청난 고통을 줄 것이다. 그러나 아기가 맞았을 때 느낀 것과 동일한 고통을 느낄 만큼 말을 세게 때린다면 아기를 때린 것과 마찬가지로 도덕적으로 잘못된 것이다. 당연히 그 어느 쪽도 해서는 안 되는 일이다.

싱어는 우리 모두가 동물을 먹지 않고도 마음 편히 잘 살 수 있다는 이유를 들어 우리 모두 채식주의자가 되어야 한다고 주장한다. 동물을 이용한 대부분의 식품 생산은 고통을 유발하고, 일부 사육 방식은 너무 잔인해서 동물에게 극심한 고통을 준다. 예를 들어 공장 식으로 사육되는 닭은 비좁은 양계장에 갇혀 지내고, 어떤 돼지들은 몸을 돌릴 수 없을 정도로 작은 우리에서 길러지고, 도축 과정은 동물들에게 극도로 고통스럽고 괴로운 경우가 많다. 싱어는 그런 사육 방식이 계속되도록 내버려두는 것은 도덕적으로 옳은 일이 아니라고 주장했다. 하지만 보다 인간적인 형태의 사육 방식도 필요하지 않다. 왜냐하면 우리는 고기를 먹지 않고도 아주 편히 지낼 수 있기 때문이다. 그 자신의 원칙에 맞게 싱어는 독자들이 고기의 대체식품을 찾도록 유도하려고 자신의 저서에 일종의 렌틸콩 수프 조리법을 소개하기도 했다.

인간의 손에 의해 고통에 시달리는 것은 농장에서 자라는 동물만이 아니다. 과학자들은 연구를 위해 동물을 이용한다. 단지 쥐나 기니피그만이 아니라 고양이, 개, 원숭이, 심지어 침팬지도 실험실에서 발견된다. 이 동물들 중 대부분은 약물이 주입되거나 전기충격을 받을 때 고통과 괴로움을 겪는다. 어떤 연구가 도덕적으로 받아들일 수 있는지 알아보기 위한 싱어의 테스트는 이렇다. 뇌 손상을 입은 인간에게 같은 실험을 할 준비가 되어 있는가? 만약 아니라면 비슷한 수준의 정신적 인지능력을 가진 동물을 대상으로 실험을 하는 것은 옳지 않다고 싱어는 생각한다. 이것은 까다로운 테스트이고, 많은 실험이 이 테스트를 통과하지 못할 것이다. 그렇다면 실질적으로 싱어는 동물을 연구에 사용하는 것을 아주 강력히 반대하는 입장인 셈이다.

도덕적 문제에 대한 싱어의 접근 방식은 전적으로 일관성의 관념을 바탕으로 하고 있다. 일관성은 비슷한 사례를 비슷한 방식으로 취급하는 것이다. 고통을 유발하기 때문에 인간에게 해를 주는 것이 잘못된 것이라면 다른 동물들의 고통 또한 우리의 행동 방식에 영향을 미쳐야 한다는 논리이다. 만약 동물에게 해를 주는 것이 인간에게 해를 주는 것보다 더 많은 고통을 유발한다면 동물과 인간 중 어느 한쪽에 해를 줘야 할 때 인간에게 해를 주는 편이 더 낫다고 할 수 있다.

아주 오래전 소크라테스와 마찬가지로 싱어는 우리가 어떻게 살아야 하는지에 대해 공개적인 발언을 할 때 위험을 감수한다. 그의 일부 강의를 두고 반대하는 시위가 벌어지기도 했고, 그 자신이 살해 위협을 받기도 했다. 그럼에도 불구하고 싱어는 철학의 가장 훌륭한 전통을 상징하는 인물이다. 그는 끊임없이 기존의 전제들에 이의를 제기한다. 그의 철학은 그가 사는 방식에도 영향을 미치고 있다. 다른 사람의 의견에 동의하지 않을 때 싱어는 항상 주변에서 찾을 수 있는 사람들의 의견에 이의를 제기하고 공개 토론을 할 각오를 한다.

가장 중요한 점은 싱어가 자신의 결론을 충분히 조사가 이뤄진 사실에 근거한 합리적인 논증으로 뒷받침한다는 것이다. 철학자로서 싱어의 성실함을 확인하기 위해 그의 결론에 동의할 필요는 없다. 결국 철학은 토론을 바탕으로 발전한다. 서로 반대의 입장에서 논리와 증거를 이용해 논쟁하는 사람들의 노력을 바탕으로 발전해나간다. 예를 들어 동물의 도덕적 위상이나 안락사가 도덕적으로 용납되는 상황에 대해 싱어의 견해에 동의하지 않는다고 해도 그의 책을 읽으면서 자신이 실제로 무엇을 믿으며, 그 믿음을 사실이나 이유, 원칙으로 어떻게 뒷받침할 수 있는지 깊이 생각해볼 수 있는 좋은 기회는 여전히 있는 셈이다.

철학은 곤란한 질문과 어려운 도전으로 시작되었다. 피터 싱어처럼 등에 같은 철학자들이 건재함으로써 소크라테스의 정신이 계속해서 철학의 미래를 만들어갈 수 있는 기회가 존재하는 것이다.

같은 책이나 영화를 봐도 더 흥미진진하게 이야기해주는 사
람이 있다. 마치 내가 직접 읽거나 본 듯하고, 혹은 이야기를 듣
는 편이 더 재미있다는 기분이 들게 한다. 오히려 직접 읽거나 보
았기 때문에 그렇게 이야기하는 일이 얼마나 더 대단한지 감탄할
때도 있다. 그런 의미에서 저자 나이절 워버턴은 탁월한 이야기
꾼이자 작가라고 생각한다. 이 책에서 저자가 소크라테스는 뛰어
난 이야기꾼이고, 플라톤은 최고의 작가라고 말했던 것처럼 말이
다. 명색이 철학 전공자로서 4년간의 길지 않은 경험을 통해 어려
운 주제를 쉽게 풀어 설명하면서 동시에 상대방의 흥미를 놓치지
않는 일이 얼마나 어려운지 충분히 이해하고 있기 때문이다. 그
렇다고 내가 수업을 들은 교수님들의 강의 방식에 문제를 제기하
는 것은 아니다. 강의 내용이나 방식과는 별개의 문제로, 수업 시
간에 집중하지 못하고 제대로 이해하려 노력하지 않는 것은 전적
으로 학생의 부족함 때문이다.

새로운 것에 관심이 생겨서 깊이 알아보려고 할 때 쉽게 떠올릴 수 있는 방법이 입문서를 찾는 것이다. 하지만 아무것도 모르는 상황에서 입문서를 찾는 일 또한 만만치 않다. 입문서만 들추다가 오히려 흥미를 잃어버릴 수도 있다. 누군가에게 입문서 추천을 부탁할 때 그 책이 과연 내가 원하는 종류인가도 중요하다. 사실 철학을 전공했다는 이유로 누군가가 어떤 철학자나 철학 사조에 대해 물어보면 두서없이 대답하거나 기억력 탓을 하면서 어색한 웃음으로 모면하곤 했다. 개인적으로 이 책을 알게 된 것이 반가웠던 가장 큰 이유이다.

철학에 대한 대중적인 입문서를 여러 권 집필한 저자의 경력이 유감없이 발휘되어 있는 이 책은 철학, 특히 서양철학의 세계가 궁금한 초보자들에게 더할 나위 없이 유용하다. 저자가 개인적으로 제일 좋아하는 철학자인 '고대의 등에' 소크라테스부터 '현대의 등에'라고 소개한 피터 싱어까지 총 40개의 챕터 아래 서양철학사의 큰 흐름이 일목요연하게 정리되어 있다. 큰 흐름을 놓치지 않으면서도 동시에 어느 특정 철학자나 철학 사조에 치우치지 않는 면이 특히나 인상적이다. 개인적으로 좋아하거나 잘 아는 분야에 대해서는 조금 더 알려주고 싶거나 자신의 지식을 자랑하고 싶을 만도 할 텐데 저자는 한 치의 치우침도 없이 묵묵히 그 흐름을 이어간다. 저자가 이끄는 대로 생각의 흐름을 맡긴 채 순서대로 책을 읽다 보면 마치 한 편의 미니시리즈 드라마를 보는 느낌이 든다. 각 챕터마다 중심인물이 등장하고 에피소드는 그 챕터 안에서 마무리된다. 하지만 각 챕터가 전체적으로 연결되면서 하나의 큰 이야기, 즉 서양철학사를 이룬다. 그렇게 보면 각 챕터의 마지막에 다음 챕터에서 다룰 인물과 철학 사조를 소개하는 부분에서는 서양철학사의 흐름을 꿰뚫어보는 저자의 통찰력과 재치가 느껴진다. 더불어 중간중간 '이게 무슨 말이지?'라는 생각이 들 때면 어려운 내용이라는 것을 넌지시 암시하는 저사의 태도에서 초보자를 위한 배려가 엿보인다.

물론 이 책에서 다루지 않은 철학자도 많다. 하지만 오히려 그렇기 때문에 철학 입문서로서 그 역할을 제대로 하고 있다는 생각이다. 입문서는 말 그대로 어떤 학문의 길에 처음 들어서는 이를 위해 문을 열어주는 역할을 할 뿐이다. 덧셈과 뺄셈을 할 수 없으면 곱셈과 나눗셈을 이해하지 못하는 것처럼 간략하지만 기본적인 것을 알고 있어야만 특정 철학자나 특정 철학 사상의 내용을 더 깊이 이해할 수 있고 궁금증도 생기게 마련이다. 아무것도 모르면 어떻게 질문해야 할지조차 알 수 없다.

우리의 삶이 나날이 복잡해지고 예전에는 생각지도 못했던 문제들이 연이어 벌어지는 상황에서 정작 사람들은 깊이 생각하기를 꺼려하는 것 같다. 인간 존재의 근원을 사유하는 능력을 찾으려는 거창한 의도가 아니더라도 생각하기의 즐거움을 느끼는데 진정 이 책이 도움이 될 거라고 믿는다.

철학의 역사 : 소크라테스부터 피터 싱어까지

초판 1쇄 발행 | 2019년 7월 30일
초판 9쇄 발행 | 2023년 9월 25일

지은이 | 나이절 워버턴
옮긴이 | 정미화
펴낸이 | 박남숙

펴낸곳 | 소소의책
출판등록 | 2017년 5월 10일 제2017-000117호
주소 | 03961 서울특별시 마포구 방울내로9길 24 301호(망원동)
전화 | 02-324-7488
팩스 | 02-324-7489
이메일 | sosopub@sosokorea.com

ISBN 979-11-88941-28-5 03100
책값은 뒤표지에 있습니다.

이 도서의 국립중앙도서관 출판예정도서목록(CIP)은 서지정보유통지원시스템 홈페이지(http://seoji.nl.go.kr)와
국가자료공동목록시스템(http://www.nl.go.kr/kolisnet)에서 이용하실 수 있습니다. (CIP제어번호 : CIP2019026038)